COMPANHIA DAS LETRAS

ESSENCIAL ROBERTO SCHWARZ

ROBERTO SCHWARZ nasceu em Viena, na Áustria, em 1938. Graduado em ciências sociais pela USP, fez mestrado na Universidade Yale e doutorado na Universidade de Paris III, Sorbonne. Ensinou teoria literária na USP e na Unicamp. Dele, a Companhia das Letras publicou, entre outros, *Duas meninas* (1990), *Sequências brasileiras* (1999) e *Martinha versus Lucrécia* (2012), além da coletânea *Um crítico na periferia do capitalismo* (2007), com textos de autores brasileiros e estrangeiros sobre sua trajetória. É um dos críticos brasileiros mais estudados no exterior.

FRANCO MORETTI nasceu em Sondrio, na Itália, em 1950. Considerado um dos mais importantes nomes da teoria e crítica literária, Moretti teve sua obra traduzida para mais de vinte línguas. Entre seus livros mais importantes estão *O romance de formação* (1986), *The Modern Epic: The World-System from Goethe to García Márquez* (1996) e *Atlas do romance europeu* (1997), além da ambiciosa série que coordenou sobre o gênero romanesco, *A cultura do romance* (2001). É professor emérito da Universidade Stanford e leciona na École Polytechnique Fédérale de Lausanne.

ESSENCIAL
ROBERTO SCHWARZ

Introdução de
FRANCO MORETTI

Copyright © 2023 by Penguin-Companhia das Letras
Copyright da introdução © 2021 by New Left Review

Grafia atualizada segundo o Acordo Ortográfico da Língua Portuguesa de 1990, que entrou em vigor no Brasil em 2009.

Penguin and the associated logo and trade dress are registered and/or unregistered trademarks of Penguin Books Limited and/or Penguin Group (USA) Inc. Used with permission.

Published by Companhia das Letras in association with Penguin Group (USA) Inc.

TRADUÇÃO DA INTRODUÇÃO
Carolina Serra Azul

PREPARAÇÃO
Leny Cordeiro

REVISÃO
Clara Diament
Ana Maria Barbosa

Dados Internacionais de Catalogação na Publicação (CIP)
(Câmara Brasileira do Livro, SP, Brasil)

Schwarz, Roberto
  Essencial Roberto Schwarz / Roberto Schwarz ; introdução de Franco Moretti. — 1ª ed. — São Paulo : Penguin-Companhia das Letras, 2023.

  ISBN 978-85-8285-179-1

  1. Crítica literária 2. Literatura brasileira – História e crítica 3. Literatura e história – Brasil I. Moretti, Franco. II. Título.

23-167878   CDD-B869.09

Índice para catálogo sistemático:
1. Literatura brasileira : História e crítica B869.09
Tábata Alves da Silva – Bibliotecária – CRB-8/9253

Todos os direitos desta edição reservados à
EDITORA SCHWARCZ S.A.
Rua Bandeira Paulista, 702, cj. 32
04532-002 — São Paulo — SP
Telefone: (11) 3707-3500
www.penguincompanhia.com.br
www.companhiadasletras.com.br
www.blogdacompanhia.com.br

Sumário

Introdução — Franco Moretti 7
Nota sobre os textos 23

ESSENCIAL ROBERTO SCHWARZ

As ideias fora do lugar 27
A importação do romance e suas contradições em Alencar 45
A poesia envenenada de *Dom Casmurro* 81
Cultura e política, 1964-1969: Alguns esquemas 115
Cuidado com as ideologias alienígenas
(Respostas a *Movimento*) 155
A carroça, o bonde e o poeta modernista 164
Na periferia do capitalismo (Entrevista) 182
Verdade tropical: Um percurso de nosso tempo 206
Acumulação literária e nação periférica 261
Um seminário de Marx 282
Os sete fôlegos de um livro 307
8½ de Fellini: O menino perdido e a indústria 324

Notas 345

Introdução

Uma intuição nova

FRANCO MORETTI

SOBRE A CRÍTICA DE ROBERTO SCHWARZ

O crítico "enxerga o destino nas formas", escreveu Lukács em 1910: "a forma é sua grande vivência".[1] Ele pensava em Roberto Schwarz. "A explicação do propósito da vida de d. Plácida tem a brevidade sintética do *conto filosófico setecentista*",[2] escreve Schwarz em *Um mestre na periferia do capitalismo*, seu estudo sobre *Memórias póstumas de Brás Cubas*, de Machado de Assis. E continua: "mas abarcando a esfera de fatalidades maciças circunscrita pelo naturalismo oitocentista, sem esquecer que a sua frieza analítica — universalista e clássica pelo estilo — tem um quê trocista e amalucado, que serve de *cor local brasileira* na caracterização de classe de Brás Cubas".[3] *Conto filosófico*, naturalismo, frieza clássica, cor local... Em outro ponto do *Mestre*, os termos são "conversa de tico-tico", "opereta", "chalaça"; na resenha de Schwarz acerca de *Cidade de Deus*, de Paulo Lins, são "as grandes produções de cinema sobre o gangsterismo"; em seu ensaio sobre *A Santa Joana dos Matadouros*, de Brecht, são "arabesco e variação abstrata",[4] e assim por diante.

Geralmente, abrimos um livro e vemos palavras em uma página; Schwarz vê formas — muitas vezes mais de uma, que caminham em direções opostas ("a conversa miúda e as grandes abstrações formam na prosa machadiana uma inseparável dupla de comédia, como o Gordo e o Magro do cinema").[5] Pensemos no lema de Cézanne, recentemente trazido à tona por T. J. Clark (outro crítico que vê o destino nas formas): "*Je vois, par taches*".[6] Eu vejo por retalhos, por manchas, ou pinceladas, ou pequenos pontos; eu vejo por meio de partículas elementares a serem especificadas — novamente, no *Mestre*: "a sublimação da chalaça", "feição barateada, com alguma coisa de opereta" — com precisão tão despretensiosa quanto firme.[7]

Por outro lado, a figura sobre a qual Schwarz escreveu amiúde é cheia de pretensão: o narrador-protagonista de Machado, que caracteristicamente "não permanece igual a si mesmo por mais de um curto parágrafo, ou melhor, muda de opinião, de assunto ou de estilo quase que a cada frase".[8] Essa *volubilidade* — a propensão de ir e vir daqui pra lá e de lá pra cá — não é, no entanto, uma fraqueza, mas uma maneira esperta e cínica de personificar com absoluta impunidade os vários papéis disponíveis para a classe dominante brasileira, "entre o envolvimento paternalista e a indiferença burguesa, ou, de modo análogo, entre um liberalismo ilustrado e cheio de boas intenções e a autoridade aviltante e sem limites de um chefe de clientela ou de um dono de escravos".[9] O resultado é o "enredo errático e frouxo" dos romances maduros de Machado, cuja segmentação radical — 160 capítulos em *Memórias póstumas de Brás Cubas*, 148 em *Dom Casmurro*, 201 em *Quincas Borba* (em média, cada um com cerca de uma página) — multiplica ad infinitum as possibilidades de injustiça caprichosa.[10] Trata-se de um exemplo perfeito da ideia de forma de Schwarz: "a) como regra de composição da narrativa, e b) como estilização de uma conduta própria à classe dominante brasileira".[11] Uma forma de enredo específica *como estilização de uma conduta específica de classe*. Se alguém se perguntar como deve ser a análise marxista de uma narrativa, *Um mestre na periferia do capitalismo* é a resposta.

ABSTRATO DAS RELAÇÕES SOCIAIS

Schwarz lê um romance e vê formas; e, dentro das formas, vê classes.[12] Estilo e enredo se somam a uma gramática social que permeia, como em Simmel ou Goffman, todos os tipos de relações cotidianas. De um lado estão as ações de "chefes ou herdeiros de certo tipo brasileiro de família extensa

> a quem os dependentes — assim como os escravos — deviam obediência e fidelidade. Como esses papéis se alternavam de acordo com a conveniência momentânea dos ricos, num vaivém dos mais peculiares, os dependentes ficavam aturdidos. Do ponto de vista destes, não havia como prever se estavam prestando seu respeito filial a) a um padrinho ou protetor generoso, numa relação de reciprocidade; b) a uma figura de autoridade, que os brutalizaria; ou c) a uma pessoa de posses moderna, a quem eles seriam completamente indiferentes e que os trataria como estranhos.[13]

Padrinho, protetor, autoridade, proprietário moderno: todos estão no topo da pirâmide. No extremo oposto — em uma situação colonial ou pós-colonial, os estratos médios da sociedade costumam ter pouco peso — há três figuras subjugadas caracteristicamente brasileiras: os escravizados, cujo principal papel narrativo consiste em "especificar aspectos nefastos da classe dominante"; os pobres, para quem uma "vida honesta e independente" torna-se impossível, e acabam por viver "ao deus-dará"; e o *agregado*, ou "dependente", cuja vida menos difícil que a dos demais, mas intensamente dominada pelo "favor", oferece, por sua vez, a "caricatura" do "homem livre".[14]

Um mundo pautado por crueldade, arbítrio e favor: estamos diante, nas palavras de Antonio Candido, professor de Schwarz, da "redução estrutural de um movimento que a circunstância histórica impunha [...] à camada dominante brasileira".[15] "Trata-se da imitação de uma estrutura histórica por uma estrutura literária", retoma Schwarz em um ensaio sobre o trabalho de Candido, cujo título, "Forma objetiva", esclarece qual é o aspecto central das convenções literárias para o crítico.[16] "Passando a pressuposto sociológico uma parte das condições históricas originais reaparece, com sua mesma lógica, mas agora no plano da ficção e como resultado formal", acrescenta em "A importação do romance e suas contradições em Alencar"; "Neste sentido, formas são o abstrato de relações sociais determinadas".[17]

Um abstrato de relações sociais. Reconhecer a natureza de classe de artifícios específicos não é o suficiente: pretende-se apreender a natureza *estrutural* da obra machadiana. Os romances são como modelos: simplificados, "reduzidos" — e *justamente por isso* capazes de revelar padrões sociais subjacentes. "[...] em vez de *elementos* de identificação, Machado buscava *relações* e *formas*. A feição nacional destas é profunda, sem ser óbvia."[18] Profundo, mas não óbvio: em crítica literária, geralmente tal formulação atua como um prólogo à metafísica. Aqui, trata-se do oposto. Como resultado dos ensinamentos de Candido, Schwarz afirma na sóbria e comovente homenagem escrita por ocasião de sua morte que

> o juízo de gosto teria de mudar de base: deixava de argumentar apenas em termos de cultura geral para apoiar-se também nas novas ciências humanas. A ligação do debate ao dínamo da pesquisa acadêmica, com suas várias frentes em evolução, produzia um estilo novo de raciocínio estético, mais afim com os requisitos intelectuais do tempo.[19]

Novas ciências humanas: lembremo-nos de outra importante experiência de aprendizado de Schwarz, o seminário sobre *O capital* que ocorreu na Faculdade de Filosofia, Letras e Ciências Humanas da Universidade de São Paulo a partir de 1958. No seminário, muitas disciplinas foram abordadas — economia (Paul Singer), sociologia (Fernando Henrique Cardoso, Octavio Ianni, Gabriel Bolaffi, Michael Löwy), ciência política (Francisco Weffort), antropologia (Ruth Cardoso), história (Fernando Novais), filosofia (José Giannotti, Bento Prado Jr.). Schwarz parece ter sido o único integrante com interesses estéticos, mas as descobertas do grupo — "uma ideia que não é exagero chamar uma intuição nova do Brasil" —[20] mostraram-se tão férteis para o estudo de Machado de Assis quanto para o Rio Grande do Sul.

FRATURAS NA FORMA

Frequentemente críticos marxistas têm escolhido autores específicos como um modo de conferir unidade ao cenário heterogêneo da história: Lukács o fez com Lênin e o jovem Hegel, Benjamin com Baudelaire, Sartre com Mallarmé, Genet e Flaubert, Adorno com Wagner e Mahler, Thompson com Morris, Jameson com Sartre e Wyndham Lewis, T. J. Clark com Courbet e Picasso... Às vezes, o alinhamento entre o micro e o macro permanece opaco (afinal, o que Mahler representa?), instável (a hesitação de Benjamin entre Baudelaire e Paris como foco nas *Passagens*), ou bizarramente desequilibrado (o oceânico *O idiota da família*). Mas com Machado realmente dá certo.

Machado, isto é, o Brasil, capturado no momento de sua definitiva inserção no mundo moderno, criou a condição objetiva para uma mudança maior de direção; uma conjuntura crítica comparável à situação em que Goethe e Púchkin trabalharam. Aproximando-nos da época de Machado, a conjuntura é comparável à das Filipinas de Rizal, da Índia de Tagore ou do Japão de Soseki. Era, para falar com a obra-prima de Candido,[21] um *momento deci-*

sivo da história brasileira: decisivo, mas não porque tenha inaugurado uma nova ordem de coisas, mas porque chancelou um pacto definitivo entre o atraso e o progresso, personificando-o em uma classe dominante que se queria "parte do Ocidente progressista e culto" enquanto mantinha "o último ou penúltimo grande sistema escravocrata do mesmo Ocidente".[22] Aqui, os resultados do seminário sobre *O capital* foram cruciais:

> O grupo chegara à audaciosa conclusão de que as marcas clássicas do atraso brasileiro não deviam ser consideradas como arcaísmo residual, e sim como parte integrante da reprodução da sociedade moderna [...] a ligação do país à ordem revolucionada do capital e das liberdades civis não só não mudava os modos atrasados de produzir, como os confirmava e promovia na prática.[23]

A ordem revolucionada do capital reforçando meios de produção atrasados. Nesse estado de coisas — em que "a harmonia deste sistema parece exigir e reproduzir desigualdades e alienações de toda espécie" —, uma mistura mórbida entre atraso e progresso introduz em todos os aspectos da existência uma peculiar "má-formação nacional".[24] "Nada é mais brasileiro que esta literatura mal resolvida",[25] escreve Schwarz em outro texto, e expressões análogas — desajuste, desacordo entre a forma e a matéria, esquisitices nacionais, ideias fora do lugar, romances enjoativos apesar do engenho, inviabilidade literária, efeito dissonante da construção, ideias que entre nós são diferentes —[26] acabam por compor um dos campos semânticos mais característicos de seu trabalho.

Característicos e dinâmicos: "aos olhos do crítico dialético a fratura da forma aponta para impasses históricos", escreve Schwarz, encaminhando-se para o fim do *Mestre*: "as fraquezas artísticas de uma obra [...] deixam de remeter a limitações do autor, para indicarem impossibilidades objetivas, cujo fundamento é social". Se a forma é objetiva, suas fissuras também o são, e reconhecer as limitações que o mundo capitalista impõe ao desenvolvimento da imaginação (e a muitos outros aspectos, é claro) torna-se o primeiro passo na análise. Mas não o último: em alguns casos bem-sucedidos, o "desacordo entre forma e matéria" da literatura mal resolvida pode se tornar "fermento artístico e de conhecimento".[27] A progressão "do reflexo involuntário à elaboração reflexiva, da incongruência para a verdade artística"[28] foi, de fato, a grande conquista da literatura russa do século XIX. "A psicologia do egoísmo racional, assim como a moral formalista", observa Schwarz em uma passagem célebre de "As ideias fora do lugar", "faziam no Império Russo efeito de uma ideologia 'estrangeira', e portanto localizada e relativa. De dentro de seu atraso histórico, o país impunha ao romance burguês um quadro mais complexo."[29]

De dentro de seu atraso histórico, um romance mais complexo: um paradoxo sofisticado. Mas como a passagem da incongruência para a verdade artística ocorre concretamente?

FORMA OSTENSIVA

A cumplicidade inescrupulosa entre atraso e progresso não é, obviamente, o único resultado possível do desenvolvimento desigual e combinado: afinal, as mais memoráveis exposições do conceito — os escritos de Trótski sobre a Revolução Russa e sobre o final da década de 1920 na China — indicam o oposto. No Brasil dos anos 1960, "a aliança de vanguarda estética e cultura popular meio iletrada" engendrou um eco tardio dessas configurações iniciais explosivas:

> Estimulada pelo avanço da luta de classes e do terceiro-mundismo [...] a experimentação avançada com as formas tornava-se parte e metáfora da transformação social iminente [...]. Caetano possui como poucos a capacidade de caracterizar artistas e obras. Espalhados pelo livro [*Verdade tropical*, de autoria de Caetano] e apimentados pela rivalidade, os retratos de Maria Bethânia, Nara Leão, Elis Regina, Glauber Rocha, Chico Buarque, Raul Seixas, Erasmo Carlos, Gilberto Gil, Augusto Boal, Augusto de Campos, Geraldo Vandré e outros formam uma excelente galeria contemporânea.[30]

O golpe militar de 1964 cortou esse panorama vívido, forçando o próprio Schwarz a se exilar. Mas uma lição sobreviveu: durante esse período, a "vida artística desvestia o seu aspecto esotérico e mostrava ser o que é de fato, uma tentativa imaginária de intervenção".[31] A imaginação como intervenção na realidade social — trata-se do outro polo da pesquisa estética de Schwarz: Brecht, com sua plateia ideal, "de caráter proletário, amiga [...] do espírito crítico", uma "assembleia de transformadores do mundo". Eis como *Santa Joana dos Matadouros*, que foi ao ar pela primeira vez na rádio alemã em 1932, se dirigiu à assembleia:

> Em vez de fazer tábula rasa do passado, Brecht, cuja posição a respeito era própria, tratou de montar uma antologia estratégica de textos máximos da tradição, a que as falas das personagens aludem sistematicamente [...]. Apoiado em seus dons excepcionais de pastichador, expunha as peripécias da luta de classes e os cálculos do cartel dos enlatados — a matéria nova — em versos imitados de Schiller, de Hölderlin, do segundo Fausto, da poesia expressionista, ou também dos trágicos gregos, vistos como alemães honoris causa. Os

recursos literários mais celebrados da literatura nacional, ou, por extensão, o melhor e o mais sublime da cultura burguesa, contracenavam de perto com a crise econômica. [...] Embora tenha algo de receita, o acoplamento de pastiches lírico-filosóficos às brutalidades da competição econômica e do antagonismo de classe compõe um dispositivo de grande alcance [...]. A fórmula evita a segregação cultural em que se via fechada a experiência proletária, além de dar expressão ao desencontro, a superar, entre excelência cultural e ponto de vista operário.[32]

Segundo Franco Fortini, o legado utópico de Lukács residia na tentativa de levar Goethe para os soldados do Exército Vermelho. A leitura que Schwarz faz de Brecht é similar, assim como a sua insistência a respeito do significado político dos romances de Machado de Assis. (A proximidade entre Brecht e Machado parece estranha, e *de fato é* estranha, e por isso mesmo tão poderosa.) Normalmente, estética e política se encontram em um detalhe formal, o que se relaciona, mais uma vez, com o narrador machadiano. Enquanto nos romances iniciais essa figura foi elaborada para se solidarizar com as vítimas da estrutura de classes brasileira,

> em algum ponto, tendo decidido que essa tarefa era impossível — um julgamento histórico importante —, Machado abandonou a fórmula de seus romances anteriores [...]. Em vez de tomar o partido dos fracos, cujas solicitações não levavam a nada, ele inventou um narrador que não apenas apoiava a injustiça social e seus beneficiários, mas também celebrava ostensivamente o fato de pertencer a seu grupo.[33]

Ostensivamente. Segundo as crônicas da época, na première da *Ópera dos três vinténs* os espectadores permaneceram tranquilos até que o gângster Macheath e o chefe de polícia Jack Tiger Brown entoassem juntos a *Kanonensong*, com sua ultrajante euforia imperialista ("Viva a brigada/ Na canhonada/ Do Cabo ao Industão"[34] [a tradução não corresponde à rima insolente do original]). Nesse instante o público explodiu, e a lenda em torno da peça começou. O narrador machadiano exibe uma desfaçatez análoga — como quando Bento Santiago, em *Dom Casmurro*, lamenta o fato de que o falecimento de um amigo interrompe "as melodias da minha alma" em vez de esperar algumas horas para morrer ("toda hora é apropriada ao óbito").[35] O resultado é uma "autoexposição 'involuntária'"[36] que não poderia ser mais evidente.

Não poderia? Como Machado "utiliza com maestria absoluta os recursos ideológicos e literários os mais prezados de sua vítima" —[37] como, por exemplo, seu talento casuístico para a autoabsolvição —, para muitos de seus contemporâneos seus livros pareciam tomar partido dos narradores, oferecendo todo tipo de justificativas complexas para suas condutas. "A julgar pelas reações da crítica", afirma Schwarz, tal ventriloquismo "prevaleceu quase inteiramente", gerando "um quadro de alta mistificação" e "faz que entre crítica feroz e apologia a semelhança confunda".[38] Confusão, de fato: como crítica feroz pode ser confundida com apologia?

IMITAÇÃO

Um enredo "que serve à exposição *metódica* de um modo de ser"; uma desproporção narrativa que "é *um fato eloquente de composição*"; uma técnica "*expressiva* também da assimetria da relação social"; um "abjeto humor de classe [...] *exposto*"; um "cinismo 'excessivo'", que faz do texto uma "*delação de si mesmo*, uma verdadeira traição de classe".[39] Exposto, eloquente, expressivo, delação de si mesmo, traição... tudo está às claras. Mas então "cabe ao leitor descobrir que não está diante de um exemplo de autoexame e requintada franqueza"; "O efeito literário realista e o insight histórico [...] estão [...] em outro nível, que cabe ao leitor identificar e construir"; "a fisionomia [...] do narrador [...] passa incógnita"; "reencenava e apontava à execração dos bons entendedores a ambiguidade característica da classe dominante brasileira".[40]

Narrativa eloquente ou narrador incógnito? Delação de si mesmo ou ambiguidade visível para os bons entendedores? Trata-se do quebra-cabeça do "realismo" machadiano. "Se nos ativermos aos modelos estabelecidos", observa Schwarz,

> parecerá mais razoável chamar Machado de antirrealista. Entretanto, se pensarmos no espírito peculiar do realismo, na sua ênfase na análise da sociedade contemporânea em movimento, podemos, de fato, considerá-lo um grande realista. Para efeitos de precisão e complexidade, digamos então que ele é um realista que trabalha ostensivamente com procedimentos antirrealistas.[41]

Procedimentos antirrealistas, funcionais para a apreensão realista "da sociedade contemporânea em movimento". Estamos diante de um desacordo entre meios e fins cujas raízes se localizam fora da esfera estética:

> Para efeitos de precisão e complexidade, digamos então que ele é um realista que trabalha ostensivamente com procedimentos antirrealistas. Devemos, é claro, nos perguntar por quê. Meu argumento é que esse paradoxo [...] tem a ver com outra questão, a saber: como fica o realismo num país periférico [...]. Para falar de modo mais geral, o que acontece com as formas modernas em lugares que não possuem as condições

sociais que estavam nas origens dessas formas e que elas de certa maneira têm como pressuposto?[42]

O que acontece com o realismo em um país periférico: é a questão colocada pelo coletivo de pesquisa Warwick (WREC — Warwick Research Collective), uma tentativa provocativa e original de reimaginar a prática da crítica marxista, como mostra a análise de *Max Havelaar*, de Multatuli, feita pelo grupo.[43] "O comprometimento brechtiano de Schwarz com o realismo", escreve Francis Mulhern em sua cristalina introdução à coletânea *Two Girls and Other Essays*, "caminha junto com sua convicção, a qual ele expressa com toda a clareza possível, de que a literatura é capaz de produzir conhecimento."[44] Conhecimento, enfim. Aquilo que o seminário sobre *O capital* procurava, Schwarz encontrou em Machado: conhecimento *novo* — o adjetivo é importante —, "muito mais arrojado", segundo Mulhern, "do que a proposta convencional de que o realismo artístico busca apresentar, em seus próprios termos, aquilo que a teoria já conhece — o efetivo limite do reconhecimento de Lukács".

Produção de novos conhecimentos. Mas como? Eis o final do *Mestre*:

> Ao contrário do que faz supor a voga atual do antirrealismo, a mimese histórica, devidamente instruída de senso crítico, não conduzia ao provincianismo, nem ao nacionalismo, nem ao atraso. E se uma parte de nossos estudiosos imaginou que o mais avançado e universal dos escritores brasileiros passava ao largo da iniquidade sistemática mercê da qual o país se inseria na cena contemporânea, terá sido por uma cegueira também ela histórica, parente mais ou menos longínqua da desfaçatez que Machado *imitava*.

Quantos livros você conhece em que a última palavra

está em itálico? "Isso é importante", nos diz a tipografia, como a levantar ligeiramente a voz nesse "imitava". Mas para dizer o quê? Que Machado expôs a desfaçatez das classes altas da maneira mais exata possível, ou que ele inflou algumas de suas características para torná-la inconfundível? Fotografia ou caricatura? O conteúdo semântico de "imitava" sugere uma concepção de literatura antiga e ligeiramente asséptica; a escolha do itálico aponta para a caricatura, postulando a distorção controversa como pressuposto do conhecimento.

Esse é, provavelmente, *o* ponto crucial da crítica marxista, e talvez do marxismo tout court. Há alguns anos, Lucio Colletti sintetizava a questão no título de um de seus ensaios — "Marxismo: scienza o rivoluzione?" — e respondeu sua própria pergunta postulando um ponto de vista de classe que conduziria a uma forma de conhecimento objetivamente verificável. A posição de Schwarz é similar, embora não idêntica. O conhecimento literário está depositado no texto machadiano, sim — trata-se, lembremos, de uma forma *objetiva* —, mas está claramente *criptografado* nele: trata-se, de fato, de uma *forma* objetiva. Para se tornar de fato visível, ele precisa ser liberado pelo catalisador do trabalho crítico. Em outras palavras: o "conhecimento novo" de *Memórias póstumas* é produto de Machado *e* de Schwarz: dois diferentes tipos de discurso, dois perfis intelectuais *muito* diferentes cooperando para um mesmo fim.

Crítica feroz ou apologia? Como formulou Benjamin, monumentos de cultura são também monumentos de barbárie; os romances de Machado contêm os dois elementos, mas não podem ser reduzidos a nenhum deles. Ter reconhecido a cultura e a barbárie com igual clareza e as atribuir à estrutura de classes do Brasil moderno por meio de um estilo profundamente *racional* de pensamento estético: tais realizações fazem de Roberto Schwarz o maior crítico marxista do nosso tempo.

Notas

1. Georg Lukács, "Sobre a forma e a essência do ensaio: Carta a Leo Popper", em *A alma e as formas*. Trad. de Rainer Patriota. Belo Horizonte: Autêntica Editora, 2017.
2. Grifos meus.
3. Roberto Schwarz, *Um mestre na periferia do capitalismo: Machado de Assis*. São Paulo: Duas Cidades; Ed. 34, 2000, p. 110. (Citado, daqui em diante, como *Mestre*.)
4. Respectivamente, *Mestre*, pp. 61, 63 e 96. "Cidade de Deus", p. 163, e "Altos e baixos da atualidade de Brecht", p. 133. Os dois ensaios estão em *Sequências brasileiras: Ensaios* (São Paulo: Companhia das Letras, 1999).
5. *Mestre*, pp. 53-4.
6. "Eu vejo por manchas". T. J. Clark, "Strange Apprentice". *London Review of Books*, 8 out. 2020.
7. *Mestre*, pp. 96 e 63.
8. Roberto Schwarz, "Complexo, moderno, nacional e negativo". *Novos Estudos Cebrap*, São Paulo, v. 1, n. 1, p. 47, dez. 1981.
9. Id., "Um avanço literário". Trad. de Marcos Soares. *Literatura e Sociedade*, São Paulo, v. 15, n. 13, p. 243, 2010.
10. *Mestre*, p. 66.
11. Ibid., p. 18.
12. "[...] e dentro das formas, vê classes": óbvio, ele é um crítico marxista! Óbvio? Com que frequência a crítica marxista recente empreendeu uma análise de classes *concreta* em vez de recorrer a generalizações vagas?
13. Roberto Schwarz, "Um avanço literário", op. cit., pp. 241-2.
14. Respectivamente, *Mestre*, pp. 113, 107 e 88; "As ideias fora do lugar", em *Ao vencedor as batatas* (São Paulo: Duas Cidades; Ed. 34, 2000, p. 16).
15. Apud Schwarz, *Mestre*, p. 35.
16. "Pressupostos, salvo engano, de 'Dialética da malandragem'", em *Que horas são?: Ensaios* (São Paulo: Companhia das Letras, 1987, p. 135). No mesmo ensaio, Schwarz afirma: "a forma que o crítico estuda foi produzida pelo processo social, mesmo que ninguém saiba dela" e "Se as

Memórias são lidas como um todo em movimento [...], isto é, se são lidas *esteticamente*, é porque têm essa dimensão" (pp. 141 e 135, respectivamente). O texto foi publicado em inglês como "Objective Form: Reflections on the Dialetic of Roguery", em *Two Girls and Other Essays* (Trad. de John Gledson. Londres: Verso, 2012).

17. *Ao vencedor as batatas*, op. cit., p. 51.
18. "Duas notas sobre Machado de Assis", em *Que horas são?: Ensaios*, op. cit., p. 166.
19. Roberto Schwarz, "Antonio Candido 100 anos", em *Antonio Candido 100 anos*. Org. de Maria Augusta Fonseca e Roberto Schwarz. São Paulo: Ed. 34, 2018, p. 12.
20. Id., "Um seminário de Marx", em *Sequências brasileiras*, op. cit., p. 93.
21. *Formação da literatura brasileira: Momentos decisivos*. São Paulo: Martins, 1964-9. 2 v.
22. *Mestre*, op. cit., p. 42.
23. Ibid., pp. 13 e 37.
24. "Duas notas sobre Machado de Assis", em *Que horas são?: Ensaios*, op. cit., p. 169.
25. "A importação do romance e suas contradições em Alencar", em *Ao vencedor as batatas*, op. cit., p. 70.
26. Todas as expressões se encontram no livro *Ao vencedor as batatas*, op. cit. Respectivamente, pp. 25, 56, 27, 9, 87, 70, 72 e 47.
27. *Mestre*, op. cit., pp. 171 e 155.
28. *Ao vencedor as batatas*, op. cit., p. 70.
29. "As ideias fora do lugar", em *Ao vencedor as batatas*, op. cit., p. 27.
30. "*Verdade tropical*: um percurso de nosso tempo", em *Martinha versus Lucrécia: Ensaios e entrevistas*. São Paulo: Companhia das Letras, 2012, pp. 55, 56 e 73.
31. Ibid., p. 56.
32. Roberto Schwarz, "Altos e baixos da atualidade de Brecht", op. cit., pp. 126, 138 e 142.
33. Id., "Um avanço literário", op. cit., p. 243.
34. Bertolt Brecht, "A ópera de três vinténs", em *Teatro completo 3*. Trad. de Wolfgang Bader e Marcos Roma Santa. Rio de Janeiro: Paz e Terra, 1988, p. 39.

35. Machado de Assis, *Dom Casmurro*. Rio de Janeiro: Globo, p. 186.
36. *Mestre*, op. cit., p. 82.
37. Ibid., p. 82.
38. Ibid., pp. 190, 189 e 83.
39. Ibid., pp. 103, 107 e 110. Todos os grifos são meus.
40. Ibid., pp. 189-90, 193-4 e 233. Grifos meus.
41. Roberto Schwarz, "Um avanço literário", op. cit., p. 235.
42. Ibid.
43. Ver *Desenvolvimento combinado e desigual: Por uma nova teoria da literatura mundial* (Trad. de G. B. Zanfelice. Campinas: Unicamp, 2020). "O registro realista de *Max Havelaar* é repetidamente minado por técnicas irrealistas: a extraordinária narração cindida, o enquadramento narrativo e a incorporação genericamente incongruente de materiais indígenas javaneses... Lemos tais cisões e incongruências como indicativo do registro formal do texto da instabilidade complexa da vida tal como ela é experimentada na periferia das colônias holandesas das Índias Orientais." Os membros da WREC, tal como listados no livro, são Sharae Deckard, Nicholas Lawrence, Neil Lazarus, Graeme Macdonald, Upamanyu Pablo Mukherjee, Benita Parry e Stephen Shapiro.
44. *Two Girls and Other Essays*, op. cit., pp. xiii-xiv.

Nota sobre os textos

"Introdução", de Franco Moretti: publicado como "A New Intuition" em *New Left Review*, n. 131, set.-out. 2021.

"As ideias fora do lugar": publicado como "Dépendance nationale, déplacement d'idéologies, littérature" em *L'Homme et la Société*, n. 26, 1972; retomado em *Ao vencedor as batatas* (São Paulo: Duas Cidades, 1977).

"A importação do romance e suas contradições em Alencar": publicado como "Criando o romance brasileiro" em *Argumento*, n. 4, 1974 (número apreendido pela censura); retomado em *Ao vencedor as batatas* (São Paulo: Duas Cidades, 1977).

"A poesia envenenada de *Dom Casmurro*": publicado em *Novos Estudos Cebrap*, n. 29, mar. 1991; retomado em *Duas meninas* (São Paulo: Companhia das Letras, 1997).

"Cultura e política, 1964-1969": publicado como "Remarques sur la culture et la politique au Brésil, 1964-1969" em *Les Temps Modernes*, n. 288, 1970; retomado em *O pai de família* (Rio de Janeiro: Paz & Terra, 1978).

"Cuidado com as ideologias alienígenas": publicado como "Respostas a *Movimento*" em *Movimento*, n. 56, jul.

1976; retomado em *O pai de família* (Rio de Janeiro: Paz & Terra, 1978).

"A carroça, o bonde e o poeta modernista": publicado em *Que horas são?* (São Paulo: Companhia das Letras, 1987).

"Na periferia do capitalismo": entrevista a Mariluce Moura e Luiz Henrique Lopes publicada em *Pesquisa Fapesp*, n. 98, abr. 2004; retomado em *Martinha versus Lucrecia* (São Paulo: Companhia das Letras, 2012).

"*Verdade tropical*: um percurso de nosso tempo": publicado como "Political Iridescence" em *New Left Review*, n. 75, maio-jun. 2012; retomado em *Martinha versus Lucrecia* (São Paulo: Companhia das Letras, 2012).

"Acumulação literária e nação periférica": publicado na *Folha de S.Paulo*, 23 jun. 1990, caderno Letras; retomado em *Um mestre na periferia do capitalismo: Machado de Assis* (São Paulo: Duas Cidades, 1990).

"Um seminário de Marx": publicado na *Folha de S.Paulo*, 8 out. 1995, caderno Mais!; retomado em *Sequências brasileiras* (São Paulo: Companhia das Letras, 1999).

"Os sete fôlegos de um livro": publicado em *Antonio Candido: Pensamento e militância*, organizado por Flávio Aguiar (São Paulo: Fundação Perseu Abramo; Humanitas, 1999); retomado em *Sequências brasileiras* (São Paulo: Companhia das Letras, 1999).

"8½ de Fellini": publicado em *Revista Civilização Brasileira*, n. 1, 1965; retomado em *A sereia e o desconfiado* (Rio de Janeiro: Civilização Brasileira, 1965).

ESSENCIAL
ROBERTO SCHWARZ

As ideias fora do lugar

Toda ciência tem princípios, de que deriva o seu sistema. Um dos princípios da economia política é o trabalho livre. Ora, no Brasil domina o fato "impolítico e abominável" da escravidão.

Este argumento — resumo de um panfleto liberal, contemporâneo de Machado de Assis —[1] põe fora o Brasil do sistema da ciência. Estávamos aquém da realidade a que esta se refere; éramos antes um fato moral, "impolítico e abominável". Grande degradação, considerando-se que a ciência eram as Luzes, o Progresso, a Humanidade etc. Para as artes, Nabuco expressa um sentimento comparável quando protesta contra o assunto escravo no teatro de Alencar: "Se isso ofende o estrangeiro, como não humilha o brasileiro!".[2] Outros autores naturalmente fizeram o raciocínio inverso. Uma vez que não se referem à nossa realidade, ciência econômica e demais ideologias liberais é que são, elas sim, abomináveis, impolíticas e estrangeiras, além de vulneráveis. "Antes bons negros da costa da África para felicidade sua e nossa, a despeito de toda a mórbida filantropia britânica, que, esquecida de sua própria casa, deixa morrer de fome o pobre irmão branco, escravo sem senhor que dele se compadeça, e hipócrita ou estólida chora, exposta ao ridículo da verdadeira filantropia, o fado de nosso escravo feliz."[3]

Cada um a seu modo, estes autores refletem a disparidade entre a sociedade brasileira, escravista, e as ideias do liberalismo europeu. Envergonhando a uns, irritando a outros, que insistem na sua hipocrisia, estas ideias — em que gregos e troianos não reconhecem o Brasil — são referência para todos. Sumariamente está montada uma comédia ideológica, *diferente da europeia*. É claro que a liberdade do trabalho, a igualdade perante a lei e, de modo geral, o universalismo eram ideologia na Europa também; mas lá correspondiam às aparências, encobrindo o essencial — a exploração do trabalho. Entre nós, as mesmas ideias seriam falsas num sentido diverso, por assim dizer original. A Declaração dos Direitos do Homem, por exemplo, transcrita em parte na Constituição Brasileira de 1824, não só não escondia nada, como tornava mais abjeto o instituto da escravidão.[4] A mesma coisa para a professada universalidade dos princípios, que transformava em escândalo a prática geral do *favor*. Que valiam, nestas circunstâncias, as grandes abstrações burguesas que usávamos tanto? Não descreviam a existência — mas nem só disso vivem as ideias. Refletindo em direção parecida, Sérgio Buarque observa: "Trazendo de países distantes nossas formas de vida, nossas instituições e nossa visão do mundo e timbrando em manter tudo isso em ambiente muitas vezes desfavorável e hostil, somos uns desterrados em nossa terra".[5] Essa impropriedade de nosso pensamento, que não é acaso, como se verá, foi de fato uma presença assídua, atravessando e desequilibrando, até no detalhe, a vida ideológica do Segundo Reinado. Frequentemente inflada, ou rasteira, ridícula ou crua, e só raramente justa no tom, a prosa literária do tempo é uma das muitas testemunhas disso.

Embora sejam lugar-comum em nossa historiografia, as razões desse quadro foram pouco estudadas em seus efeitos. Como é sabido, éramos um país agrário e independente, dividido em latifúndios, cuja produção dependia do trabalho escravo, por um lado, e, por outro, do mercado externo. Mais ou menos diretamente, vêm daí as singularidades que expusemos. Era inevitável, por exemplo, a presença entre nós do raciocínio econômico burguês — a prioridade do lucro, com seus corolários sociais — uma vez que dominava no comércio internacional, para onde a nossa economia era voltada. A prática permanente das transações escolava, neste sentido, quando menos uma pequena multidão. Além do quê, havíamos feito a Independência havia pouco, em nome de ideias francesas, inglesas e americanas, variadamente liberais, que assim faziam parte de nossa identidade nacional. Por outro lado, com igual fatalidade, este conjunto ideológico iria chocar-se contra a escravidão e seus defensores, e o que é mais, viver com eles.[6] No plano das convicções, a incompatibilidade é clara, e já vimos exemplos. Mas também no plano prático ela se fazia sentir. Sendo uma propriedade, um escravo pode ser vendido, mas não despedido. O trabalhador livre, nesse ponto, dá mais liberdade a seu patrão, além de imobilizar menos capital. Este aspecto — um entre muitos — indica o limite que a escravatura opunha à racionalização produtiva. Comentando o que vira numa fazenda, um viajante escreve: "Não há especialização do trabalho, porque se procura economizar a mão de obra". Ao citar a passagem, F. H. Cardoso observa que "economia" não se destina aqui, pelo contexto, a fazer o trabalho num mínimo de tempo, mas num máximo. É preciso espichá-lo, a fim de encher e disciplinar o dia do escravo. O oposto exato do que era moderno fazer. Fundada na violência e na disciplina militar, a produção escravista dependia da autoridade, mais que da eficácia.[7] O estudo racional do processo produtivo, assim como a sua modernização continuada, com todo o prestígio que lhes advinha da revolução que ocasionavam na Europa, eram sem propósito no Brasil. Para complicar ainda o quadro, considere-

-se que o latifúndio escravista havia sido na origem um empreendimento do capital comercial, e que portanto o lucro fora desde sempre o seu pivô. Ora, o lucro como prioridade subjetiva é comum às formas antiquadas do capital e às mais modernas. De sorte que os incultos e abomináveis escravistas até certa data — quando esta forma de produção veio a ser menos rentável que o trabalho assalariado — foram no essencial capitalistas mais consequentes do que nossos defensores de Adam Smith, que no capitalismo achavam antes que tudo a liberdade. Está-se vendo que para a vida intelectual o nó estava armado. Em matéria de racionalidade, os papéis se embaralhavam e trocavam normalmente: a ciência era fantasia e moral, o obscurantismo era realismo e responsabilidade, a técnica não era prática, o altruísmo implantava a mais-valia etc. E, de maneira geral, na ausência do interesse organizado da escravaria, o confronto entre humanidade e inumanidade, por justo que fosse, acabava encontrando uma tradução mais rasteira no conflito entre dois modos de empregar os capitais — do qual era a imagem que convinha a uma das partes.[8]

Impugnada a todo instante pela escravidão, a ideologia liberal, que era a das jovens nações emancipadas da América, descarrilhava. Seria fácil deduzir o sistema de seus contrassensos, todos verdadeiros, muitos dos quais agitaram a consciência teórica e moral de nosso século XIX. Já vimos uma coleção deles. No entanto, essas dificuldades permaneciam curiosamente inessenciais. O teste da realidade não parecia importante. É como se coerência e generalidade não pesassem muito, ou como se a esfera da cultura ocupasse uma posição alterada, cujos critérios fossem outros — mas outros em relação a quê? Por sua mera presença, a escravidão indica a impropriedade das ideias liberais; o que entretanto é menos que orientar-lhes o movimento. Sendo embora a relação produtiva fundamental, a escravidão não era o nexo efetivo da vida ideológica. A chave desta era diversa. Para descrevê-la é preciso retomar o país como todo. Esquematizando, pode-se dizer que a colonização produziu, com base no monopólio da terra, três classes de população: o latifundiário, o escravo e o "homem livre", na verdade dependente. Entre os primeiros dois a relação é clara; é a multidão dos terceiros que nos interessa. Nem proprietários nem proletários, seu acesso à vida social e a seus bens depende materialmente do *favor*, indireto ou direto, de um grande.[9] O agregado é a sua caricatura. O favor é, portanto, o mecanismo através do qual se reproduz uma das grandes classes da sociedade, envolvendo também outra, a dos que têm. Note-se ainda que entre estas duas classes é que irá acontecer a vida ideológica, regida, em consequência, por este mesmo mecanismo.[10] Assim, com mil formas e nomes, o favor atravessou e afetou no conjunto a existência nacional, ressalvada sempre a relação produtiva de base, esta assegurada pela força. Esteve presente por toda parte, combinando-se às mais variadas atividades, mais e menos afins dele, como administração, política, indústria, comércio, vida urbana, Corte etc. Mesmo profissões liberais, como a medicina, ou qualificações operárias, como a tipografia, que, na acepção europeia, não deviam nada a ninguém, entre nós eram governadas por ele. E assim como o profissional dependia do favor para o exercício de sua profissão, o pequeno proprietário depende dele para a segurança de sua propriedade, e o funcionário para o seu posto. *O favor é a nossa mediação quase universal* — e sendo mais simpático do que o nexo escravista, a outra relação que a colônia nos legara, é compreensível que os escritores tenham baseado nele a sua interpretação do Brasil, involuntariamente disfarçando a violência, que sempre reinou na esfera da produção.

O escravismo desmente as ideias liberais; mais insidiosamente o favor, tão incompatível com elas quanto o primeiro, as absorve e desloca, originando um padrão particular. O elemento de arbítrio, o jogo fluido de estima e autoestima a que o favor submete o interesse material não podem ser integralmente racionalizados. Na Europa, ao atacá-los, o universalismo visara o privilégio feudal. No processo de sua afirmação histórica, a civilização burguesa postulara a autonomia da pessoa, a universalidade da lei, a cultura desinteressada, a remuneração objetiva, a ética do trabalho etc. — contra as prerrogativas do *Ancien Régime*. O favor, ponto por ponto, pratica a dependência da pessoa, a exceção à regra, a cultura interessada, remuneração e serviços pessoais. Entretanto, não estávamos para a Europa como o feudalismo para o capitalismo; pelo contrário, éramos seus tributários em toda linha, além de não termos sido propriamente feudais — a colonização é um feito do capital comercial. No fastígio em que estava ela, Europa, e na posição relativa em que estávamos nós, ninguém no Brasil teria a ideia e principalmente a força de ser, digamos, um Kant do favor, para bater-se contra o outro.[11] De modo que o confronto entre esses princípios tão antagônicos resultava desigual: no campo dos argumentos prevaleciam com facilidade, ou melhor, adotávamos sofregamente os que a burguesia europeia tinha elaborado contra arbítrio e escravidão; enquanto na prática, geralmente dos próprios debatedores, sustentado pelo latifúndio, o favor reafirmava sem descanso os sentimentos e as noções que implica. O mesmo se passa no plano das instituições, por exemplo com burocracia e justiça, que, embora regidas pelo clientelismo, proclamavam as formas e teorias do Estado burguês moderno. Além dos naturais debates, este antagonismo produziu, portanto, uma coexistência estabilizada — que interessa estudar. Aí a novidade: *adotadas as ideias e razões europeias, elas podiam servir e muitas vezes serviram de justificação, nominalmente "objetiva", para o momento de arbítrio que é da natureza do favor.* Sem prejuízo de existir, o antagonismo se desfaz em fumaça e os incompatíveis saem de mãos dadas. Esta recomposição é capital. Seus efeitos são muitos e levam longe em nossa literatura. De ideologia que havia sido — isto é, engano involuntário e bem fundado nas aparências —, o liberalismo passa, na falta de outro termo, a penhor intencional duma variedade de prestígios com que nada tem a ver. Ao legitimar o arbítrio por meio de alguma razão "racional", o favorecido conscientemente engrandece a si e ao seu benfeitor, que por sua vez não vê, nessa era de hegemonia das razões, motivo para desmenti-lo. Nestas condições, quem acreditava na justificação? A que aparência correspondia? Mas, justamente, não era este o problema, pois todos reconheciam — e isto sim era importante — a intenção louvável, seja do agradecimento, seja do favor. A compensação simbólica podia ser um pouco desafinada, mas não era mal-agradecida. Ou por outra, seria desafinada em relação ao Liberalismo, que era secundário, e justa em relação ao favor, que era principal. E nada melhor, para dar lustre às pessoas e à sociedade que formam, do que as ideias mais ilustres do tempo, no caso as europeias. Neste contexto, portanto, as ideologias não descrevem sequer falsamente a realidade e não gravitam segundo uma lei que lhes seja própria — por isso as chamamos de segundo grau. Sua regra é outra, diversa da que denominam; é da ordem do relevo social, em detrimento de sua intenção cognitiva e de sistema. Deriva sossegadamente do óbvio, sabido de todos — da inevitável "superioridade" da Europa — e liga-se ao momento expressivo, de autoestima e fantasia, que existe no favor. Neste sentido dizíamos que o teste da realidade e da coerência não parecia, aqui, decisivo, sem prejuízo de estar sempre presente como exigência reconhecida, evocada ou suspensa conforme a circunstância. Assim, com método, atribuem-se independência à dependência, utilidade ao capricho, universalidade às exceções, mérito ao parentesco, igualdade ao privilégio etc.

Combinando-se à prática de que, em princípio, seria a crítica, o Liberalismo fazia com que o pensamento perdesse o pé. Retenha-se no entanto, para analisarmos depois, a complexidade desse passo: ao tornarem-se despropósito, estas ideias deixam também de enganar.

É claro que esta combinação foi uma entre outras. Para o nosso clima ideológico, entretanto, foi decisiva, além de ser aquela em que os problemas se configuram da maneira mais completa e diferente. Por agora bastem alguns aspectos. Vimos que nela as ideias da burguesia — cuja grandeza sóbria remonta ao espírito público e racionalista da Ilustração — tomam função de... ornato e marca de fidalguia: atestam e festejam a participação numa esfera augusta, no caso a da Europa que se... industrializa. O quiproquó das ideias não podia ser maior. A novidade no caso não está no caráter ornamental de saber e cultura, que é da tradição colonial e ibérica; está na dissonância propriamente incrível que ocasionam o saber e a cultura de tipo "moderno" quando postos neste contexto. São inúteis como um berloque? São brilhantes como uma comenda? Serão a nossa panaceia? Envergonham-nos diante do mundo? O mais certo é que nas idas e vindas de argumento e interesse todos estes aspectos tivessem ocasião de se manifestar, de maneira que na consciência dos mais atentos deviam estar ligados e misturados. Inextricavelmente, a vida ideológica degradava e condecorava os seus participantes, entre os quais muitas vezes haveria clareza disso. Tratava-se, portanto, de uma combinação instável, que facilmente degenerava em hostilidade e crítica as mais acerbas. Para manter-se precisa de cumplicidade permanente, cumplicidade que a prática do favor tende a garantir. No momento da prestação e da contraprestação — particularmente no instante-chave do reconhecimento recíproco — a nenhuma das partes interessa denunciar a outra, tendo embora a todo instante os elementos necessários para fazê-lo. Esta cumplicidade sempre renovada tem continuidades sociais mais profundas, que lhe dão peso de classe: no contexto brasileiro, o favor assegurava às duas partes, em especial à mais fraca, que nenhuma é escrava. Mesmo o mais miserável dos favorecidos via reconhecida nele, no favor, a sua livre pessoa, o que transformava prestação e contraprestação, por modestas que fossem, numa cerimônia de superioridade social, valiosa em si mesma. Lastreado pelo infinito de dureza e degradação que esconjurava — ou seja, pela escravidão, de que as duas partes se beneficiam e timbram em se diferençar —, este reconhecimento é de uma conivência sem fundo, multiplicada, ainda, pela adoção do vocabulário burguês da igualdade, do mérito, do trabalho, da razão. Machado de Assis será mestre nestes meandros. Contudo veja-se também outro lado. Imersos que estamos, ainda hoje, no universo do Capital, que não chegou a tomar forma clássica no Brasil, tendemos a ver esta combinação como inteiramente desvantajosa para nós, composta só de defeitos. Vantagens não há de ter tido; mas para apreciar devidamente a sua complexidade considere-se que as ideias da burguesia, a princípio voltadas contra o privilégio, a partir de 1848 haviam se tornado apologéticas: a vaga das lutas sociais na Europa mostrara que a universalidade disfarça antagonismos de classe.[12] Portanto, para bem lhe reter o timbre ideológico é preciso considerar que o nosso discurso impróprio era oco também quando usado propriamente. Note-se, de passagem, que este padrão iria repetir-se no século XX, quando por várias vezes juramos, crentes de nossa modernidade, segundo as ideologias mais rotas da cena mundial. Para a literatura, como veremos, resulta daí um labirinto singular, uma espécie de oco dentro do oco. Ainda aqui, Machado será o mestre.

Em suma, se insistimos no viés que escravismo e favor introduziram nas ideias do tempo, não foi para as descartar, mas para descrevê-las enquanto enviesadas —

fora de centro em relação à exigência que elas mesmas propunham, e reconhecivelmente nossas, nessa mesma qualidade. Assim, posto de parte o raciocínio sobre as causas, resta na experiência aquele "desconcerto" que foi o nosso ponto de partida: a sensação que o Brasil dá de dualismo e factício — contrastes rebarbativos, desproporções, disparates, anacronismos, contradições, conciliações e o que for — combinações que o Modernismo, o tropicalismo e a economia política nos ensinaram a considerar.[13] Não faltam exemplos. Vejam-se alguns, menos para analisá-los que para indicar a ubiquidade do quadro e a variação de que é capaz. Nas revistas do tempo, sendo grave ou risonha, a apresentação do número inicial é composta para baixo e falsete: na primeira parte, afirma-se o propósito redentor da imprensa, na tradição de combate da Ilustração; a grande seita fundada por Gutenberg afronta a indiferença geral, nas alturas o condor e a mocidade entreveem o futuro, ao mesmo tempo que repelem o passado e os preconceitos, enquanto a tocha regeneradora do Jornal desfaz as trevas da corrupção. Na segunda parte, conformando-se às circunstâncias, as revistas declaram a sua disposição cordata, de "dar a todas as classes em geral e particularmente à honestidade das famílias, um meio de deleitável instrução e de ameno recreio". A intenção emancipadora casa-se com charadas, união nacional, figurinos, conhecimentos gerais e folhetins.[14] Caricatura desta sequência são os versinhos que servem de epígrafe à *Marmota na Corte*: "Eis a Marmota/ Bem variada/ P'ra ser de todos/ Sempre estimada.// Fala a verdade,/ Diz o que sente,/ Ama e respeita/ A toda gente". Se, noutro campo, raspamos um pouco os nossos muros, mesmo efeito de coisa compósita:

> A transformação arquitetônica era superficial. Sobre as paredes de terra, erguidas por escravos, pregavam-se papéis decorativos europeus ou aplicavam-se pinturas,

de forma a criar a ilusão de um ambiente novo, como os interiores das residências dos países em industrialização. Em certos exemplos, o fingimento atingia o absurdo: pintavam-se motivos arquitetônicos greco-romanos — pilastras, arquitraves, colunatas, frisas etc. — com perfeição de perspectiva e sombreamento, sugerindo uma ambientação neoclássica jamais realizável com as técnicas e materiais disponíveis no local. Em outros, pintavam-se janelas nas paredes, com vistas sobre ambientes do Rio de Janeiro, ou da Europa, sugerindo um exterior longínquo, certamente diverso do real, das senzalas, escravos e terreiros de serviço.[15]

O trecho refere-se a casas rurais na província de São Paulo, segunda metade do século XIX. Quanto à Corte:

A transformação atendia à mudança dos costumes, que incluíam agora o uso de objetos mais refinados, de cristais, louças e porcelanas, e formas de comportamento cerimonial, como maneiras formais de servir à mesa. Ao mesmo tempo conferia ao conjunto, que procurava reproduzir a vida das residências europeias, uma aparência de veracidade. Desse modo, os estratos sociais que mais benefícios tiravam de um sistema econômico baseado na escravidão e destinado exclusivamente à produção agrícola procuravam criar, para seu uso, artificialmente, ambientes com características urbanas e europeias, cuja operação exigia o afastamento dos escravos e onde tudo ou quase tudo era produto de importação.[16]

Ao vivo esta comédia está nos notáveis capítulos iniciais do *Quincas Borba*. Rubião, herdeiro recente, é constrangido a trocar o seu escravo crioulo por um cozinheiro francês e um criado espanhol, perto dos quais não fica à vontade. Além de ouro e prata, seus metais do coração, aprecia agora as estatuetas de bronze — um Fausto e um Mefistófeles — que são também de preço. Matéria mais solene, mas igualmente marcada pelo tempo, é a letra de nosso hino à República, escrita em 1890, pelo poeta decadente Medeiros e Albuquerque. Emoções progressistas a que faltava o natural: "Nós nem cremos que escravos outrora/ Tenha havido em tão nobre país!" (outrora é dois anos antes, uma vez que a Abolição é de 1888). Em 1817, numa declaração do governo revolucionário de Pernambuco, mesmo timbre, com intenções opostas: "Patriotas, vossas propriedades inda as mais opugnantes ao ideal de justiça serão sagradas".[17] Refere-se aos rumores de emancipação, que era preciso desfazer, para acalmar os proprietários. Também a vida de Machado de Assis é um exemplo, na qual se sucedem rapidamente o jornalista combativo, entusiasta das "inteligências proletárias, das classes ínfimas", autor de crônicas e quadrinhas comemorativas, por ocasião do casamento das princesas imperiais, e finalmente o Cavaleiro e mais tarde Oficial da Ordem da Rosa.[18] Contra isso tudo vai sair a campo Sílvio Romero.

> É mister fundar uma nacionalidade consciente de seus méritos e defeitos, de sua força e de seus delíquios, e não arrumar um pastiche, um arremedo de *judas* das festas populares que só serve para vergonha nossa aos olhos do estrangeiro. [...] Só um remédio existe para tamanho *desideratum*: — mergulharmo-nos na corrente vivificante das ideias naturalistas e monísticas, que vão transformando o velho mundo.[19]

À distância é tão clara que tem graça a substituição de um arremedo por outro. Mas é também dramática, pois assinala quanto era alheia a linguagem na qual se expressava, inevitavelmente, o nosso desejo de autenticidade. Ao pastiche romântico iria suceder o naturalista. Enfim, nas revistas, nos costumes, nas casas, nos símbolos nacionais, nos pronunciamentos de revolução, na teoria e onde mais for, sempre a mesma composição "arlequinal", para falar com Mário de Andrade: o desacordo entre a representação e o que, pensando bem, sabemos ser o seu contexto. — Consolidada por seu grande papel no mercado internacional, e mais tarde na política interna, a combinação de latifúndio e trabalho compulsório atravessou impávida a Colônia, Reinados e Regências, Abolição, a Primeira República, e hoje mesmo é matéria de controvérsia e tiros.[20] O ritmo de nossa vida ideológica, no entanto, foi outro, também ele determinado pela dependência do país: à distância acompanhava os passos da Europa. Note-se, de passagem, que é a ideologia da independência que vai transformar em defeito esta combinação; bobamente, quando insiste na impossível autonomia cultural, e profundamente, quando reflete sobre o problema. Tanto a eternidade das relações sociais de base quanto a lepidez ideológica das "elites" eram parte — a parte que nos toca — da gravitação deste sistema por assim dizer solar, e certamente internacional, que é o capitalismo. Em consequência, um latifúndio pouco modificado viu passarem as maneiras barroca, neoclássica, romântica, naturalista, modernista e outras, que na Europa acompanharam e refletiram transformações imensas na ordem social. Seria de supor que aqui perdessem a justeza, o que em parte se deu. No entanto, vimos que é inevitável este desajuste, ao qual estávamos condenados pela máquina do colonialismo e ao qual, para que já fique indicado o seu alcance mais que nacional, estava condenada a mesma máquina quando nos produzia. Trata-se enfim de segredo mui conhecido, embora precariamente teorizado. Para as artes, no caso, a solução parece mais fácil, pois sempre houve modo de adorar, citar, macaquear, saquear, adaptar ou devorar estas maneiras e modas todas, de modo que refletissem, na sua falha, a espécie de torcicolo cultural em que nos reconhecemos. Mas, voltemos atrás. Em resumo, as ideias liberais não se podiam praticar, sendo ao mesmo tempo indescartáveis. Foram postas numa constelação especial, uma constelação prática, a qual formou sistema e não deixaria de afetá-las. Por isso, pouco ajuda insistir na sua clara falsidade. Mais interessante é acompanhar-lhes o movimento, de que ela, a falsidade, é parte verdadeira. Vimos o Brasil, bastião da escravatura, envergonhado diante delas — as ideias mais adiantadas do planeta, ou quase, pois o socialismo já vinha à ordem do dia — e rancoroso, pois não serviam para nada. Mas eram adotadas também com orgulho, de forma ornamental, como prova de modernidade e distinção. E naturalmente foram revolucionárias quando pesaram no Abolicionismo. Submetidas à influência do lugar, sem perderem as pretensões de origem, gravitavam segundo uma regra nova, cujas graças, desgraças, ambiguidades e ilusões eram também singulares. Conhecer o Brasil era saber destes deslocamentos, vividos e praticados por todos como uma espécie de fatalidade, para os quais, entretanto, não havia nome, pois a utilização imprópria dos nomes era a sua natureza. Largamente sentido como defeito, bem conhecido mas pouco pensado, este sistema de impropr02iedades decerto rebaixava o cotidiano da vida ideológica e diminuía as chances da reflexão. Contudo facilitava o ceticismo em face das ideologias, por vezes bem completo e descansado, e compatível aliás com muito verbalismo. Exacerbado um nadinha, dará na força espantosa da visão de Machado de Assis. Ora, o fundamento deste ceticismo não está seguramente na exploração refletida dos limites do pensamento liberal. Está, se podemos dizer assim, no ponto de partida intuitivo, que nos dispensava do esforço. Inscritas num sistema que não descrevem nem mesmo em aparência, as ideias da burguesia viam infirmada já de início, pela evidência diária, a sua pretensão de abarcar a natureza humana. Se eram aceitas, eram-no por razões que elas próprias não podiam aceitar. Em lugar de horizonte, apareciam sobre um fundo mais vasto, que as relativiza: as idas e vindas de arbítrio e favor. Abalava-se na base a sua intenção universal. Assim, o que na Europa seria verdadeira façanha da crítica, entre nós podia ser a singela descrença de qualquer pachola, para quem utilitarismo, egoísmo, formalismo e o que for são uma roupa entre outras, muito da época mas desnecessariamente apertada. Está-se vendo que este chão social é de consequência para a história da cultura: uma gravitação complexa, em que volta e meia se repete uma constelação na qual a ideologia hegemônica do Ocidente faz figura derrisória, de mania entre manias. O que é um modo, também, de indicar o alcance mundial que têm e podem ter as nossas esquisitices nacionais. Algo de comparável, talvez, ao que se passava na literatura russa. Diante desta, ainda os maiores romances do realismo francês fazem impressão de ingênuos. Por que razão? Justamente, é que, a despeito de sua intenção universal, a psicologia do egoísmo racional, assim como a moral formalista, fazia no Império Russo efeito de uma ideologia "estrangeira", e portanto localizada e relativa. De dentro de seu atraso histórico, o país impunha ao romance burguês um quadro mais complexo. A figura caricata do ocidentalizante, francófilo ou germanófilo, de nome frequentemente alegórico e ridículo, os ideólogos do progresso, do liberalismo, da razão, eram tudo formas de trazer à cena a modernização que acompanha o Capital. Estes homens esclarecidos mostram-se alternadamente lunáticos, ladrões, oportunistas, crudelíssimos, vaidosos, parasitas etc. O sistema de ambiguidades assim ligadas ao uso local do ideário burguês — uma das chaves do romance russo — pode ser comparado àquele que descrevemos para o Brasil. São evidentes as razões sociais da semelhança. Também na Rússia a modernização se perdia na imensidão do território e da inércia social, entrava em choque com a instituição servil e com seus restos — choque experimentado como inferioridade e vergonha nacional por muitos, sem prejuízo de dar a outros um critério para medir o desvario do progressismo e do individualismo que o Ocidente impunha e impõe ao mundo. Na exacerbação deste confronto, em que o progresso é uma desgraça e o atraso uma vergonha, está uma das raízes profundas da literatura russa. Sem forçar em demasia uma comparação desigual, há em Machado — pelas razões que sumariamente procurei apontar — um veio semelhante, algo de Gógol, Dostoiévski, Gontcharov, Tchékhov, e de outros talvez, que não conheço.[21] Em suma, a própria desqualificação do pensamento entre nós, que tão amargamente sentíamos, e que ainda hoje asfixia o estudioso do nosso século XIX, era uma ponta, um ponto nevrálgico por onde passa e se revela a história mundial.[22]

Ao longo de sua reprodução social, incansavelmente o Brasil põe e repõe ideias europeias, sempre em sentido impróprio. É nesta qualidade que elas serão matéria e problema para a literatura. O escritor pode não saber disso, nem precisa, para usá-las. Mas só alcança uma ressonância profunda e afinada caso lhes sinta, registre e desdobre — ou evite — o descentramento e a desafinação. Se há um número indefinido de maneiras de fazê-lo, são palpáveis e definíveis as contravenções. Nestas registra-se, como ingenuidade, tagarelice, estreiteza, servilismo, grosseria etc., a eficácia específica e local de uma alienação de braços longos — a falta de transparência social, imposta pelo nexo colonial e pela dependência que veio continuá-lo. Isso posto, o leitor pouco ficou sabendo de nossa história literária ou geral, e não situa Machado de Assis. De que lhe servem então estas páginas? Em vez do "panorama" e da ideia correlata de impregnação pelo ambiente, sempre sugestiva e verdadeira, mas sempre vaga e externa, tentei uma solução diferente: especificar um mecanismo social, na forma em que ele se torna elemento interno e ativo da cultura; uma dificuldade inescapável — tal como o Brasil a punha e repunha aos seus homens cultos, no processo mesmo de sua reprodução social. Noutras palavras, uma espécie de chão histórico, analisado, da experiência intelectual. Pela ordem, procurei ver na gravitação das ideias um movimento que nos singularizava. Partimos da observação comum, quase uma sensação, de que no Brasil as ideias estavam fora de centro, em relação ao seu uso europeu. E apresentamos uma explicação histórica para esse deslocamento, que envolvia as relações de produção e parasitismo no país, a nossa dependência econômica e seu par, a hegemonia intelectual da Europa, revolucionada pelo Capital. Em suma, para analisar uma originalidade nacional, sensível no dia a dia, fomos levados a refletir sobre o processo da colonização em seu conjunto, que é internacional. O tique-taque das conversões e reconversões de liberalismo e favor é o efeito local e opaco de um mecanismo planetário. Ora, a gravitação cotidiana das ideias e das perspectivas práticas é a matéria imediata e natural da literatura, desde o momento em que as formas fixas tenham perdido a sua vigência para as artes. Portanto, é o ponto de partida também do romance, quanto mais do romance realista. Assim, o que estivemos descrevendo é a feição exata com que a História mundial, na forma estruturada e cifrada de seus resultados locais, sempre repostos, passa para dentro da escrita, em que agora influi pela via interna — o escritor saiba ou não, queira ou não queira. Noutras palavras, definimos um campo vasto e heterogêneo, mas estruturado, que é *resultado* histórico, e pode ser *origem* artística. Ao estudá-lo, vimos que difere do europeu, usando embora o seu vocabulário. Portanto a própria diferença, a comparação e a distância fazem parte de sua definição. Trata-se de uma diferença interna — o descentramento de que tanto falamos — em que as razões nos aparecem ora nossas, ora alheias, a uma luz ambígua, de efeito incerto. Resulta uma química também singular, cujas afinidades e repugnâncias acompanhamos e exemplificamos um pouco. É natural, por outro lado, que esse material proponha problemas originais à literatura que dependa dele. Sem avançarmos por agora, digamos apenas que, ao contrário do que geralmente se pensa, a matéria do artista mostra assim não ser informe: é historicamente formada e registra de algum modo o processo social a que deve a sua existência. Ao formá-la, por sua vez, o escritor sobrepõe uma forma a outra forma, e é da felicidade desta operação, desta relação com a matéria pré-formada — em que imprevisível dormita a História — que vão depender profundidade, força, complexidade dos resultados. São relações que nada têm de automático, e veremos no detalhe quanto custou, entre nós, acertá-las para o romance. E vê-se, variando-se ainda uma vez o mesmo tema, que, embora lidando com o modesto tique-taque de nosso dia a dia, e sentado à escrivaninha num ponto qualquer do Brasil, o nosso romancista sempre teve como matéria, que ordena como pode, questões da história mundial; e que não as trata, se as tratar diretamente.

A importação do romance
e suas contradições em Alencar

O romance existiu no Brasil antes de haver romancistas brasileiros.[1] Quando apareceram, foi natural que estes seguissem os modelos, bons e ruins, que a Europa já havia estabelecido em nossos hábitos de leitura. Observação banal, que no entanto é cheia de consequências: a nossa imaginação fixara-se numa forma cujos pressupostos, em razoável parte, não se encontravam no país, ou encontravam-se alterados. Seria a forma que não prestava — a mais ilustre do tempo — ou seria o país? Exemplo desta ambivalência, própria de nações de periferia, é dado na época pelo americano Henry James, que acabaria emigrando, atraído pela complexidade social da Inglaterra, que lhe parecia mais propícia à imaginação.[2] Mas veja-se o caso de mais perto: adotar o romance era acatar também a sua maneira de tratar as ideologias. Ora, vimos que entre nós elas estão deslocadas, sem prejuízo de guardarem o nome e o prestígio originais, diferença que é involuntária, um efeito prático da nossa formação social. Caberia ao escritor, em busca de sintonia, reiterar esse deslocamento em nível formal, sem o que não fica em dia com a complexidade objetiva de sua matéria — por próximo que esteja da lição dos mestres. Esta será a façanha de Machado de Assis. Em suma, a mesma dependência global que nos obriga a pensar em categorias impróprias nos induzia a uma literatura em que essa impropriedade não tinha como aflorar. Ou por outra, antecipando: em vez de princípio construtivo, a diferença apareceria involuntária e indesejadamente, pelas frestas, como defeito. Uma instância literária do nível intelectual rebaixado a que nos referíamos no capítulo anterior. — Lembrando os anos da sua formação, Alencar fala nos serões da infância, em que lia em voz alta para a mãe e as parentas, até ficar a sala toda em prantos. Os livros eram *Amanda e Oscar*, *Saint-Clair das ilhas*, *Celestina* e outros. Menciona também os gabinetes de leitura, a biblioteca romântica de seus colegas, nas repúblicas estudantis de São Paulo — Balzac, Dumas, Vigny, Chateaubriand, Hugo, Byron, Lamartine, Sue, mais tarde Scott e Cooper — e a impressão que então lhe causara o sucesso de *A Moreninha*, o primeiro romance de Macedo.[3] Por que não tentar, ele também? "Qual régio diadema valia essa auréola de entusiasmo a cingir o nome de um escritor?"[4] Não faltavam os grandes modelos, e mais que esse ou aquele havia o prestígio do molde geral e o desejo patriótico de dotar o país de mais um melhoramento do espírito moderno.[5] No entanto, a imigração do romance, particularmente de seu veio realista, iria por dificuldades. A ninguém constrangia frequentar em pensamento salões e barricadas de Paris. Mas trazer às nossas ruas e salas o cortejo de sublimes viscondessas, arrivistas fulminantes, ladrões ilustrados, ministros epigramáticos, príncipes imbecis, cientistas visionários, ainda que nos chegassem apenas os seus problemas e o seu tom, não combinava bem. Contudo, haveria romance na sua ausência? Os grandes temas, de que vem ao romance a energia e nos quais se ancora a sua forma — a carreira social, a força dissolvente do dinheiro, o embate de aristocracia e vida burguesa, o antagonismo entre amor e conveniência, vocação e ganha-pão —, como ficavam no Brasil? Modificados, sem dúvida. Mas existiam, além de existirem fortemente na imaginação, com a realidade que tinha para nós o conjunto das ideias europeias. Não estavam à mão no entanto o sistema de suas modificações, e muito menos os efeitos deste último sobre a forma literária. Estes deveriam ser descobertos e elaborados. Assim como, aliás, os mencionados temas não estiveram prontos desde sempre, à espera do romance europeu. Surgiram, ou tomaram a sua forma moderna, sobre o solo da transição — continental e secular — da era feudal à do capitalismo. Também na Europa foi preciso explorá-los, isolar, combinar, até que se formasse uma espécie de acervo comum, em que se alimentaram ruins, medianos e grandes. Diga-se de passagem que é este aspecto cumulativo e coletivo da criação literária, mesmo da individual, que iria permitir a multidão dos romances razoáveis que o Realismo produziu. Na crista das soluções e ideias correntes, ainda se não as aprofundam, estes livros fazem a impressão de complexidade e logram sustentar o interesse da leitura. Como em nossos dias o bom filme. Um gênero de acumulação que foi difícil para a literatura brasileira, cujos estímulos vinham e vêm de fora. Desvantagem, por outro lado, que hoje tem as suas vantagens, convergindo muito naturalmente com a bancarrota da tradição, a que duramente se acostuma o intelectual europeu, a fim de chegar — como a uma expressão-chave de nosso tempo — à descontinuidade e ao arbitrário culturais em que no Brasil, bem contra a vontade, sempre se esteve.

Escritor refletido e cheio de recurso, Alencar deu respostas variadas e muitas vezes profundas a esta situação. A sua obra é uma das minas da literatura brasileira, até hoje, e, embora não pareça, tem continuidades no Modernismo. De *Iracema*, alguma coisa veio até *Macunaíma*: as andanças que entrelaçam as aventuras, o corpo geográfico do país, a matéria mitológica, a toponímia índia e a História branca; alguma coisa do *Grande sertão* já existia em *Til*, no ritmo das façanhas de Jão Fera; nossa iconografia imaginária, das mocinhas, dos índios, das florestas, deve aos seus livros muito da sua fixação social; e de modo mais geral, para não encompridar a lista, a desenvoltura inventiva e brasileirizante da prosa alencarina ainda agora é capaz de inspirar. Isso posto, é preciso reconhecer que a sua obra nunca é propriamente bem-sucedida e que tem sempre um quê descalibrado e, bem pesada a palavra, de bobagem. É interessante notar, contudo, que estes pontos fracos são, justamente, fortes noutra perspectiva. Não são acidentais nem fruto da falta de talento; são, pelo contrário, prova de consequência. Assinalam os lugares em que o molde europeu, combinando-se à matéria local, de que Alencar foi simpatizante ardoroso, produzia contrassenso. Pontos portanto que são críticos para a nossa literatura e vida, manifestando os desacordos objetivos — as incongruências de ideologia — que resultavam do transplante do romance e da cultura europeia para cá. Iremos estudá-los no romance urbano de Alencar, para precisá-los, e ver em seguida a solução que Machado de Assis lhes daria. — Comentário curioso destes impasses encontra-se em Nabuco, o europeizante, que os percebia muito bem, por achá-los horríveis. Ao contrário do que dizem, a sua disputa com Alencar é pobre em reflexão e baixa nos recursos — "um tête-à-tête de gigantes", segundo Afrânio Coutinho; brigam até para ver quem sabe mais francês. Mas tem o interesse de reter uma situação. O realismo de Alencar inspirava a Nabuco dupla aversão: uma por não guardar as aparências e outra por não desrespeitá-las com, digamos, a devassidão escolada e apresentável da literatura francesa. É como um cidadão viajado que voltasse para a sua cidade, onde o mortificam a existência de uma casa de mulheres, e o seu pouco requinte. As meninas alencarinas, com os seus arrancos de grande dama, lhe pareciam ao mesmo tempo inconvenientes e bobocas, nem românticas nem naturalistas, o que é bem percebido, embora pesando no prato estéril da balança.[6] As observações sobre o tema escravo e sobre o abrasileiramento da língua têm o mesmo teor. Se lhe aceitasse a crítica, Alencar escreveria ou romance edificante, ou romance europeu. Nabuco põe o dedo em fraquezas reais, mas para escondê-las; Alencar, pelo contrário, incide nelas tenazmente, guiado pelo senso da realidade, que o leva a sentir, precisamente aí, o assunto novo e o elemento brasileiro. Ao circunscrevê-las sem as resolver, não faz grande literatura, mas fixa e varia elementos dela — um exemplo a mais de como é tortuoso o andamento da criação literária.

Estudando a obra de Macedo, em que toma pé a tradição de nosso romance, Antonio Candido observa que ela combina o realismo da observação miúda, "sensível às condições sociais do tempo", e a máquina do enredo romântico. São dois aspectos de um mesmo conformismo, que interessa distinguir: adesão pedestre "ao meio sem relevo social e humano da burguesia carioca", e outro, "que chamaríamos poético, e vem a ser o emprego dos padrões mais próprios à concepção romântica, segundo acaba de ser sugerido: lágrimas, treva, traição, conflito". O resultado irá pecar por falta de verossimilhança: "Tanto que nos perguntamos como é possível pessoas tão chãs se envolveram nos arrancos a que [Macedo] as submete".[7] Como veremos, ligeiramente ajustada, esta análise vale também para o romance urbano de Alencar. Antes, no entanto, voltemos aos seus elementos. A notação verista, a cor local exigida pelo romance de então, davam estatuto e curso literário às figuras e anedotas de nosso mundo cotidiano. Já o enredo — o verdadeiro princípio da composição —, esse tem a sua mola nas ideologias do destino romântico, em versão de folhetim para Macedo e algum Alencar, e em versão realista para o Alencar do romance urbano de mais força. Ora, como já vimos o nosso cotidiano regia-se pelos mecanismos do favor, incompatíveis — num sentido que precisaremos adiante — com as tramas extremadas, próprias do Realismo de influência romântica. Submetendo-se ao mesmo tempo à realidade comezinha e à convenção literária, o nosso romance embarcava em duas canoas de percurso divergente, e era inevitável que levasse alguns tombos de estilo próprio, tombos que não levavam os livros franceses, já que a história social de que estes se alimentavam podia ser revolvida a fundo juntamente por aquele mesmo tipo de entrecho. — Vista segundo as *origens*, a disparidade entre enredo e notação realista representa a justaposição de um molde europeu às aparências locais (não importa, no caso, que estas aparências se tenham transformado em matéria literária por influência do próprio Romantismo). Segundo passo, troque-se a origem no mapa-múndi pelas ideias que historicamente lhe correspondiam: teremos voltado, com mais clareza agora das razões subjacentes, ao problema próprio da *composição* — em que ideologias românticas, de vertente seja liberal, seja aristocratizante, mas sempre referidas à mercantilização da vida, figuram como chave mestra do universo do favor. Fiel à realidade observada (brasileira) e ao bom modelo do romance (europeu), o escritor reedita, sem sabê-lo e sem resolvê-la, uma incongruência central em nossa vida pensada. Note-se que não há consequência simples a tirar desta dualidade; em país de cultura dependente, como o Brasil, a sua presença é inevitável, e o seu resultado pode ser bom ou ruim. É questão de analisar caso por caso. Literatura não é juízo, é figuração: os movimentos de uma reputada chave que não abra nada têm possivelmente grande interesse literário. Veremos que em Machado de Assis a chave será aberta pela fechadura.

Senhora é um dos livros mais cuidados de Alencar, a sua composição vai nos servir de ponto de partida. Trata-se de um romance em que o tom varia marcadamente. Digamos que ele é mais desafogado na periferia que no centro: Lemos, pelintra e interesseiro tio da heroína, é gordinho como um vaso chinês e tem ar de pipoca; o velho Camargo é um fazendeiro barbaças, rude mas direito; d. Firmina, mãe de encomenda ou conveniência, estala beijos na face da menina a quem serve, e quando senta acomoda "a sua gordura semissecular".[8] Noutras palavras, uma esfera singela e familiar, em que pode haver sofrimento e conflito, sem que ela própria seja posta em questão, legitimada que está pela natural e simpática propensão das pessoas à sobrevivência rotineira. Os negociantes são espertalhões, as irmãzinhas abnegadas, a parentela aproveita, vícios, virtudes e mazelas admitem-se tranquilamente, de modo que a prosa, ao descrevê-los, não perde a isenção. Não é conformista, pois não justifica, nem é propriamente crítica, pois não quer transformar. O registro sobe quando passamos ao círculo mundano, limitado aliás à mocidade casadoura — o que tem seu interesse, como se verá. Aqui presidem o cálculo do dinheiro e das aparências, e o amor. A hipocrisia, complexa por definição, combina-se à pretensão de exemplaridade própria desta esfera, e à de espontaneidade, própria ao sentimento romântico, saturando a linguagem de implicações morais. Espontaneamente, estas obrigam à reflexão normativa, à custa dos prazeres simples da evocação. A matriz distante são a sala e a prosa de Balzac. Finalmente, no centro deste centro, a voltagem vai ao teto quando está em cena Aurélia, a heroína do livro. Para esta herdeira bonita, inteligente e cortejada, o dinheiro é rigorosamente a mediação maldita: questiona homens e coisas pela fatal suspeita, a que nada escapa, de que sejam mercáveis. Simetricamente, exaspera-se na moça o sentimento da pureza, expresso nos termos da moralidade mais convencional. Pureza e degradação, uma é talvez fingida, uma é intolerável: lançando-se de um a outro extremo, Aurélia dá origem a um movimento vertiginoso, de grande alcance ideológico — o alcance do dinheiro, esse "deus moderno" — e um pouco banal; falta complexidade a seus polos. A riqueza fica reduzida a um problema de virtude e corrupção, que é inflado, até tornar-se a medida de tudo. Resulta um andamento denso de revolta e de profundo conformismo — a indignação do bem-pensante — que não é só de Alencar. É uma das misturas do século, a marca do dramalhão romântico, da futura radionovela, e ainda há pouco podia ser visto no discurso udenista contra a corrupção dos tempos. Mas voltemos atrás, para corrigir a distinção do princípio, entre o tom das personagens periféricas e das centrais. A questão não é gradual, é qualitativa. No caso das primeiras, trata-se de aproveitar as evidências do consenso, localista e muitas vezes burlesco, tais como a tradição, o hábito, o afeto, em toda a sua irregularidade, as haviam consolidado. Seu mundo é o que é, não aponta para outro, diferente dele, no qual se devesse transformar, ou, por outra ainda, não é problemático: exclui a intenção universalista e normativa, própria da prosa romântico-liberal da faixa de Aurélia. Veremos ainda que esta é a tonalidade de um romance importante em nossa literatura, as *Memórias de um sargento de milícias*. E nada impede, seja dito de passagem, que este consenso traga ele próprio a cunha de tradições literárias. No segundo caso, pelo contrário, procura-se perceber o presente como problema, como estado de coisas a recusar. Esta a razão do peso maior, da "seriedade" destas passagens — ainda que literariamente seja sempre um alívio quando Alencar volta à outra maneira, que lhe dá páginas de muita graça e força narrativa. Entretanto, é neste segundo estilo carregado de princípios, polarizado pela alternância de sublime e infâmia, que ele se filia à linha forte do Realismo de seu tempo, ligada, justamente, ao esforço de figurar o presente em suas contradições; em lugar de dificuldades locais, as crispações universais da civilização burguesa. É este o estilo que irá prevalecer. Resumindo, digamos que em *Senhora* a reflexão toma o alento e a maneira à esfera mundana, do dinheiro, da carreira, dando-lhe por conseguinte a primazia na composição. Como as grandes personagens da *Comédia humana*, Aurélia vive o seu dilaceramento e procura expressá-lo, transformando-o em elemento intelectual da existência comum, e em elemento formal — como se verá, a propósito do enredo — responsável pelo fechamento do romance. No entanto, esse tom reflexivo e problemático, bem realizado em si mesmo, não convence inteiramente e é infeliz em seu convívio com o outro. Faz efeito pretensioso, tem alguma coisa descabida, que interessa analisar em mais detalhe.

Observe-se, quanto a isto, que predominância formal e peso social em *Senhora* não coincidem. Se é natural, por exemplo, que a cena mundana esteja em oposição à província e à pobreza, é esquisito que inclua pequenos funcionários e filhas de comerciantes remediados. E é esquisitíssimo que exclua os adultos: nas festas da Corte, as mães nunca são mais que respeitáveis senhoras, que vigiam as filhas e não cansam de criticar os modos desenvoltos de Aurélia, "impróprios de meninas bem-educadas".[9] Como aliás os homens, que são caricaturas, desde que não sejam rapazes. Em suma, o tom da moda é reservado à mocidade núbil e bem-posta, de que é o ornamento, mas não é a síntese da experiência social de uma classe, além de ser malvisto se vai longe. Não tem curso entre as pessoas que já sejam sérias, as quais por sua vez ficam excluídas do brilho literário, e do movimento de ideias que deve sustentar e arrematar o romance. Por sua composição, portanto, o livro se confina aos limites da frivolidade, a despeito de seu andamento ambicioso, que fica prejudicado. Este desacordo não existe no modelo; para sentir a diferença, basta lembrar a importância que têm o adultério madurão, a política, as arrogâncias do poder na cena mundana de Balzac. Alencar conserva-lhe o tom e vários procedimentos, porém deslocados pelo quadro local, imposto pela verossimilhança. Adiante, voltaremos à diferença. Agora, vejamos a complexidade, a variedade de aspectos deste empréstimo. Inicialmente é preciso retirar, mas não de todo, o sentido pejorativo a esta noção. Considere-se o que significava, como atualização e desenvoltura, fazer que uma personagem, mulher ainda por luxo, tratasse livremente das questões de que então, ou pouco antes, tratara o Realismo europeu. Em certo sentido muito claro, é um feito, seja qual for o resultado literário. Algo semelhante, para a geração dos que fizeram vinte agora, nos anos 1960, ao salto dos manuais de filosofia e sociologia, em língua espanhola, para os livros de Foucault, Althusser, Adorno. Entre uma alienação antiga e outra moderna, o coração bem formado não hesita. Ficava para trás a imitação miúda e complacente, o romancista obrigava-se a uma concepção das coisas, impunha nível contemporâneo à reflexão. O romance alcançava a seriedade que a poesia romântica já havia alcançado fazia mais tempo. Finalmente, considere-se o próprio movimento da imitação, que é mais complicado do que parece. No prefácio de *Sonhos d'ouro*, escreve Alencar:

> Tachar estes livros de confeição estrangeira é, relevem os críticos, não conhecer a sociedade fluminense, que aí está a faceirar-se pelas salas e ruas com atavios parisienses, falando a algemia universal, que é a língua do progresso, jargão erriçado de termos franceses, ingleses, italianos, e agora também alemães.
> Como se há de tirar a fotografia desta sociedade, sem lhe copiar as feições?[10]

O primeiro passo portanto é dado pela vida social, e não pela literatura, que vai imitar uma imitação.[11] Mas fatalmente o progresso e os atavios parisienses inscreviam-se aqui noutra pauta; retomando o nosso termo do início, são ideologia de segundo grau.[12] Chega o romancista, que é parte ele próprio desse movimento faceiro da sociedade, e não só lhe copia as novas feições, copiadas à Europa, como as copia segundo a maneira europeia. Ora, esta segunda cópia disfarça, mas não por completo, a natureza da primeira, o que para a literatura é uma infelicidade, e lhe acentua a veia ornamental. Adotando forma e tom do romance realista, Alencar acata a sua apreciação tácita da vida das ideias. Eis o problema: trata como sérias as ideias que entre nós são diferentes; como se fossem de primeiro ideologias de segundo grau. Soma em consequência do lado empolado e acrítico — a despeito do assunto escandaloso —, desprovido da malícia sem a qual o tom moderno entre nós é inconsciência histórica. Ainda uma vez chegamos ao nó que Machado de Assis vai desatar.

Em suma, também nas letras a dívida externa é inevitável, sempre complicada, e não é parte apenas da obra em que aparece. Faz figura no corpo geral da cultura, com mérito variável, e os empréstimos podem facilmente ser uma audácia moral ou política, e mesmo de gosto, ao mesmo tempo que um desacerto literário. Qual destes contextos importa mais? Nada, a não ser a deformação profissional, obriga ao critério unicamente estético. Assim, procuramos assinalar um momento de desprovincianização, a disposição argumentativa na tonalidade que predomina em *Senhora*, e nem por isso deixaremos de revê-lo adiante em luz desfavorável, nem lhe disfarçaremos a fraqueza, do ponto de vista da construção. Mas voltemos atrás: no gesto, o andamento do livro é audacioso e inconciliável, gostaria de ser uma voz na altura do tempo; já seu lugar na composição, pelo contrário, faz ver neste impulso grave uma prenda de sala. A última palavra no caso é a segunda. Por alguma razão, que o leitor já agora adivinha, a dura dialética moral do dinheiro se presta ao galanteio da mocidade faceira, mas não afeta o fazendeiro rico, o negociante, as mães burguesas, a governanta pobre, que se orientam pelas regras do favor ou da brutalidade simples. Contudo, são estas as personagens que tornam povoado o romance. Embora secundárias, compõem o traçado social em que circulam as figuras centrais, de cuja importância serão a medida. Noutras palavras, nosso procedimento foi o seguinte: filiamos o andamento do romance — depois de caracterizá-lo — ao círculo restrito que exprime, tudo sempre nos termos que o próprio romance propõe. Em seguida vimos como fica este círculo, se considerado relativamente, no lugar que lhe cabe no espaço social, também ele de ficção. Qual a autoridade do seu discurso? O que decide é o refluxo desta segunda vista: diante dela, o tom do livro e a pretensão que o anima fazem efeito infundado. A sua dicção desdiz da sua composição. O oposto justamente do que se observa no modelo: a maneira sensacionalista e generalizante de Balzac, tão construída e forçada, liga-se a extraordinário esforço de *condensação*, e de fato vai se tornando menos incômoda à medida que nos convencemos de sua continuidade profunda com os inúmeros perfis ocasionais, de "periferia", que deslocam, refletem, invertem, modificam — em suma, trabalham — o conflito central, que duma forma ou doutra é o de todos.[13] Seja por exemplo o discurso desabusado e "centralíssimo" dalguma de suas grandes damas: é revoltoso, futriqueiro, vulnerável, calculista, destemido, como o serão, quando aparecerem "casualmente", o criminoso, a costureira, o pederasta, o banqueiro, o soldado. O andamento vertiginoso afasta-se do natural, beira bastante o ridículo, mas avaliza esta distância — o seu nível de abstração — com grande lastro de conhecimentos e experiência, que ultrapassa de muito a latitude individual, e não é fato apenas literário: é a soma de um processo social de reflexão, na perspectiva, digamos, do homem de espírito. É este o cinquentão vivido e sociável que segundo Sartre é o narrador do realismo francês.[14] Dos pressupostos históricos desta forma falaremos adiante. Por agora basta-nos dizer que esta reflexão se alimentava de um processo real, novo, também ele vertiginoso e pouco "natural", que revirava de alto a baixo a sociedade europeia, frequentando igualmente a brasileira, cuja medula no entanto não chegava a transformar: trata-se da generalização — com seus infinitos efeitos — da forma-mercadoria, do dinheiro como nexo elementar do conjunto da vida social. É a dimensão gigantesca, ao mesmo tempo global e celular deste movimento, que irá sustentar a variedade, a mobilidade tão teatral da composição balzaquiana — permitindo o livre trânsito entre áreas sociais e de experiência aparentemente incomensuráveis. Em resumo, herdávamos com o romance, mas não só com ele, uma postura e dicção que não assentavam nas circunstâncias locais e destoavam delas. Machado de Assis iria tirar muito partido deste desajuste, naturalmente cômico. Para indicar duma vez a linha de nosso raciocínio: o temário periférico e localista de Alencar virá para o centro do romance machadiano; este deslocamento afeta os motivos "europeus", a grandiloquência séria e central da obra alencarina, que não desaparecem, mas tomam tonalidade grotesca. Estará resolvida a questão. Mas voltemos a *Senhora*. Nosso argumento parece talvez arbitrário: como podem umas poucas personagens secundárias, ocupando uma parte pequena de um romance, qualificar-lhe decisivamente o tom? De fato, se fossem eliminadas, desaparecia a dissonância. Mas restaria um romance francês. Não é a intenção do autor, que pelo contrário queria nacionalizar o gênero. Entretanto, o pequeno mundo secundário, introduzido como cor local, e não como elemento ativo, de estrutura — uma franja, mas sem a qual o livro não se passa no Brasil —, desloca o perfil e o peso do andamento de primeiro plano. Eis o que importa: se o traço local deve ter força bastante para enraizar o romance, tem-na também para não lhe deixar incontrastada a dicção. Pelas razões que vimos e por outras que veremos, esta passa a girar em falso. Noutras palavras, o problema artístico, da unidade formal, tem fundamento na singularidade de nosso chão ideológico e finalmente, através dele, em nossa posição dependente-independente no concerto das nações —, ainda que o livro não trate de nada disso. Expressa literariamente a dificuldade de integrar as tonalidades localista e europeia, comandadas respectivamente pelas ideologias do favor e liberal. Não que o romance pudesse eliminar de fato esta oposição: mas teria de achar um arranjo, em que estes elementos não compusessem uma incongruência, e sim um sistema regulado, com sua lógica própria e seus — nossos — problemas tratados na sua dimensão viável.

Menos que explicar, o que fizemos até aqui foram atribuições: um tom para cá, outro para lá, o enredo para a Europa, as anedotas para o Brasil etc. Para escapar aos acasos da paternidade, contudo, é preciso substituir a contingência da origem geográfica pelos pressupostos sociológicos das formas, estes sim atuais e indescartáveis. Mais precisamente, digamos que do conjunto mais ou menos contingente de condições em que uma forma nasce, esta retém e reproduz algumas — sem as quais não teria sentido — que *passam a ser o seu efeito literário*, o seu "efeito de realidade",[15] o mundo que significam. Eis o que interessa: passando a pressuposto sociológico, uma parte das condições históricas originais reaparece, com sua mesma lógica, mas agora no plano da ficção e como resultado formal. Neste sentido, formas são o abstrato de relações sociais determinadas, e é por aí que se completa, ao menos a meu ver, a espinhosa passagem da história social para as questões propriamente literárias, da composição — que são de lógica interna, e não de origem. Dizíamos por exemplo que em *Senhora* há duas dicções, e que uma prevalece indevidamente sobre a outra. O leitor cordato provavelmente reconheça, porque acha também a semelhança, que uma delas vem do Realismo europeu, enquanto a outra é mais presa a uma oralidade familiar e localista. Como explicação, porém, este reconhecimento não chega ao problema. Por que razão não seriam compatíveis as duas maneiras, se incompatibilidade é um fato formal, e não geográfico? E por que não pode ser brasileira a forma do Realismo europeu? Questão esta última que tem o mérito de inverter a perspectiva: depois de vermos que origem não é argumento, fica indicado quanto é decisivo o seu peso real. Enfim, uns tantos empréstimos formais importantes, indicados os pressupostos da forma emprestada, que vieram a ser o seu efeito; descrição das matérias a que esta forma esteja sendo aplicada; e por fim os resultados literários deste deslocamento — serão estes os nossos tópicos.

Para começar, vejamos o desenrolar da história. — Aurélia, moça muito pobre e virtuosa, ama a Seixas, rapaz modesto e um pouco fraco. Seixas pede-a em casamento, mas depois desmancha, em favor de outra que tem um dote. Aurélia herda de repente. Teria perdoado a Seixas a inconstância, mas não lhe perdoa o motivo pecuniário. Sem dizer quem é, manda oferecer ao antigo noivo um casamento no escuro, com dote grande, mas contra recibo. O rapaz, que está endividado, aceita. É onde começa propriamente o enredo principal. Para humilhar o amado e vingar-se, mas também para pô-lo em brios e finalmente por sadismo — de tudo isso há um pouco —, Aurélia passa a tratar o marido recém-comprado como a uma propriedade: reduz o casamento de conveniência a seu aspecto mercantil, cujas implicações por suprema ofensa vão comandar a trama. A tal ponto que as quatro etapas da história são chamadas "O preço", "Quitação", "Posse", "Resgate". Como indica este rigorismo na condução do conflito, enredo e figura são de linhagem balzaquiana. Com abundância de reflexão e sofrimento levam à improvável consequência última (embora haja uma conciliação no final, de que ainda falaremos) um grande tema da ideologia contemporânea. Aurélia é da família férrea e absoluta dos vingadores, alquimistas, usurários, artistas, ambiciosos etc., da *Comédia humana*; como eles, agarra-se a uma questão — dessas que haviam cativado a imaginação do século — fora da qual a vida passa a lhe parecer vazia. Em consequência, lógica e destino histórico dalguma ideia reputada tornam-se elementos determinantes na organização do entrecho, ganham força de princípio formal — entre outros. Não que as personagens encarnem uma noção abstrata, como Harpagão encarnara a avareza. Mas uma abstração — que vai combinar-se a toda sorte de particularidades de biologia, de psicologia e posição na sociedade — é elemento voluntário e problemático de sua equação pessoal: decide-lhes o destino. Como um clarão em céu noturno, estas figuras reflexivas e enfáticas riscam a paisagem social e deixam, além da vertigem de seu movimento, o traçado implacável das contradições que opõem a sociedade a seus ideais. Retomando nosso fio, trata-se dum modelo narrativo em cuja matéria entram necessariamente as ideologias de primeiro grau — certezas tais como a igualdade, a república, a força redentora de ciência e arte, o amor romântico, mérito e carreira pessoal, ideias enfim que na Europa oitocentista sustentam sem despropósito o valor da existência.[16] Neste sentido, o romance realista foi uma grande máquina de desfazer ilusões. Para compreender-lhe a importância é preciso vê-lo em conjunto, em movimento, atravessando fronteiras nacionais, desrespeitando a hierarquia dos assuntos: uma a uma vai desdobrando as convicções mais caras ao seu tempo, as combina às figuras mais fortes e dotadas, e deixa que se quebrem — ao longo do enredo — contra a mecânica sem perdão da economia e das classes sociais.

Daí o peso intelectual deste movimento, sua postura audaciosa, amiga de verdade — retomada por Alencar. Eis o nosso problema que torna: importávamos um molde, cujo efeito involuntário é de dar às ideias estatuto e horizonte — timbre, energia, crise — em desacordo com o que a vida brasileira lhes conferia. Ou, do ponto de vista da composição: sem correspondência na construção das personagens secundárias, responsáveis pela cor local. Que diria a estas figuras, interessadas sobretudo em arranjar a sobrevivência, o discurso universalizante e polêmico de Aurélia? Veremos como a própria audácia realista, nestas circunstâncias, terá transformado o seu sentido.

Para outro exemplo, considere-se o "maquiavelismo" de Aurélia, a desenvoltura com que ela se beneficia da engrenagem social. A moça, que tivera a sorte de herdar, enoja-se a princípio com a venalidade dos rapazes. Depois, pensando bem, faz um plano e compra o marido de seu coração. A vítima do dinheiro vai à sua escola e confia-lhe finalmente — aos seus mecanismos odiosos — a obtenção da felicidade. Alinha assim no campo ilustre das criaturas "superiores", que escapam ao império de fortuna e carreira na medida em que alcançaram compreendê-lo e manobrar em proveito próprio. A seu tempo e em seu lugar estas personagens, de que está cheia a ficção realista, foram figuras da verdade. Livravam-se de tradições envelhecidas, não eram enganadas pela moral e pagavam a sua clarividência com o endurecimento do coração. Trata-se de uma situação básica do romance oitocentista: as veleidades amorosas e de posição social, propiciadas pela revolução burguesa, chocam-se contra a desigualdade, que embora transformada continua um fato; é preciso adiá-las, calcular, instrumentalizar a si e aos outros... para afinal descobrir, quando riqueza e poder tiverem chegado, que não está mais inteiro o jovem esperançoso dos capítulos iniciais. Com mil variações, esta fórmula em três tempos será capital. Entre os ardores do princípio e a desilusão do fim, sempre o mesmo interlúdio, de vigência irrestrita dos princípios da vida moderna: a engrenagem do dinheiro e do interesse "racional" faz o seu trabalho, anônimo e determinante, e imprime o selo contemporâneo à travessia de provações que é o destino imemorial dos heróis. São as consequências, na perspectiva do individualismo burguês, da generalizada precedência do valor de troca sobre o valor de uso — também chamada alienação —, a qual se transforma em pedra de toque para a interpretação dos tempos. Efeito literário e pressuposto social desse enredo, do momento de cálculo que é a sua alavanca, estão na autonomia — sentida como coisificação, como esfriamento — das esferas econômica e política, as quais parecem funcionar separadas do resto, segundo uma racionalidade "desumana", de tipo mecânico. Para a economia a causa está no automatismo do mercado, a que objetos e força de trabalho estão subordinados ao mesmo título, e que do ponto de vista do mérito pessoal é uma arbitrária montanha-russa. Quanto à política, no período histórico aberto pelo Estado moderno, conforme ensinamento de Maquiavel, as suas regras nada têm a ver com normas de moral. Nas duas esferas, como também na da carreira, que em certo sentido é intermediária, a vida social vem afetada de sinal negativo e implacável, e é em conflito com ela que alguma coisa se salva.[17] Esta, e não outra, é a paisagem na qual tem poesia o descompromisso romanesco, às vezes exaltante, às vezes sinistro, entre indivíduo e ordem social. Solitários e livres, um desígnio atrás da testa, os personagens de romance planejam os seus golpes financeiros, amorosos ou mundanos. Uns triunfam pela inteligência e dureza, outros pelo casamento ou pelo crime, outros ainda fracassam, e finalmente existem os simbólicos, que fazem um pacto com o diabo. Em todos uma certa grandeza, digamos satânica, vinda de sua radical solidão e do firme propósito de usar a cabeça para alcançar a felicidade. Mesmo Seixas, um neto atenuado de Rastignac, faz um cálculo desse tipo: tratam-no como mercadoria? Aceita o papel, e com tal rigor que Aurélia, exasperada e finalmente derrotada pela sua obediência, acaba implorando que ele volte a se comportar como um ser humano. — Em termos de nosso problema: são fábulas que devem a sua força simbólica a um mundo que no Brasil não tivera lugar. Sua forma é a metáfora tácita da sociedade desmitologizada (*entzaubert*, na expressão de Max Weber) e mistificada que resulta da racionalidade burguesa, ou seja, da generalização da troca mercantil.

Isso posto, só em teoria dá-se o confronto direto entre uma forma literária e uma estrutura social, já que esta, por ser ao mesmo tempo impalpável e real, não comparece em pessoa entre as duas capas de um livro. O fato de experiência, propriamente literário, é outro, e é a ele que a boa teoria deve chegar: está no acordo ou desacordo entre a forma e a matéria a que se aplica, matéria que esta sim é marcada e formada pela sociedade real, de cuja lógica passa a ser a representante, mais ou menos incômoda, no interior da literatura. É a forma desta matéria, portanto, que vai nos interessar, para confronto com a outra, que a envolve. Quais então estes embriões formais, que asseguram a fidelidade localista e contrastam as certezas em que assenta o modelo — que imitávamos — do romance europeu? Falávamos, páginas atrás, de um "tom mais desafogado". Voltemos ao problema, a propósito agora do enredo. — A parte inicial do romance, chamada "O preço", termina em suspense e clímax, na noite mesma do casamento: Seixas "modulava o seu canto de amor, essa ode sublime do coração", quando Aurélia o interrompe e lhe declara, de recibo na mão, que ele é um "homem vendido". Frente a frente "as castas primícias do santo amor conjugal" e os intoleráveis "cem contos de réis" do dote. Nos limites do primarismo vibrante que a ideologia romântica havia consagrado, não podia estar mais carregado o antagonismo entre ideal e dinheiro.[18] Fim de capítulo. Já a segunda parte abre singela e descontraidamente, noutro registro, muito beneficiada pelo contraste. Volta atrás no tempo, a fim de contar a história de Aurélia e de sua família, das origens modestas até a herança de mil contos. Saímos da esfera elegante, a cena agora é pobre, de bairro ou de interior. Como se verá, as histórias aqui — subenredos que não chegam a determinar a forma do livro — são de outra espécie. Pedro Camargo, por exemplo, é filho natural de um fazendeiro abastado, a quem teme mais que a morte. Vem à Corte para estudar medicina. Gosta de uma moça pobre, não tem coragem de contar ao pai, casa com ela em segredo, que foge de casa, pois também na família dela há oposição, já que o rapaz não é filho legitimado e pode não herdar. Do casamento nascem Aurélia e um menino de "espírito curto".[19] Sempre com medo de confessar ao velho, volta o estudante à fazenda, onde acaba morrendo. Deixa mulher e filhos no Rio, na posição equívoca da família sem pai conhecido. As mulheres costuram para viver, o filho vira caixeiro etc. Observe-se, neste sumário, que, embora estejam presentes os elementos do romance realista, a diferença é total: nem o avô — de quem Aurélia irá herdar a fortuna mais adiante — faz figura detestável por ter filhos naturais, nem o filho é condenado em nome do Amor que não moveu montanhas, ou da Medicina, que não era uma vocação, nem a sua mulher é diminuída por ter desrespeitado família e conveniências, e nem a família dela, que afinal de contas era pobre e numerosa, pode condenar-se porque não incorpora um estudante sem tostão. Noutras palavras, amor, dinheiro, família, compostura, profissão não estão aqui naquele sentido absoluto, de sacerdócio leigo, que lhes dera a ideologia burguesa e cuja exigência imperativa dramatiza e eleva o tom à parte principal do livro. Não são ideologia de primeiro grau. As consequências formais são muitas. Primeiramente baixa a sua tensão, que perde a estridência normativa, e com ela a posição central, de linha divisória entre o aceitável e o inaceitável. Não sendo um momento obrigatório e coletivo do destino, o conflito ideológico não centraliza a economia narrativa, em que irá fazer figura circunstancial, de incidente. Nem permite o amálgama de individualismo e Declaração dos Direitos do Homem, de que depende, para a sua vibração, o enredo clássico do romance realista. As soluções não são de princípio, mas de conveniência, e conformam-se à relação de forças do momento. Arranjos que no mundo burguês seriam tidos como degradantes, nesta esfera são como coisas da vida. Notem-se também o caráter episódico da história, a dispersão de seus conflitos, que de fato supõem a mencionada distensão, sem a qual a poesia do andamento errático, tão brasileira, ficaria anuviada de moralismo. Para a prosa, resulta que a sua qualidade literária não será da ordem da força crítica e do problema, mas antes da felicidade verbal, de golpe de vista, de andamento, virtudes estas diretamente miméticas, que guardam contato simpático e fácil com a fala e as concepções triviais. Uma fuga de acontecimentos, evocada com arte e indefinidamente prolongável, que vem desembocar nalguma coisa como o repertório dos destinos sugestivos neste mundo de Deus. Estamos próximos da oralidade e talvez do "causo", estrutura mais simples que a romanesca, mas afinada com as ilusões — também elas individualistas — de nosso universo social. Um complemento literário da predominância ideológica do favor: a falta de absolutismo nas normas reflete, se podemos dizer assim, a arbitrariedade do arbítrio, ao qual é preciso se acomodar. Daí o encanto para modernos desta maneira narrativa, em que os Absolutos que ainda hoje nos vampirizam a energia e o moral aparecem relativizados, referidos que estão ao fundo movediço e humano — repetimos que ilusório — dos arranjos pessoais. Para conceber enfim a distância ideológica transposta nesta mudança de registro, digamos que ela corta ou dá circuito, como um comutador, nada menos que ao fetichismo próprio à civilização do capital — fetichismo que isola e absolutiza os chamados "valores" (Arte, Moral, Ciência, Amor, Propriedade etc., e sobretudo o próprio valor econômico), e que ao separá-los do conjunto da vida social tanto os torna irracionais em substância quanto depositários, para o indivíduo, de toda a racionalidade disponível: uma espécie de fisco insaciável, a quem devemos e pagamos conscienciosamente a existência.[20]

Um só romance, mas dois efeitos de realidade, incompatíveis e superpostos — eis a questão. Aurélia sai fora do comum: seu trajeto irá ser a curva do romance, e as suas razões, que para serem sérias pressupõem a ordem clássica do mundo burguês, são transformadas em princípio formal. Já à volta dela, o ambiente é de clientela e proteção. O velho Camargo, d. Firmina e o sr. Lemos, o decente Abreu e o honesto dr. Torquato, a família de Seixas, as facilidades que este encontra para arranjar sinecuras — são personagens, vidas, estilos que implicam uma ordem inteiramente diversa. Formalmente, o privilégio cabe à ordem do enredo. Artisticamente, tal privilégio não se materializa, pois Alencar não completa a preeminência formal dos valores burgueses com a crítica da ordem do favor, de que é admirador e amigo. Assim, a forma não só fica sem rendimento, como é restringida em sua vigência: o sinal negativo, que por lógica e ainda tacitamente ela aporia à matéria de que diverge, é desautorizado, contrabalançado pelas boas palavras. *Ora, o revezamento de pressupostos incompatíveis quebra a espinha à ficção.* Uma base dissociada, a que irão corresponder no plano literário a incoerência, o tom postiço e sobretudo a desproporção. Se em Balzac os medianos olham medusados para os radicais, que são a sua verdade concentrada — os "tipos", de que fala Lukács —, em Alencar olham com espanto para Aurélia, cuja veemência parece despropósito a alguns, gracinha de sala a outros, literatura importada aos dois. O aspecto programático dos sofrimentos dela, que lhes deveria avalizar a dignidade mais que pessoal, faz efeito de veleidade isolada, de capricho de moça. Ora, amor, dinheiro ou aparências não sendo absolutos e exclusivos, nada mais razoável que levar em conta os três aspectos, e mais outros, na hora de casar; o conflito que os absolutiza parece desnecessário e sem naturalidade. Idem para a prosa, que parece exagerada. E mesmo do ponto de vista da coerência linear haverá dificuldades, pois, embora seja boa moça, compassiva e desprendida, Aurélia despede chispas de fulgor satânico e aplica rigorosamente a moral do contrato. Alguém dirá que é a dialética, Shylock e Portia numa só personagem. Não é, pois se há movimento entre os termos, movimento até vertiginoso, o processo não os transforma — Alencar adere aos dois, a um por sentimento dos costumes, a outro por apreço pela modernidade, que saem puros do livro, tal como entraram. Veja-se ainda neste sentido o peso incerto das reflexões desabusadas de Aurélia: se têm razão de ser (como teriam, se a sua força formal fosse efetiva), as senhoras que não gostam, porque as acham impróprias, deveriam fazer figura de hipócritas; mas não, são boas mães. Já os rapazes do tom, que acham picante e não se ofendem, são acusados de insensibilidade moral. Seixas, por sua vez, que romanticamente aceitara humilhar-se a fim de reaver o apreço da amada, no final apresenta entre as razões de sua obediência... a honorabilidade comercial, revalorizando assim o nexo mercantil cuja crítica é a razão de ser do enredo.[21] Para ver o estrago causado no próprio tecido da prosa, estudem-se as páginas de abertura. A boa sociedade fluminense é referida sucessivamente como elegante, atrasada e vil, sem que seja assinalada a contradição. Também o narrador não é sempre o mesmo. Ora fala a linguagem conivente do cronista mundano, ora fala como estudioso das leis do coração e da vida social, ora é um duro moralista, ora um homem evoluído, ciente do provincianismo brasileiro, ora enfim é respeitador dos costumes vigentes. Afinal, para uso do romance, a verdade onde estará? E no entanto, um pouco de autocrítica e humor transformariam esta incoerência dos juízos, que se verifica de frase a frase, na inconstância abissal da narrativa machadiana.

De modo mais ingênuo, desarranjos semelhantes aparecem n'*A pata da gazela* e em *Diva*. Neste segundo livro, que começa com graça, o clima geral, como em *Senhora*, é família, de melindres, festinhas e namoricos. No entanto o enredo dispara: os dengues e acanhamentos da heroína, comuns e convincentes de início, são aumentados até o descalabro, e vertidos para a mais descombinada e exaltada retórica romântica, da pureza, da dúvida e da desilusão totais, tudo acabando em casamento. Entre a banalidade da vida social e a movimentação do enredo, um abismo. Não falam da mesma coisa. Ainda assim, sempre aquém do nível que só a coerência artística dá, a intriga guarda certa força: o seu andamento tem alguma coisa crua e descarada, a despeito do conformismo, algo das ficções violentas, prolixas, cheias de castigos deliciosos e triunfos abjetos, com que a fantasia humilhada compensa ressentimentos e incertezas da vida. N'*A pata da gazela* a desproporção resulta do percurso contrário: em lugar da monumentalização romântica de conflitos pequenos, assistimos ao esvaziamento acelerado da situação romântica inicial, que no entanto é o elemento de interesse do livro. Horácio, devasso leão da moda, é oposto a Leopoldo, rapaz modesto por fora e iluminado por dentro, a ponto de ter os olhos fosforescentes. Diz o primeiro ao segundo: "tu amas o sorriso, eu o pé", o que é figurado e literal.[22] De fato, materialismo e fixações proibidas confrontam-se com o amor das belezas morais — a propósito do pé. Se este é bonito, a Horácio não importa a dama; já Leopoldo, se esta lhe fala à alma, casa com ela ainda que o seu pé seja um "aleijão", uma "pata de elefante", "cheio de bossas como um tubérculo", "uma posta de carne, um cepo!".[23] Entretanto, aos poucos a componente perversa e cruel é desarmada, deixando o campo ao contraste bem-comportado, de seguro desenlace, entre o moço frívolo e o moço sincero. Insensivelmente, e nem tanto, o assunto passa a ser outro. A insolência do conflito ideológico é como uma viga falsa, que prende a leitura mas não sustenta, em última análise, a narrativa. Não sendo metáforas da totalidade social, perversão, vida mundana, tédio, alfaiates e sapateiros da moda reduzem-se a chamariz, superpostos sem muito disfarce à falta de prestígio de nossa rotina brasileira. Não que esta fosse desprovida de profundidade — como adiante se verá, com Machado de Assis. Mas seria preciso construí-la. Por agora, estamos de volta ao quadro que já estudamos: o tom da moda confere modernidade e alcance à narrativa, que no entanto o desqualifica; nem é necessário, nem é supérfluo. Ou melhor, é necessário para tornar *apresentável*[24] a literatura narrativa, mas fica descalibrado quando se trata de incorporar a ela o elemento local. Mesma coisa para o conflito das ideologias morais, que ora é audacioso e grave, à la Balzac, ora é superfetação pura, às vezes intencional e humorística, às vezes involuntária. Desnecessário dizer que a cada guinada destas se desmancha a credibilidade do contexto anterior, que se vinha tecendo. Os salvados literários, que são bastantes, também aqui se devem à garra mimética do autor, que sobrevive às incongruências da composição. A própria questão do pé, legitimada para as letras pelo temário satânico do Romantismo, vem a funcionar numa faixa inesperada, mesquinha e direta, mas viva, a exemplo do que vimos para o andamento de *Diva*. É origem não só de um debate insípido entre alma e corpo, como também de reflexões mais íntimas e espontâneas, traduzidas por exemplo nos nomes dados ao defeito físico ou na maneira pela qual a sua descoberta afeta o namorado. Por entre as generalidades filtra alguma coisa de mordente, que faz parte duma tradição de nossa literatura, a tradição — se podemos dizer assim — do instante cafajeste, reflexivo nalguns, natural em outros. Para documentá-la, sejam lembrados o episódio das hemorroidas n'*A Moreninha* de Macedo; a sensação esquisita do herói de *Cinco minutos*, primeira história de Alencar, quando considera que a passageira noturna e velada, em cujo ombro colara "os lábios ardentes", nos fundos de um ônibus, talvez fosse feia e velha; os terríveis capítulos de Eugênia, a menina coxa, nas *Memórias póstumas de Brás Cubas*; a multidão das grosserias parnasiano-naturalistas, combinação que em si mesma já tem algo cafajeste; e em nossos dias as piadas de Oswald, a podridão programática de Nelson Rodrigues, o tom mesquinho de Dalton Trevisan, além de uma linha maciça e consolidada de música popular.

A ficção realista de Alencar é inconsistente em seu centro; mas a sua inconsistência reitera em forma depurada e bem desenvolvida a dificuldade essencial de nossa vida ideológica, de que é o efeito e a repetição. Longe de ocasional, é uma inconsistência substanciosa. Ora, repetir ideologias, mesmo que de maneira concisa e viva, do ponto de vista da teoria é repetir ideologias e nada mais. Já do ponto de vista da literatura, que é imitação — nesta fase ao menos — e não juízo, é meio caminho andado. Daí à representação consciente e criteriosa vai um passo. Embora tenhamos insistido num lado só, o resultado de nossa análise é, portanto, duplo. Passemos a seu lado positivo. O próprio Alencar terá sentido alguma coisa do que procuramos descrever nestas páginas. Explicando-se a propósito de *Senhora* e da figura de Seixas, que fora criticada por seu pouco relevo moral, responde que "talha os seus personagens no tamanho da sociedade fluminense", e gaba-lhes "justamente [...] esse cunho nacional". "Os teus colossos", diz Alencar ao seu crítico, "neste nosso mundo [brasileiro] teriam ares de convidados de pedra."[25] Ora, tudo está em saber o que seja essa medida diminuída, esse "tamanho fluminense" em que se reconhece a marca do país. Por que será menor, sob pena de parecer fantasma, um arrivista fluminense que um francês? Tomando a questão de mais perto, note-se que a estatura dos heróis alencarinos não é estável. São medíocres? De exceção? Ora uma coisa, ora outra. Oscilam entre o titânico e o familiar, conforme as exigências respectivas do desenvolvimento dramático, à europeia, e da caracterização localista. Assim Aurélia, que vive no absoluto mais exaltado — lasciva como uma salamandra, cantando árias da *Norma* em voz bramida e esmagando o mundo "como a um réptil venenoso" —,[26] pergunta a d. Firmina se é mais bonita que a Amaralzinha, sua companheira de festas;[27] logo adiante, para sublinhar-lhe a lucidez, elogiam-se os seus conhecimentos de aritmética.[28] Mesma coisa com Seixas, que para fins românticos é "uma natureza superior" e "predestinada",[29] e no mais um rapaz como os outros. Em *Diva*, a medicina é um sacerdócio, mas o doutor passa o tempo namorando uma menina ingrata.[30] Também o heterodoxo adorador de botinas, em *A pata da gazela*, cedo mostra ser um moço respeitoso, que sente "efusões de contentamento" quando o pai da amada lhe oferece a casa.[31] Na verdade, portanto, o "tamanho fluminense" resulta da alternância irresolvida de duas ideologias diversas. A sua causa, voltando aos nossos termos, está na vigência prejudicada, por assim dizer esvaziada, que tinham no Brasil as ideologias europeias, deslocadas pelo mecanismo de nossa estrutura social. Isto quanto à realidade. Quanto à ficção, é preciso tomar com reserva a expressão de Alencar, distinguir entre concepção construtiva e justificação de um efeito, isto é, entre os graus de intenção. Já vimos que não falta extremismo a estas figuras — ao contrário do que diz o seu autor — particularmente em *Senhora*; o que lhes qualifica a estatura, em prejuízo da grandeza almejada, é a rede das relações secundárias, que abala o mérito e o fundamento ao conflito central, que sai relativizado. Daí o efeito de desproporção, de dualidade formal, que procuramos assinalar e que é o resultado estético destes livros, e também a sua consonância profunda com a vida brasileira. Apagada no primeiro plano da composição, que é determinado pela adoção acrítica do modelo europeu, a nossa diferença nacional retorna pelos fundos, na figura da inviabilidade literária, *a que Alencar no entanto reconhece o mérito da semelhança*. Assim, o tributo pago à inautenticidade inescapável de nossa literatura é reconhecido, fixado e em seguida capitalizado como vantagem. Esta a transição que nos interessa estudar, do reflexo involuntário à elaboração reflexiva, da incongruência para a verdade artística. Estamos na origem, aqui, de uma dinâmica diversa para a nossa composição romanesca. Note-se portanto o problema: onde vimos um *defeito de composição*, Alencar vê um *acerto da imitação*. De fato, a fratura formal em que insistimos, e que Alencar insistia em produzir, guiado pelo senso do "tamanho fluminense", tem extraordinário valor mimético, e nada é mais brasileiro que esta literatura mal resolvida. A dificuldade, no caso, é só aparente: em toda forma literária há um aspecto mimético, assim como a imitação contém sempre germes formais; o impasse na construção pode ser um acerto imitativo — como já vimos que é, neste caso — que, sem redimi-lo, lhe dá pertinência artística, enquanto matéria a ser formada, ou enquanto matéria de reflexão. Vejamos em que sentido. — Alencar não insiste na contradição entre a forma europeia e a sociabilidade local, mas insiste em pô-las em presença, no que é membro de sua classe, que apreciava o progresso e as atualidades culturais, a que tinha direito, e apreciava as relações tradicionais, que lhe validavam a eminência. Não se trata de indecisão, mas de adesão simultânea a termos inteiramente heterogêneos, incompatíveis quanto aos princípios — e harmonizados na prática de nosso "paternalismo esclarecido". Estamos diante duma figura inicial daquela modernização conservadora cuja história ainda hoje não acabou.[32] É o problema de nosso primeiro capítulo,* que reaparece no plano da literatura: onde a lógica desta combinação, esdrúxula mas real? Assim, repetindo sem crítica os interesses de sua classe, Alencar manifesta um fato crucial de nossa vida — a conciliação de clientelismo e ideologia liberal — ao mesmo tempo que lhe desconhece a natureza problemática, razão pela qual naufraga no conformismo do senso comum, de cuja falsidade as suas incoerências literárias são o sintoma. Noutras palavras digamos que forma europeia e sociabilidade local são tomadas tais e quais, com talento e sem reelaboração. Frente a frente, no espaço estreito e lógico de um romance, contradizem-se em princípio, ao passo que a sua contradição não é levada adiante por... senso da realidade. Nem conciliadas, nem em guerra, não dão a referência, uma à outra, de que precisariam para desmanchar a sua imagem convencional e ganhar integridade artística: a primeira fica sem verossimilhança, a segunda fica sem importância, e o todo é peco e desequilibrado. Todo, no entanto — eis a surpresa —, em que há felicidade imitativa, o "cunho nacional" que leva Alencar a insistir na receita, a estabilizá-la para as nossas letras. Para a tradição de nosso Realismo, é o seu legado mais profundo. Assim, falência formal e força mimética estão reunidas. O leitor dá-se conta de que ao dizê-lo estamos relendo o livro por

* Refere-se ao ensaio "As ideias fora do lugar", primeiro capítulo do livro *Ao vencedor as batatas* (São Paulo: Duas Cidades, 1977). (N. E.)

outro prisma. A inconsistência agora é vista não como fraqueza duma obra ou dum autor — como repetição de ideologias —, mas como imitação de um aspecto essencial da realidade. Não é efeito final, mas recurso ou ponto de passagem para outro efeito mais amplo. Trata-se de uma leitura de segundo grau, que recupera para a reflexão a verdade nem sempre voluntária do "tamanho fluminense". Note-se também que o defeito formal é ingrediente, aqui, a mesmo título que os ingredientes que o produzem a ele, defeito. De forma, a inconsistência passa a matéria. Tanto assim que em lugar da combinação de dois elementos — forma europeia e matéria local —, que resulta precária, temos uma combinação de três: o resultado precário da combinação de forma europeia e matéria local, que resulta engraçado. Substituindo o primeiro efeito, rebaixado a elemento, aparece um segundo, diverso e desabusado, cuja graça está nas desgraças do primeiro. É verdade que seu rendimento intelectual e artístico faz falta quase completa em Alencar. Para apreciá-lo, será preciso esperar pela segunda fase de Machado de Assis. Não obstante, é a própria substância — a desenvolver — do "tamanho fluminense". Em abstrato seria o seguinte: se o efeito desencontrado é um dado inicial e previsto da construção, deveria dimensionar e qualificar os elementos que o produzem, além de lhes redefinir as relações. Deveria relativizar a pretensão enfática do temário europeu, retirar ao temário localista a inocência da marginalidade e dar sentido calculado e cômico aos desníveis narrativos, que assinalam o desencontro dos postulados reunidos no livro. O leitor está reconhecendo, espero, a tonalidade machadiana. Talvez se convença mais levando em conta uma questão de escala: se a qualidade imitativa resulta da fratura do conjunto e fraqueja em suas partes, em que no entanto se demora a leitura, esta será tediosa — como de fato é — e há erro de economia literária. Para aproveitar a solução, seria preciso concentrá-la, de modo a dar-lhe presença a todo momento da narrativa; transformar o efeito de arquitetura em química da escrita. Ora, a prosa machadiana como que depende da miniaturização prévia dos circuitos do romance de Alencar, cujo espaço ideológico inteiro, inconsistência inclusa, ela percorre quase que a cada frase. Reduzida, rotinizada, estilizada como unidade rítmica, a desproporção entre as grandes ideias burguesas e o vaivém do favor transforma-se em dicção, em música sardônica e familiar. Da inconsistência formal à incoerência humorística e confessa, o resultado tornou-se ponto de partida, matéria mais complexa, que outra forma irá explorar. Não sugiro com isto que o romance de Machado seja o produto simples da crítica ao romance de Alencar. A tradição literária não corre assim separada da vida. Na verdade os problemas de Alencar eram com pouca transposição os problemas de seu tempo, continuidade fácil de documentar com discursos e matéria de imprensa, que sofriam das mesmas contradições e desproporções. Machado podia emendar num como noutro. Nem se trata propriamente de influência, que houve e não é difícil de catar. O que interessa examinar de mais perto, aqui, é a formação de um substrato literário com densidade histórica suficiente, capaz de sustentar uma obra-prima. Voltemos atrás, à força mimética do impasse formal. Este último resulta, conforme a nossa análise, da incorporação acrítica duma combinação ideológica normal no Brasil — submetida à exigência de unidade própria ao romance realista e à literatura moderna. Repetindo ideologias, que são elas mesmas repetições de aparências, a literatura é ideologia ela também. Segundo momento, o impasse é tido como característico da vida nacional. Em consequência, passa a ser um efeito conscientemente procurado, o que é o mesmo que relativizar a combinação de ideologias e formas que o produz, uma vez que não valem por si mesmas, mas pelo fraco resultado de seu convívio. *A repetição ideológica de ideologias é interrompida* por efeito da fidelidade mimética. Assim, "tamanho fluminense" é um nome para este hiatozinho, que sem ser uma ruptura levada até o fim virtualmente basta para redistribuir os acentos e remanejar as perspectivas, fazendo vislumbrar o campo de uma literatura possível, que não seja reconfirmação de ilusões confirmadas — passo que Machado irá dar. No que toca ao escritor, esta modificação pode ter muitas razões. Do ponto de vista objetivo, que nos importa agora, ela leva a incorporar às letras, *enquanto tal*, o momento de impropriedade que a ideologia europeia tem entre nós. Noutras palavras, o processo é uma variante complexa da chamada dialética de forma e conteúdo: nossa matéria alcança densidade suficiente só quando inclui, no próprio plano dos conteúdos, a falência da forma europeia, sem a qual não estamos completos. Fica de pé naturalmente o problema de encontrar a forma apropriada para esta nova matéria, de que é parte essencial a inanidade das formas a que por força nos apegamos. Antes da forma, portanto, foi preciso produzir a própria matéria-prima, enriquecê-la com a degradação de um universo formal. Note-se a propósito desta operação que o seu móvel é puramente mimético. Semelhança, assim, não é um fato de superfície. O trabalho de ajustamento da imitação, à primeira vista limitado pelo acaso das aparências, como que prepara o curso de um novo rio. Seus efeitos para a composição, determinados pela exigência lógica — histórica — da matéria utilizada a bem da semelhança, ultrapassam infinitamente o círculo estreito do mimetismo, que no entanto os traz à luz. Neste sentido, para uso do escritor, o "tamanho fluminense" pode ser um vago critério nacionalista e imitativo, que dispensa maiores definições; objetivamente, contudo, produz algo como uma ampliação do espaço interno da matéria literária, a qual passa a comportar uma permanente referência transatlântica, que será sua pimenta e verdade. Noutros termos, para construir um romance verdadeiro é preciso que sua matéria seja verdadeira. Isto é, para nosso caso de país dependente, que seja uma síntese em que figure com regularidade a marca de nossa posição diminuída no sistema nascente do imperialismo. Por força da imitação, da fidelidade ao "cunho nacional", as ideologias do favor e liberal estão reunidas em permanência, formando um quebra-cabeça que ao ser armado — à força de lógica, e já não de mimetismo — irá dar uma figura nova e não diminuída da diminuição burguesa, cujo ciclo ainda hoje nos interessa, pois não se encerrou.

Ficou para o fim o defeito mais evidente de *Senhora*, o seu desfecho açucarado. Imagine-se quanto a isto um final diferente, que "o hino misterioso do santo amor conjugal" não estragasse: o romance teria uma fraqueza a menos, mas não seria melhor. Nenhum dos problemas que viemos apontando estaria resolvido. O fecho róseo ou pelo menos edificante não é especialmente ligado à literatura brasileira, mas ao romance de conciliação social, de Feuillet e Dumas Filho por exemplo, que foram influências diretas. Estes sim destruíram a sua literatura à força de cálculos conformistas. Tome-se o *Roman d'un jeune homme pauvre*, de Feuillet, e tornem-se agudas as contradições que ele atenua: estaríamos diante de um bom romance realista.[33] É que Feuillet, como Alencar, é herdeiro de uma tradição formal com os pressupostos críticos da revolução burguesa. *Senhora* e o *Romance de um moço pobre* circulam entre o quarto modesto e o palacete, a cidade e a província, o escritório do negociante e os jardins da amada, o sentimento aristocrático e o burguês etc. No livro de Feuillet, os antagonismos implicados nesta disposição de espaços e temas são como sombras de dúvida e subversão, debeladas pela virtude das personagens positivas. Triunfa uma liga exemplar de aristocratas igualitários e burgueses sem ganância. No entanto, os problemas da revolução burguesa não só estão formalizados no travejamento do romance realista, a que se filia Feuillet, como sobretudo trabalham a própria realidade, o corpo social da Europa, que é a matéria viva desta literatura. Assim, disfarçar as contradições sociais e desmanchar o relevo literário são neste caso uma e a mesma coisa. O caso é outro com Alencar, que aliás concilia apenas no final e não é conformista no percurso, em que é audacioso e amigo de contradições.[34] Que fazer com esta forma, se as oposições de princípio que a compõem não vincam também a matéria que deve organizar? Se a fazenda do velho Camargo não é o lugar das virtudes provincianas e aristocráticas, mas do capital e também dos costumes dissolutos da escravaria, qual o resultado de seu confronto com a cupidez e a leviandade da Corte? Seja qual for, não soma com o conflito central, nem lhe responde. Analogamente, ao mudar de seu quarto pobre para o palacete da esposa, Seixas não muda propriamente de classe social e sobretudo de ideologia como faria supor o contraste dos lugares; muda só de nível de consumo, como se diria hoje, o que tira a força poética à localização da ação. Etc. etc. Se as oposições que definem a forma não governam também o chão social a que ela se aplica, rigor formal e desequilíbrio artístico estarão juntos, e haverá conformismo no próprio desassombro com que se ponham contradições ditas tremendas — mas prestigiadas. Daí aliás um efeito esquisito destes romances, que, sendo voltados para a história contemporânea, não produzem a impressão de ritmo histórico algum. Justamente porque a poesia deste último depende da periodização ao vivo, isto é, da correspondência entre a matéria de conflitos bem datados e as contradições históricas que organizam o conjunto em seu movimento.

Assim, depois de mostrarmos que a melhor contribuição de Alencar à formação de nosso romance está nos pontos fracos de sua literatura, vejamos também como a sua fraqueza passa por pontos realmente fortes, que tomados isoladamente são méritos de escritor. A propósito de *Senhora*, Antonio Candido observa que seu assunto — a compra de um marido — dá forma não só ao enredo, como repercute também no sistema metafórico do livro. Trata-se justamente da consistência formal, cujo efeito queremos estudar.

> A heroína, endurecida no desejo de vingança, possibilitada pela posse do dinheiro, inteiriça a alma como se fosse agente duma operação de esmagamento do outro por meio do capital, que o reduz a coisa possuída. E as próprias imagens do estilo manifestam a mineralização da personalidade, tocada pela desumanização capitalista, até que a dialética romântica do amor recupere a sua normalidade convencional. No conjunto, como no pormenor de cada parte, os mesmos princípios estruturais enformam a matéria.[35]

De fato, o movimento dramático transforma a menina rica, exposta à "turba dos pretendentes",[36] em mulher revoltada e veemente. Quando tem a iniciativa, Aurélia considera o mundo através dos óculos do dinheiro, com a intenção de devolver em dobro as humilhações sofridas. Reverso da medalha, quando sente a própria pessoa exposta aos mesmos óculos, sobrevêm a lividez marmórea, os lábios congelados, as faces jaspeadas, a crispação, a voz ríspida e metalizada etc.[37] Até aqui, a dialética moral do dinheiro e o mal que ele faz às pessoas. Contudo, como já sugerem o mármore e o jaspe, o movimento é mais complexo. A mineralização a que se refere Antonio Candido está na interseção de muitas linhas: dureza necessária para instrumentalizar o outro, recusa visceral de emprestar a própria humanidade ao cálculo alheio, paganismo da matéria inconsciente e da estátua, recusa do corpo, substâncias caras etc. Em suma, o objeto da crítica econômica tem prestígio sexual. "E o mundo é assim feito; que foi o fulgor satânico da beleza dessa mulher a sua maior sedução. Na acerba veemência da alma revolta, pressentiam-se abismos de paixão; e entrevia-se que procelas de volúpia havia de ter o amor da virgem bacante."[38] Assunto explícito: o dinheiro recalca os sentimentos naturais; assunto latente: dinheiro, desprezo e recusa formam um conjunto erotizado, que abre perspectivas mais movimentadas que a vida convencional. Noutras palavras, o dinheiro é deletério porque separa a sensualidade do quadro familiar existente, e é interessante pela mesma razão. Daí a convergência, em Alencar, entre riqueza, independência feminina, intensidade sensual e imagens da esfera da prostituição. Como se vê, o desenvolvimento é de audácia e complexidade consideráveis, verdade que bem apoiado na *Dama das camélias*. Isso posto, a consequência formal com que Alencar desenvolve o seu assunto fortalece — em lugar de eliminar — a dualidade formal que viemos estudando: coloca no centro do romance a coisificação burguesa das relações sociais. Onde Antonio Candido aponta uma superioridade, que existe, há também uma fraqueza. A utilização instrumental e portanto o antagonismo absoluto é o modelo, aqui, da relação entre os indivíduos. Ora, esse é um dos efeitos ideológicos essenciais do capitalismo liberal, assim como é um dos méritos do romance realista significá-lo em sua própria estrutura. Mas não era o princípio formal de que precisávamos, embora nos fosse indispensável — como tema.

A poesia envenenada
de *Dom Casmurro*

A Gilda de Mello e Souza

Dom Casmurro (1899) é um bom ponto de partida para apreciar a distância, na verdade o adiantamento, que separava Machado de Assis de seus compatriotas. O livro tem algo de armadilha, com lição crítica incisiva — isso se a cilada for percebida como tal. Desde o início há incongruências, passos obscuros, ênfases desconcertantes, que vão formando um enigma. A eventual solução, sem ser propriamente difícil, tem custo alto para o espírito conformista, pois deixa mal um dos tipos de elite mais queridos da ideologia brasileira. Acaso ou não, só sessenta anos depois de publicado e muito reeditado o romance, uma professora norte-americana (por ser mulher? por ser estrangeira? por ser talvez protestante?) começou a encarar a figura de Bento Santiago — o Casmurro — com o necessário pé atrás. É como se para o leitor brasileiro as implicações abjetas de certas formas de autoridade fossem menos visíveis.

Depois de contar o idílio de sua adolescência, completado pelo casamento em que seria traído e pelo desterro que impôs à companheira e ao filho de pai duvidoso, Dom Casmurro conclui por uma pergunta a respeito de Capitu: a namorada adorável dos quinze anos já não esconderia dentro dela a mulher infiel, que adiante o enganaria com o melhor amigo? Induzido a recapitular, o fino leitor prontamente lembrará por dezenas os indícios do calculismo e da dissimulação da menina. Entretanto, considerando melhor, notará também que as indicações foram espalhadas com muita arte pelo próprio narrador, o que muda tudo e obriga a inverter o rumo da desconfiança. Em lugar da evocação, do memorialismo emocionado e sincero que pareceria merecer todo o crédito do mundo, surgem o libelo disfarçado contra Capitu e a tortuosa autojustificação de Dom Casmurro, que, possuído pelo ciúme, exilara a família. O livro, assim, solicita três leituras sucessivas: uma, romanesca, onde acompanhamos a formação e decomposição de um amor; outra, de ânimo patriarcal e policial, à cata de prenúncios e evidências do adultério, dado como indubitável; e a terceira, efetuada a contracorrente, cujo suspeito e logo réu é o próprio Bento Santiago, na sua ânsia de convencer a si e ao leitor da culpa da mulher.

Como se vê, uma organização narrativa intrincada, mas essencialmente clara, que deveria transformar o acusador em acusado. Se a viravolta crítica não ocorre ao leitor, será porque este se deixa seduzir pelo prestígio poético e social da figura que está com a palavra. Aliás, como recusar simpatia a um cavalheiro distinto e sentimental, admiravelmente bem-falante, um pouco desajeitado em questões práticas, sobretudo de dinheiro, sempre perdido em recordações da infância, da casa onde cresceu, do quintal, do poço, dos brinquedos e pregões antigos, venerador lacrimoso da mãe, além de obcecado pela primeira namorada? Em consequência, a despeito das decisivas indicações em contrário, prevaleceu a leitura conformista. Para exemplo do tom que iria dominar, até entre críticos notáveis pela sutileza, sirva um trecho tomado à primeira exposição de conjunto da obra machadiana, publicada em 1917.

Passemos agora a *Dom Casmurro*. É um livro cruel. Bento Santiago, alma cândida e boa, submissa e confiante, feita para o sacrifício e para a ternura, ama desde criança a sua deliciosa vizinha, Capitolina — Capitu, como lhe chamavam em família. Esta Capitu é uma das mais belas e fortes criações de Machado de Assis. Ela traz o engano e a perfídia nos olhos cheios de sedução e de graça. Dissimulada por índole, a insídia é nela, por assim dizer, instintiva e talvez inconsciente. Bento Santiago, que a mãe queria fosse padre, consegue escapar ao destino que lhe preparavam, forma-se em direito e casa com a companheira de infância. Capitu engana-o com o seu melhor amigo, e Bento Santiago vem a saber que não é seu o filho que presumia do casal. A traição da mulher torna-o cético e quase mau.[1]

A adesão do crítico ao ponto de vista a ser questionado não podia ser mais completa.

Helen Caldwell, a quem as acusações de Bentinho a Capitu pareceram infundadas e ditadas pelo ciúme, publicou o seu *The Brazilian Othello of Machado de Assis* em 1960. Punha a descoberto o artifício construtivo da obra, a ideia insidiosa de emprestar a Otelo o papel e a credibilidade do narrador, deixando-o contar a história do justo castigo de Desdêmona. No básico, a charada literária que Machado armara estava decifrada.[2]

Também o avanço seguinte se deveu a um crítico de fora, John Gledson, num livro cheio de perspicácia e espírito democrático. O estudo retoma a tese de Caldwell segundo a qual o ponto de vista de Bento Santiago, que está com a palavra, é especioso. Contudo, as razões encontradas para a falta de objetividade de Dom Casmurro agora são mais complexas. Atrás da agitação sentimental de primeiro plano, Gledson identifica a presença de interesses propriamente sociais, ligados à organização e à crise da ordem paternalista. Em lugar do novo Otelo, que por ciúme destrói e difama a amada, surge um moço rico, de família decadente, filho de mamãe, para o qual a energia e a liberdade de opinião de uma mocinha mais moderna, além de filha de um vizinho pobre, provam ser intoleráveis. Nesse sentido, os ciúmes condensam uma problemática social ampla, historicamente específica, e funcionam como convulsões da sociedade patriarcal em crise.[3]

Assim, depois de encantar várias gerações, o lirismo do Casmurro começa a mostrar aspectos dúbios, para não dizer odiosos — com grande vantagem para a qualidade do romance. Nascida da antipatia a prerrogativas de marido, de proprietário ou de detentor da palavra, essa viravolta na leitura torna eloquentes as passagens opacas do livro, que a outra interpretação forçosamente passava por alto. Examinados com o recuo devido, os compassos débeis mudam de figura para se mostrarem cruciais, como pistas ou também como sintomas: raciocínios truncados, precisões que se diriam supérfluas, interpretações descabidas, fórmulas anódinas em excesso, procedimentos artísticos arbitrários, tudo adquire relevo novo, *dando um depoimento inesperado sobre o narrador*. No mesmo sentido, a singeleza amaneirada do tom, favorita das antologias de colégio, passa a funcionar como um ápice de duplicidade. Não custa lembrar a propósito que Dom Casmurro se aparenta por vários lados com o romance policial e a psicanálise, que estavam nascendo.

Observe-se que essa leitura a contrapelo, uma exigência escondida mas estrutural do livro, forma-se entre os traços essenciais da ficção mais avançada do tempo. Como o seu contemporâneo Henry James, Machado inventava *situações narrativas*, ou *narradores postos em situação*: fábulas cujo drama só se completa quando levamos em conta a falta de isenção, a parcialidade ativa do próprio fabulista. Este vê comprometida a sua autoridade, o seu estatuto superior, de exceção, para ser trazido ao universo das demais personagens, como uma delas, com fisionomia individualizada, problemática e sobretudo inconfessável.[4] Não há dúvida quanto ao passo adiante em relação ao objetivismo de realistas e naturalistas: também o árbitro é parte interessada e precisa ser adivinhado como tal. Mas, como bem observa Gledson, refutando a interpretação em voga, a conduta capciosa do autor-protagonista não suspende o conflito social nem a História, muito pelo contrário.[5] Dramatizado no procedimento narrativo, o antagonismo dos interesses vem ao primeiríssimo plano, onde o seu caráter de relação social conflitiva opera na plenitude, objetivamente, ainda que a crítica não o costume notar.

Ao adotar um narrador unilateral, fazendo dele o eixo da forma literária, Machado se inscrevia entre os romancistas inovadores, além de ficar em linha com os espíritos adiantados da Europa, que sabiam que toda *representação* comporta um elemento de *vontade* ou *interesse*, o dado oculto a examinar, *o indício da crise da civilização burguesa*. Também na esfera local, das atitudes e ideias sociais brasileiras, as consequências da nova técnica eram audaciosas. O nosso cidadão acima de qualquer suspeita — o bacharel com bela cultura, o filho amantíssimo, o marido cioso, o proprietário abastado, avesso aos negócios, o arrimo da parentela, o moço com educação católica, o passadista refinado, o cavalheiro belle époque — ficava ele próprio sob suspeição, credor de toda a desconfiança disponível. Do ângulo da ideologia artística nacional, enfim, o narrador cheio de credenciais mas privado de credibilidade configurava igualmente uma situação inédita, difícil de aceitar, em contraste marcado com a anterior. Superavam-se as certezas edificantes próprias ao ciclo da formação da nacionalidade, certezas segundo as quais a atualização artística e a aquisição de aptidões literárias seriam serviços inquestionáveis prestados à pátria pelos seus dedicados homens cultos.[6] Quando, pela primeira vez em nossas letras, com Machado de Assis, a inteligência da forma bem como as ideias modernas comparecem livres de inadequação e diminuição provinciana, já não é dentro do anterior espírito de *missão*. Por exemplo, os excelentes recursos intelectuais vinculados a Bento Santiago não representam uma contribuição a mais para a civilização do país, e sim, ousadamente, a cobertura cultural da opressão de classe. Longe de ser a solução, o refinamento intelectual da elite passa a ser uma face — com aspectos diversos, positivos e também negativos — da configuração social que o romance saudosamente relembra, ou desencantadamente põe a nu.

Apreciado nas grandes linhas, *Dom Casmurro* se compõe de duas partes muito diferentes, uma dominada por Capitu, outra por Bento, ou, ainda, uma sob o signo do espírito esclarecido, outra sob o signo do obscurantismo.

Na primeira, o jovem casal de namorados luta contra a superstição e o preconceito social. A superstição é de d. Glória, a mãe, que havia prometido o filho à Igreja por medo de perdê-lo no parto. Já o preconceito se prende à diferença de situações: Capitu é filha de vizinhos pobres, meio dependentes de d. Glória, enquanto Bentinho pertence a uma família de classe dominante, cujo chefe havia sido fazendeiro e deputado, e deixava bastante propriedade. Capitu dirige a campanha do casalzinho com esplêndida clareza mental, compreensão dos obstáculos, firmeza — qualidades que faltam inteiramente a seu amigo. As manobras terminam bem, pelo triunfo do amor e pelo casamento, que se sobrepõem às posições de classe. O conflito que se anunciava não chega à tona, contornado pela habilidade da moça, que conquista as boas graças da futura sogra, de quem aplaca os escrúpulos religiosos. Como é natural, o leitor de coração bem formado toma o partido dos namorados, contra o seminário e contra as intrigas familiares, ou seja, o partido das Luzes, contra o mito e a injustiça.

A segunda parte começa por capítulos de felicidade conjugal. A velha casa da mãe e da infância em Matacavalos foi trocada por outra nova, na Glória. O único senão é a ausência de um filho, que custa a vir. Mesmo isso depois de algum tempo se resolve com o nascimento de Ezequiel. O menino é esperto, dado a fazer imitações. Entre as pessoas que imita está o melhor amigo do casal, o Escobar, com quem começa a ficar parecido. A certa altura Escobar, que era nadador, morre afogado. No velório, homens e mulheres choram. Subitamente Bento para de chorar: nota lágrimas nos olhos de Capitu, que olhava o morto. O habitual ataque de ciúmes desta vez é tão forte que Bento não consegue ler as palavras de despedida que havia redigido para pronunciar no cemitério. As aparências enganam, e os presentes aplaudem a comoção do amigo, num exemplo de ilusão possível. Parecia amizade, mas não era, como as lágrimas de Capitu — aliás poucas — podiam parecer adúlteras sem o serem, como a semelhança entre Ezequiel e Escobar podia ser acaso.

O fato é que Bento acha o filho mais e mais parecido com o outro. Afasta-se de Capitu e se torna o Casmurro. Quer matar a mulher, o filho e a si mesmo. A certa altura, para buscar distração, vai ao teatro, onde vê o *Otelo*. Em lugar de entender que os ciúmes são maus conselheiros e as impressões podem trair, Bento conclui de forma insólita: se por um lencinho o mouro estrangulou Desdêmona, que era inocente, imaginem o que eu deveria fazer a Capitu, que é culpada! A indicação ao leitor não podia estar mais clara: a personagem narradora distorce o que vê, deduz mal, e não há razão para aceitar a sua versão dos fatos.

Este o protagonista *tendencioso* que na página final formula a célebre pergunta pelo "resto do livro", pelo sentido geral do romance. "O resto" — diz Dom Casmurro — "é saber se a Capitu da praia da Glória já estava dentro da de Matacavalos, ou se esta foi mudada naquela por efeito de algum caso incidente." Ou seja, tudo está em decidir se Capitu foi pérfida desde sempre ou só depois de casada. Ostensivamente, o que se examina é a pureza do primeiro amor: não seria impuro ele também, apesar da poesia? O efeito sub-reptício entretanto é outro, pois no principal a pergunta tem a vantagem, para o narrador, de assegurar a resposta desejada. Com efeito, se a dúvida diz respeito ao momento a partir do qual houve culpa, não sobra lugar para a hipótese da inocência. A mesma ratoeira expositiva se repete na frase seguinte, agora com apoio bíblico. Bento lembra o bom conselho de Jesus, filho de Sirach, que manda não ceder ao ciúme para que a mulher "não se meta a enganar-te com a malícia que aprender de ti". Ainda aqui a disposição para a incerteza serve de manto ao direito do mais forte, à incriminação sem espaço para resposta: tudo se resume em saber se a infidelidade de Capitu — positiva e subtraída portanto a eventuais objeções — foi efeito das constantes desconfianças do marido ou se já estava lá, na menina, "como a fruta dentro da casca". Esse finale em falso, em forma de sofisma, avalizado não obstante pelo Livro Sagrado, pelo sofrimento do narrador, pela sua cultura sentimental e literária, e também pelo valor por assim dizer *conclusivo* que costumamos reconhecer às últimas palavras dos romances, dá bem a medida da audácia artística de Machado de Assis.

Isso posto, um balanço equilibrado talvez dissesse o seguinte. Impossível decidir se Ezequiel é filho ou não de Escobar, já que a semelhança entre os dois, reconhecida por Capitu, prova pouco num livro deliberadamente repleto de fisionomias parecidas e coincidências de todo tipo — outros tantos avisos contra deduções precipitadas. Tanto mais que o romance tem um de seus assuntos *modernos* no impacto consciente ou inconsciente do interesse na formação do juízo, ou, para vir ao caso, nas parecenças que se notam ou deixam de notar. Dois anos depois, Thomas Mann publicaria *Os Buddenbrook*, cuja ironia também consiste, ao menos em parte, na relativização psicológica das certezas naturalistas sobre a hereditariedade. Em suma, não há como ter certeza da culpa de Capitu, nem da inocência, o que aliás não configura um caso particular, pois a virtude *certa* não existe. Em compensação, está fora de dúvida que Bento escreve e arranja a sua história com a finalidade de condenar a mulher. Não está nela, mas no marido, o enigma cuja decifração importa.[7]

Qual o sentido desse deslocamento? Vimos que na primeira metade do livro o amor, a inteligência e a confiança recíproca de um casal levam a melhor sobre uma promessa ao céu e sobre a prevenção de classe. A vitória não dura, pois na segunda metade o universo tradicional vai reaparecer e se impor, agora dentro do próprio casal. O marido narrador evolui para um clima especialíssimo de poesia envenenada, entre patético, desgovernado e prepotente, propriamente reacionário, cuja fixação é um dos méritos notáveis do romance. À luz das incuráveis suspeitas de Bento, a vontade clara e a lucidez de Capitu são rebaixadas a provas de um caráter interesseiro e dissimulado, ao passo que a admiração com que o mesmo Bento havia obedecido às instruções dela faz figura de simplicidade risível. Começou a difamação escarninha e sombria das qualidades prezadas da Ilustração, indispensáveis à realização do indivíduo. Contudo, uma vez relativizado o valor de prova de semelhanças e coincidências em que se baseia a advocacia especiosa do narrador, fica em destaque a disposição suspeitosa ela mesma, que de efeito passa a causa. Agora o que chama a atenção do leitor são os paroxismos de ciúme a que Bento é dado desde sempre, anteriores à paternidade e ao casamento. Ainda adolescente ele queria rasgar a amiga com as unhas, julgá-la e talvez perdoá-la por crimes que ele inventava segundo a necessidade íntima.[8] Os episódios dessa natureza são diversos e, uma vez ligados entre si, redefinem o caráter de quem está com a palavra, bem como o valor desta, alterando inteiramente a configuração do conflito. Se a primeira leitura não vai por aí é porque a arte literária do Casmurro dirige a nossa desconfiança noutro sentido, e também porque evoca as crises de ciúme em ordem dispersa, como fatos de diferentes gêneros, e não como um problema. Trata-as como singularidades psicológicas, anedotas da vida ginasiana, acidentes esporádicos, ilustrações de um temperamento impulsivo e ingênuo, às voltas com a dissimulação feminina e a frieza da razão. Assim, a identificação tardia do algoz em quem se presumia a vítima, bem como o desmascaramento das avaliações misóginas e obscurantistas que permitiram aquele quiproquó, decorrem da travação básica da obra. Vimos que não há como responder à dúvida final quanto à época em que se teria definido o caráter de Capitu. Para o caso do narrador, pelo contrário, não há dúvida possível: o ciumento da Glória já existia pronto e acabado no menino de Matacavalos, com uma diferença de que falaremos. Isso posto, a virada interpretativa excede em alcance o fascínio algo tacanho do traiu-não-traiu e também o âmbito familiar a que o conflito parece confinado. Para apreciá-la é preciso trazer à frente a componente social das personagens, quando então se notarão uma ordem e um destino históricos em movimento. Os atores formam um sistema social rigoroso, dotado de necessidade interna, distante das razões sentimentais e de pitoresco, ou seja, românticas, que levaram o Casmurro a lembrá-las com notável precisão.

Examinada nas suas relações, a população de *Dom Casmurro* compõe uma *parentela*, uma dessas grandes moléculas sociais características do Brasil tradicional. No centro está um proprietário mais considerável — inicialmente d. Glória —, cercado de parentes, dependentes, aderentes e escravos, todos mais ou menos atados à vontade e aos obséquios daquele. A dominação toma a forma de autoridade paternal, e a subordinação, de respeito filial, ambas tingidas de devoção religiosa, já que o bom exemplo vem da relação com Deus Padre. A preeminência dos motivos católico-familiares empurra para uma decorosa clandestinidade as razões estritamente individuais e econômicas, que nem por isso deixam de existir, na forma mesma que o capitalismo e o liberalismo oitocentista haviam criado. Em confronto com esses interesses modernos, ainda que submersos, o universo das expressões, dos vínculos e raciocínios paternalistas, colhidos e apurados com mão de mestre, faz figura risível, datada como anacronismo com tintura provinciana. A apreciação inversa está igualmente posta em cena, quando então os valores tradicionais suspeitam a racionalidade burguesa de materialismo, egoísmo, calculismo etc. De outro ângulo, digamos que o mandonismo e a dependência pessoal direta, o seu complemento, excluem a conduta autônoma, cujas presunções entretanto são indispensáveis à dignidade do cidadão evoluído — em pleno século XIX e num país que aspira explicitamente à civilização e ao progresso. Para marcar o caráter histórico da questão, que ultrapassa a psicologia, não custa lembrar que aquele complexo não se entende sem referência à nossa "anomalia" social, a escravidão. Nos próprios termos do tempo, esta imprimia uma nota *bárbara* à propriedade, e, no outro campo, privava de oportunidade e respeitabilidade o trabalho assalariado, obrigando boa parte dos brasileiros pobres a buscar sustento em relações de proteção e clientela.[9] Como então conciliar a dependência, que era inevitável, com a autonomia, que era de rigor? Ou ainda, como ser moderno e civilizado dentro das condições geradas pelo escravismo? A pergunta e seus impasses têm fundamento claro na ordem social armada no romance, a qual, sob aspectos decisivos, é um modelo reduzido da sociedade brasileira. Veremos que as soluções imaginárias para essa verdadeira quadratura do círculo são especialidades do sentimento-de-si nacional e da ficção machadiana.

José Dias é o *agregado* da família Santiago. O termo designa uma figura que, não tendo nada de seu, vive *de favor* no espaço de uma família de posses, onde presta toda sorte de serviços. O cinquentão de estampa respeitável, com bagagem retórica e cívica, além do ar de conselheiro, que no entanto não passa de um moleque de recados, concentra admiravelmente as tensões contemporâneas dessa condição geral. A personagem, e em especial a convivência *espúria* da relação de favor com aspirações de independência e cidadania, são estudadas por Machado com precisão propriamente científica. Esta reúne o sentido romântico da particularidade local e histórica a uma exigência analítica máxima, escolada no classicismo francês. A lógica interna do tipo social é construída com rigor, em complementaridade também rigorosa com a lógica dos demais tipos e das clivagens sociais dominantes, *o que firma uma arquitetura de conteúdos*. São aspectos centrais da arte literária machadiana, que vale a pena frisar, já que a crítica não lhes prestou muita atenção.

Na sua primeira aparição, José Dias anuncia a d. Glória "uma grande dificuldade".[10] Antes de explicá-la — trata-se do namoro de Capitu e Bentinho —, vai prudentemente até a porta da sala, para ver se o menino não está ouvindo. A graça vem do contraste entre a gravidade vitoriana da pessoa e os cuidados subalternos a que se obriga. Está fixado o padrão do agregado distinto, que fala, pondera, conta vantagem ou destrata os vizinhos com a autoridade de alguém da família, dentro da qual contudo tem situação inteiramente incerta, dependendo sempre de acomodações mais ou menos humilhantes. A observação ou invenção de traços pessoais que iluminem a complexidade dessa posição está entre os virtuosismos de Machado. Assim, chamado a dizer o que acha, o agregado *"não abusava, e sabia opinar obedecendo"* (grifo meu). Analogamente, "ria largo, se era preciso, de um grande riso sem vontade, mas comunicativo, a tal ponto as bochechas, os dentes, os olhos, toda a cara, toda a pessoa, todo o mundo pareciam rir nele. Nos lances graves, gravíssimo".[11] Com efeito, quem é ele para rir com vontade própria, ou para não rir largo "se era preciso", ou para rir em "lances graves"? Há muito acerto empírico nessa descrição do riso acoronelado, cuja espessura de detalhes, entretanto, se conforma sem sobras, com economia completa, ao esquema sociológico geral, o que naturalmente é a façanha maior (salvo se sentirmos, o que também é possível, que há excesso construtivo, do qual resulta um toque redundante, embora em alto nível, barrando a força individualizadora da ação). Mais cruelmente, os excessos de zelo em certo momento trocam o sexo ao pobre-diabo, que atende Bentinho "com extremos de mãe e atenções de servo".[12] A caracterização mais engenhosa de todas talvez seja a das duas velocidades de José Dias, que ora é "vagaroso e rígido", ora "se descompõe em acionados", "tão natural nesta como naquela maneira".[13] O homem com duas marchas ecoa as funções representativa e prestativa do agregado, bem como a vivacidade de quem vive de expedientes. O leitor dirá se inventamos ao imaginar que a mesma estrutura dirige os passistas de escola de samba, vagarosos e principescos da cintura para cima, enquanto os pés se dedicam a um puladinho acelerado e diversificado.

Em todos os exemplos assistimos à conjugação da dependência pessoal com certo espetáculo de dignidade, alusivo ao estatuto do indivíduo livre na ordem burguesa moderna. Os dois elementos, na qualidade mesma de incompatíveis, são indispensáveis à composição da personagem, mas o primeiro pesa mais, pela necessidade material. O fingimento salta aos olhos e tem de ser administrado a fim de prevenir algum contravapor. Quando trata com os superiores, o agregado se desdobra em adulações, pois se faltar a simpatia podem não lhe reconhecer as fumaças de homem livre, que com isso adquirem uma empostação de comédia. Quando trata com os seus similares (para não dizer iguais, noção ausente de seu universo), põe ênfase máxima na dignidade, que se transforma no oposto autoritário e farsesco dela mesma, já que a sua garantia está no prestígio social da família dos protetores, no qual o agregado toma carona. O lado satírico da caracterização, centrada no vazio dessa respeitabilidade, dispensa comentários. Contudo, à medida que lhe entendemos a necessidade social, além do pobre proveito para o interessado, que com toda a sua diplomacia não consegue nada, as imposturas deste vão nos parecendo menos "condenáveis" e terminam por ser simpáticas, um modo de sobreviver em circunstâncias adversas. Em todo caso parecem mais verdadeiras que a respeitabilidade complementar e igualmente vazia dos ricos, disfarçada de discrição e poesia. A indicação desse parentesco é uma das ousadias do livro.

José Dias cultua a gramática, a prosódia, a gravata lavada, o direito, as belas-letras, a história pátria, ou seja, a face representativa da ordem. Ele ama também os superlativos, que dão "feição monumental às ideias",[14] e revira os olhos de gosto quando acerta uma expressão capaz de merecer o aplauso, suponhamos, de um lente em teologia.[15] A linha-mestra da caracterização passa pelo pernosticismo do pé-rapado, que vibra com a cultura dos senhores a ponto de *esquecer o seu lugar*, em sentido literal. Há um lado abjeto nessa adesão, pois as delícias que ela proporciona, compensando em imaginação o desvalimento social efetivo, excluem a revolta, a formação do critério próprio e a reflexão a respeito. Mas há também um lado astuto, já que a identificação visceral com os proprietários representa uma vantagem relativa, sobretudo na competição com os demais candidatos à proteção, a quem José Dias metodicamente opõe a superioridade de sua fala e seus modos. De outro ângulo, o amor ignaro do agregado pelas coisas do espírito termina por lançar a descrença também sobre estas últimas. Com toda candura, ele as encara como adereço da gente fina e as reduz a fachada. A redução não deixa de ser um acerto, pois reflete o funcionamento possível da cultura oitocentista numa sociedade que aparta da civilização grande parte de seus membros, quando não os mantém na senzala, ao passo que outra boa parte, embora inserida e desejosa de participar, não dispõe da independência pessoal necessária às opiniões próprias. Nesse sentido, a sátira à vacuidade sentenciosa de José Dias visa uma constelação nacional, e aliás atinge em cheio os ideais de historiografia saudosista alimentados pelo próprio Casmurro, ornamentos também da propriedade e da ordem estabelecida. A reciprocidade de vícios entre senhores e escravos, observada por Nabuco, se pode estender à relação entre senhores e clientela.[16] Por outro lado, essa verdade local da sátira, interessante nela mesma, não lhe esgota o alcance. É como se nas circunstâncias brasileiras se apurasse e viesse à linha de frente uma dimensão de privilégio que nas sociedades europeias, com trabalho livre e cidadania menos precária, podia parecer inessencial, superada ou assunto de opereta, sem prejuízo da vigência profunda: o aspecto encasacado, melhor-que-os--outros, antidemocrático, ou, em suma, o laço de origem entre a liberdade e a propriedade burguesa — que fala ao coração de José Dias — existe e até hoje não se esgotou por completo em parte alguma. Por fim, note-se que o agregado leva o amor dos formalismos à última consequência, que é a descrença nas formas elas mesmas. Assim, ele salta de uma a outra conforme a sua conveniência e sem constrangimento, desobrigado de consistência, com desapreço vertiginoso pela dignidade que cultua, o que lhe proporciona uma espécie de liberdade de movimento diante de seus senhores. Veja-se a propósito a notável falta de amor-próprio — um soldado Schweyk nacional — com que, para não cumprir uma ordem, reconhece que é um charlatão, isso sem desvestir nem por um momento o acento elevado: "Eu era um charlatão... Não negue. [...] para servir a verdade, menti; mas é tempo de restabelecer tudo".[17]

A gama das relações de dependência paternalista no romance é variada e escolhida. Além do proprietário e do agregado, as figuras incluem escravos, vizinhos com obrigações, comensais, parentes pobres em graus diversos, conhecidos que aspiram à proteção, ou pessoas simplesmente que sabem da importância ou da fortuna da família, o que já basta para inspirar certa reverência. Trata-se de uma unidade numerosa e solta, o que Gilberto Freyre, em *Sobrados e mucambos*, descreve como a persistência da grande família rural da Colônia em condições de cidade e europeização oitocentista. Quanto à consistência da concepção, não há exagero em dizer que todos os tipos valem a pena de uma análise atenta e têm algo de interessante e diferenciado a ensinar no capítulo, além do substrato comum, consubstanciado pelo conjunto. Para as finalidades desta discussão nos limitaremos aos polos principais. — No próprio campo dos dependentes, o oposto de José Dias é Capitu. A diferença, ligada ao mandamento moderno de autonomia da pessoa e objetividade do juízo, ou, noutras palavras, ao choque entre a norma paternalista e a norma burguesa, tem significado moral saliente. Sem prejuízo das constantes artimanhas, o agregado não se concebe propriamente como indivíduo, à parte da família a que serve, com a qual se confunde em imaginação e cuja importância lhe empresta o sentimento da própria valia. A sujeição ao marido de d. Glória, depois à viúva e finalmente ao filho não é uma contingência externa, mas o molde do seu espírito, cujas manifestações não se desprendem nunca da necessidade imediata de agradar e emprestar lustre.

Capitu, pelo contrário, satisfaz os quesitos da individuação. A menina sabe a diferença entre compensações imaginárias e realidade, e não tem apreço pelas primeiras. Em país tão sentimental, ainda mais em se tratando de mocinhas, deve-se assinalar o incomum dessa iniciativa machadiana de estudar a beleza, a aventura e a tensão próprias ao uso da razão. Assim, quando a santa mãe de Bentinho resolve cumprir uma promessa e mandar o filho para o seminário, pondo em risco os planos conjugais da vizinha pobre, esta explode num raro espetáculo de independência de espírito e inteligência. É Bento quem primeiro lhe traz as novas, que a deixam lívida, os olhos vagos, olhando para dentro, "uma figura de pau", o tempo de se dar conta da situação; depois ela rompe no inesperado " — Beata! carola! papa-missas!". Capitu não só tem desígnios próprios, os quais consulta, como tem opinião formada e crítica a respeito de seus protetores, e até da religião deles. Em seguida ela reflete, aperta os olhos, quer saber circunstâncias, respostas, gestos, palavras, o som destas, presta atenção nas lágrimas de d. Glória, "não acaba de entendê-las".[18] "Era minuciosa e atenta; a narração e o diálogo, tudo parecia remoer consigo. Também se pode dizer que conferia, rotulava e pregava na memória a minha exposição."[19] Notícia exata e verificação interior, uma certa recapitulação crítica da situação, vão juntas, indicando o nexo entre liberdade de espírito e objetividade, esta última um verdadeiro esforço metodizado de pensamento. A clareza na decisão supõe distância em relação ao sistema de sujeições, obrigações e fusões imaginárias do paternalismo.

O brilho de Capitu decorre também da comparação com os demais dependentes. Já vimos que José Dias compensa a precariedade da situação de agregado com superlativos e futricas. Também prima Justina, uma parenta pobre, equilibra a autoestima falando mal de ausentes e participando com a curiosidade e os olhos do amor nascente do filho da casa, outro modo de se consolar de um destino mesquinho. O confronto mais interessante se faz com o próprio Bento, que enquanto não casa deve ser incluído no campo dos sujeitados a d. Glória. Quando tenta dizer à mãe que não pode ser padre como ela desejava porque quer casar com Capitu, algo nele fraqueja e ele sai com o incrível "eu só gosto de mamãe", o contrário do que tencionava.[20] *Em face da autoridade o seu propósito se desmancha*. Outra saída — naturalmente em sonho — seria pedir ao imperador que intercedesse junto à mãe, que então cederia à autoridade por sua vez.[21] Em ambas as linhas não podia ser mais completa a superioridade de Capitu: ela não foge da realidade para a imaginação e é forte o bastante para não se desagregar diante da vontade superior.

Isso posto, Capitu não é Capitu só porque pensa com a própria cabeça. Embora emancipada interiormente da sujeição paternalista, exteriormente ela tem de se haver com essa mesma sujeição, que forma o seu meio. O encanto da personagem se deve à naturalidade com que se move no ambiente que superou, cujos meandros e mecanismos a menina conhece com discernimento de estadista. É como se a intimidade entre a inteligência e o contexto retrógrado comportasse um fim feliz, uma brecha risonha por onde se solucionassem a injustiça de classe e a paralisia tradicionalista, algo como a versão local da "carreira aberta ao talento". — A propósito do caráter da amiga, o Casmurro observa que não lhe faltavam ideias atrevidas;

> mas eram só atrevidas em si, na prática faziam-se hábeis, sinuosas, surdas, e alcançavam o fim proposto, não de salto, mas aos saltinhos. Não sei se me explico bem. Suponde uma concepção grande executada por meios pequenos. Assim, para não sair do desejo vago e hipotético de me mandar para a Europa [uma saída lembrada pela moça], Capitu, se pudesse

> cumpri-lo, não me faria embarcar no paquete e fugir; estenderia uma fila de canoas daqui até lá, por onde eu, parecendo ir à fortaleza da Laje em ponte movediça, iria realmente até Bordéus, deixando minha mãe na praia, à espera.[22]

O trecho pode e deve ser lido em várias chaves, pois tanto expressa a fascinação de Bento pela feminilidade de Capitu como serve no processo movido pelo marido contra a mulher, lembrando que ela desde cedo fora ambiciosa, calculista, oblíqua e inimiga da futura sogra. Há outra leitura ainda, atenta ao conteúdo social das relações, que oferece a vantagem de articular a conduta de Capitu à das demais figuras, de modo a lhes tornar visível o sistema. Com efeito, a desproporção entre fins e meios, central no retrato, reflete os constrangimentos práticos da moça esclarecida nas circunstâncias locais. Com muxoxo oligárquico, as "ideias atrevidas" designam eventuais resultados da independência de espírito da personagem, projetos *individuais* que escapam ao limite da conformidade respeitosa. Já o recurso aos "saltinhos", por oposição à presumível franqueza de um pulo grande (que seria masculino, e não feminino? que não seria atrevido?), registra a necessidade em que se encontram os dependentes de obter o favor de seu patrono a cada passo, sem o que caem no vazio. Faz parte da lógica do paternalismo que os possíveis objetivos não se assumam enquanto tais e a título individual, mas, filialmente, como conveniências do protetor, o que não só os viabiliza, como legitima. Daí as canoas e a fortaleza da Laje, em lugar do paquete e de Bordéus, já que fins familiares são mais fáceis de impingir. As maneiras "hábeis" e "sinuosas" de Capitu representam a política de decoro, ou, segundo o ponto de vista, a hipocrisia requerida por esse arranjo. Por outro lado é característica do Casmurro e de sua ideologia de classe apresentar como deficiência moral, como falta de franqueza, a política de olhos baixos imposta pela sua própria autoridade, sem prejuízo de considerar "atrevimento" a conduta contrária. Como parte de sua confusão, ou de sua complexidade, note-se ainda como um tipo de conduta com fundamento na estrutura mesma da sociedade brasileira lhe aparece ora como falta de caráter de sua mulher, ora como elemento de interesse erótico, ora como característica geral e desabonadora da psicologia feminina. Seja como for, estará claro o fundo comum entre as manobras de Capitu, o riso sem vontade de José Dias, os pânicos de Bentinho diante da mãe e o susto de prima Justina quando lhe pedem a opinião. O significado dessas variações sobre uma situação de dependência básica fica incompleto, contudo, enquanto não passamos ao outro polo, que as determina, o polo da autoridade dos proprietários.

Ao enviuvar, d. Glória vende a fazenda e compra "uma dúzia de prédios, certo número de apólices", além de escravos, que aluga ou põe no ganho.[23] A família Santiago e a casa de Matacavalos agora vivem de rendas. Sem índole de chefe, a viúva é boa criatura, devota, apegada com o filho e voltada para os serviços da casa. Ainda assim, a sua autoridade não padece dúvida, como indicam os cuidados para não contrariá-la, que sem exceção todos tomam. O mando decorre da propriedade, mesmo se o proprietário não é cioso. Algo semelhante vale para a virtude. D. Glória, conforme o filho lhe faz gravar na sepultura, é *uma santa*.[24] Isso embora ela o tivesse prometido à vida de padre sem o consultar, embora o internasse no seminário contra a sua vontade ("Deixa de manha, Bentinho"),[25] e embora mais adiante aceitasse um subterfúgio esfarrapado para voltar atrás em sua promessa. Noutras palavras, um pouco de superstição, autoritarismo e capricho em absoluto afetam a santidade das mães de família ilustre, antes pelo contrário. Em situação patriarcal, os deslizes práticos não mancham a bondade por assim dizer transcendental dos pais e chefes, a qual forma um halo em volta da propriedade. Note-se por fim que a dignidade do marido narrador irá se beneficiar do mesmo caráter inquestionável — até segunda ordem, quando se transforma em alvo de sátira. A gesticulação respeitável e civilizada da classe proprietária lhe torna invisível a conduta efetiva, em cuja pormenorização o espírito crítico de Machado se deleita.

Depois de sair do seminário, estudar direito em São Paulo e casar, Bento se torna proprietário por sua vez. A formação à qual assistimos na parte inicial do livro agora vai se mostrar em suas consequências. À primeira vista, aquela parte formativa é uma crônica de saudades, cheia de afagos maternos, de emoção filial, inocência, apego a cenas e lugares da infância, tudo percorrido de arrepios libidinosos e sentimentos de culpa. No conjunto, um ranço perverso e consistente, que lembra o clima do romantismo-família de Casimiro de Abreu, a configuração sentimental que Mário de Andrade identificou em "Amor e medo".[26] À segunda leitura, tão fundada quanto a primeira, a crônica de saudades aparece como a documentação de um diagnóstico severo e *moderno* do mundo paternalista: aí estão o manejo irresponsável e caprichoso da autoridade, a que correspondem o parasitismo e a sujeição bajuladora ou assustada; os estudos superiores sem vocação ou seriedade, com propósito ornamental; a religião frouxa, pouco interiorizada, dando cobertura a toda sorte de interesses menos católicos etc. Como dizia de si mesmo Brás Cubas, ao concluir um capítulo semelhante, sobre a sua educação: "Dessa terra e desse estrume é que nasceu esta flor".[27]

Note-se que esse diagnóstico negativo decorre da *outra* norma, ou também da norma *por excelência*. Trata-se do ideal da sociedade composta de indivíduos livres e responsáveis, quer dizer, nem escravos nem dependentes, ideal infuso na civilização burguesa europeia, em relação ao qual a sociedade brasileira — que não tinha como não se medir por ele, salvo ao preço de saltar fora da atualidade — aparecia como *errada*. Assim, metodicamente equívoca, a narrativa dá curso simultâneo ao encantamento e à condenação da ordem paternalista, imprimindo ubiquidade à preferência, meio culposa meio assumida, por formas de vida caducas.[28]

Bento agora é chefe de uma família abastada, advogado estabelecido, uma figura da ordem. A desestabilização interior que a autoridade lhe causava em criança já não tem razão de ser, ou melhor, talvez haja mudado de posição relativa, uma vez que a autoridade passou a ser ele mesmo. Nas novas circunstâncias as velhas turvações do juízo, a incapacidade de traçar a linha entre a vontade de quem manda e a própria, trocam de natureza. A instância mais dramática está no ciúme, que havia sido um entre os vários destemperos imaginativos do menino, e agora, associado à autoridade do proprietário e marido, se torna uma força de devastação. Embora o assunto seja da esfera privada, e o romance na segunda parte de fato se afunile em direção da dificuldade entre duas pessoas, o tema continua a ser o outro: a prerrogativa que tem o proprietário à brasileira de confundir as suas vontades, mesmo as escusas, com os foros da lei, da dignidade etc., segundo a conveniência ou inclinação do momento, e sem que os dependentes tenham como contrastá-lo. Assim, há complementaridade entre a falta de garantias e direitos destes últimos e, no campo oposto, a despeito das aparências de civilidade, a falta de fronteira clara posta ao desejo, que nas circunstâncias *não tem como se enxergar*. Daí um dos temas originais e profundos da ficção machadiana, a indisciplina mental específica à articulação brasileira de escravidão, clientelismo e padrão contemporâneo, em especial a loucura de nossos homens bem-pensantes. De outro ângulo, digamos que a malversação da credibilidade narrativa, a seu modo uma quebra de contrato — o procedimento crucial do romance —, estende as unilateralidades dessa relação de poder ao plano da forma, onde elas, desde que notadas, aparecem como intoleráveis infrações.

A trajetória de Capitu pode servir de comentário ao significado destrutivo desse desgoverno. Ao fazer um bom casamento, a mocinha escapa às condições modestas de sua família e fica — na bonita comparação machadiana — "como um pássaro que saísse da gaiola".[29] Contudo, a mesma compreensão clara das relações efetivas que havia permitido as manobras da menina agora faz que, diante dos ciúmes do marido, a mulher trate de prevenir o enfrentamento por todos os meios, renunciando à rua e à janela, terminando por viver autossequestrada, tudo naturalmente em vão. A gaiola da autoridade patriarcal voltava a se fechar, sem apelação, conforme sugere a resignação lúcida e comovente em que termina Capitu. Outro comentário tácito encontra-se nos episódios que tratam o tema da confiança recíproca, ou do pacto, com a parte de igualdade que este implica. Enquanto assiste à amamentação do filho, numa cena de domesticidade audaciosa, ocorre a Bento, muito emocionado, que aquele ser existia devido ao amor e à constância do casal.[30] No contexto, a passagem naturalmente se presta à releitura sardônica. A emoção no entanto se refere a algo real, a criações do acordo mútuo, as quais, na ausência deste, não se mantêm. O assunto já havia surgido no capítulo do "juramento do poço", onde os adolescentes fazem frente contra as circunstâncias e prometem casar um com o outro, promessa depois cumprida.[31] Embora o tópico ostensivo do romance seja a infidelidade de Capitu, à qual se prenderia a desconfiança universal do Casmurro, a matéria substantiva está na desinclinação do último pela relação entre iguais, hipótese ou tentação *moderna* — se o termo de comparação for a ordem patriarcal — que o ceticismo escarninho deve desbancar. Contrariamente ao que a melancolia desabusada do narrador faz crer, na ausência dos iguais não resta o indivíduo solitário, mas o proprietário na acepção brasileira do termo, o figurão desobrigado de prestar contas.

Nos capítulos finais assistimos a uma estranha sucessão de climas, que desenvolvem com exatidão as consequências esterilizantes embutidas no tipo social do narrador. Há aí uma fusão buñuelesca de amalucamento, decoro e maldade extremada. Assim, depois de preparar um suicídio teatral, inspirado em Catão via Plutarco, o Casmurro por muito pouco não envenena deveras o menino que lhe lembra o outro. Em seguida, para separar-se de Capitu mas guardar as aparências, Bento finge um passeio da família à Europa, onde deixa a mulher, o filho e uma governanta, viagem que passa a repetir regularmente, de modo que faz de conta que vive com os seus, que no entanto não procura, e de quem na volta dá notícias inventadas a parentes e amigos. A certa altura, muito de passagem, menciona a morte de Capitu — o encanto de sua vida e do romance — em duas frases curtas, como que para reparar um lapso. Quando o filho o visita, já rapaz, o pai deseja-lhe a morte pela lepra; não é ouvido pelo destino, que mata o moço em seguida, de tifo. A concepção do penúltimo capítulo, "A exposição retrospectiva", é propriamente genial, desde que percebamos a situação por detrás dos eufemismos da prosa. Mal ou bem Dom Casmurro se está gabando de que a sua alma "não ficou aí para um canto como uma flor lívida e solitária", nem lhe haviam faltado "amigas que me consolassem da primeira". Reparando melhor, entenderemos que se trata de pobres moças, presumivelmente prostituídas, trazidas a um casarão afastado para ouvir as recordações de um gentleman de meia-idade, depois do que vão embora a pé (*calcante pede*, a expressão vem em latim, por pudor de cavalheiro ou também para marcar distinção), isso a não ser que chova, caso em que o dono da casa providencia um carro de praça.

Pois bem, como entender que a elegância da prosa dos primeiros capítulos, suprema sem nenhum exagero, seja a obra e o passatempo dessa figura nociva e patética das páginas finais? Respostas à parte, a pergunta decorre da *composição* do livro. Sob pena de ingenuidade, esta obriga à distância em relação ao que é dito, ou melhor, incita a dar a palavra a correções e adendos que a *situação narrativa* imprime ao memorialismo lírico do primeiro plano.

Como se articulam a primeira e a segunda parte de *Dom Casmurro*? Vimos que na primeira a realização pessoal de um casalzinho está em luta com o nosso *Ancien Régime*, com as suas famílias de proprietários mandões, supersticiosos e senhores do casamento (ou celibato) dos filhos. Por ora o comando das ações cabe a Capitu, mais perspicaz e ativa que o namorado, este sempre *emocional*. Contudo, em surdina, a nitidez do antagonismo vai sendo solapada por insinuações quanto aos motivos interesseiros da moça e de seus pais. Assim, o combate entre a liberdade do indivíduo e a ordem familista, simpático entre todos, deixa margem também à avaliação conservadora, de horizonte senhorial e romântico, a qual desvia o foco para o contraste entre a emoção, que é sincera, e a inteligência, que é pérfida. Desse ângulo, a personagem *melhor* só pode ser Bentinho. Seja como for, a vitória dos moços é fácil e não aguça os conflitos a ponto de lhes testar os termos. Essa falta geral de gravidade combina-se ao formato de cromo adotado pelo narrador, às lembranças encantadas e algo ilhadas, circunscrevendo um mundo idílico, pseudoinocente, que faz sorrir e onde tudo termina bem. Com efeito, embora não faltem os grandes momentos nesta primeira parte, a sua força não decorre em linha reta da ação, mas do espelhamento na prosa narrativa, cujo incrível teor de complexidade e ambiguidade é pautado pelos sucessos da parte final.

A crer no próprio narrador, a virada em seu caráter data da sua decepção, da revelação de que Ezequiel é filho de Escobar. À luz dessa certeza — que o romance desautoriza — a independência moral e intelectual de Capitu, sem a qual Bentinho não teria escapado à batina, troca de feição e confirma as insinuações do começo. A mulher com ideias próprias tinha que dar em adultério e no filho do outro. O Casmurro agora se identifica ao conservadorismo a que mal ou bem se havia oposto no período anterior. Clareza mental, ainda diante da autoridade, gosto pela aritmética, senso das situações, constância de propósitos ou capacidade de lidar com dinheiro passam a ser outras tantas provas de um caráter falso, e, no limite, de traição conjugal. O obscurantismo rudimentar e eficaz dessas assimilações dirige-se contra a parte de cálculo e reserva, de recuo de si e dos outros, sem a qual não há racionalidade possível para o indivíduo, ou sem a qual este não chega a se definir como tal. Mediatamente, dirige-se contra a utilização da inteligência por parte dos dependentes. O assalto à razão se completa nos requintes de desmando que apontamos nos capítulos finais. — Entretanto já vimos que a periodização mais plausível não é essa, proposta pelo narrador. A viravolta decisiva dá-se mais cedo, quando Bento deixa de ser filho e se torna marido e proprietário: o seu coração atrapalhado e "de brasa",[32] que havia sido uma inferioridade administrada a duras penas por Capitu, agora não tem mais como ser contrastado e vai mandar. O novo Santiago não nasce da traição da mulher, mas da junção de vontades confusas, em parte inconfessáveis (o ciúme desatinado, os apetites sexuais diversos), com a autoridade patriarcal, *conjugação que descarta, ou trai, o juramento de confiança e igualdade que o moço bem-nascido fizera à vizinha pobre*. Assim, contrariamente ao que parecia, o casamento de Capitu não representa uma vitória das Luzes, mas uma reafirmação da ordem tradicional, ainda que diferida. E o ceticismo universal do Casmurro, com matizes que vão da tolerância à ferocidade, armado de todos os pés de cabra do progresso intelectual moderno, serve ao próprio de cobertura racional para faltar às exigências da dignidade burguesa, ou, por outra, autoriza — sem quebra do clima civilizado — a brutalidade do proprietário incivil. O alcance crítico da autoexposição, desde que seja percebida, é extraordinário.

Retomando essas observações em termos do movimento a que dizem respeito, notemos que o elemento dinâmico da primeira parte — a mais longa — se esgota antes do fim, com o que prova ser irreal, ao passo que um grupo de temas dispersos, sem conexão evidente à primeira vista, ainda que presentes desde o início, a certa altura se unifica e se torna a força dinâmica por sua vez, passando por cima do que prometia ser a tendência geral e lhe demonstrando o caráter ilusório. Trocando em miúdos, o amor entre a vizinha pobre e o rapazinho família, com o correspondente anseio de felicidade, de realização pessoal e mesmo de saída histórica e progressista para uma relação de classe, anima a intriga até um ponto avançado do livro, quando então a dimensão autoritária da propriedade rouba a cena e galvaniza o antigo nhonhô, que agora se enxerga como vítima, desmerece e escarnece as suas próprias perspectivas anteriores de entendimento, igualdade, lucidez, e afirma pela força a sua disposição de mandar sem prestar contas, tudo isso dentro de uma linguagem requintada e civilizada, digna e própria da Belle Époque. Essa a curva do romance e um de seus elementos tácitos de generalização, em que o leitor interessado poderá buscar o perfil sintético de um caminho brasileiro para a modernidade.

Há outra especificação histórica embutida no próprio elenco das personagens. O leitor estará lembrado de que ao começar o livro o pai de Bento, fazendeiro e deputado, já está morto, e que a família, depois de vender as terras, vive de rendas. Com isso fica fora do romance a atividade econômica e política dos proprietários, a bem da esfera intrafamiliar, onde as relações de dominação e sujeição paternalista serão examinadas em estado por assim dizer quimicamente puro, ou seja, deixadas a seu movimento próprio. Observe-se ainda que a exclusão das fontes de vida externas equivale a fixar o sistema em seu momento de decadência. Esse horizonte dá a nota peculiar à regressão de Bento, cujas arbitrariedades mais ou menos plangentes ou raivosas, confinadas a um âmbito estreito, já não significam senão a necessidade de encontrar-se a si mesmo. Por outro lado, essa atmosfera rarefeita permite a confluência da brutalidade senhorial brasileira com o decadentismo europeu, sob o signo da deliquescência psicológica, da prosa ultramatizada, do culto da incerteza, tudo envolto na aversão "ao grunhido dos porcos, espécie de troça concentrada e filosófica"[33] (o ponto de vista esclarecido).

No que interessa à qualidade artística, a continuidade rigorosa entre as duas partes do livro não suprime o aspecto heterogêneo e a expectativa romanesca frustrada. Essa forma eloquente e pouco harmônica esclarece o andamento peculiar da prosa, onde em surdina encontramos disseminada a mesma tensão, sob forma de enigmas, dissonâncias ou ressonâncias profundas. No conjunto, *Dom Casmurro* pode ser visto como um enorme trocadilho socialmente pautado, uma fórmula narrativa audaz e de execução dificílima. As duas fisionomias do narrador, tão discrepantes, têm de ser alimentadas por uma escrita sistematicamente equívoca, passível de ser lida como expressão viva de uma como de outra, do marido ingênuo e traído bem como do patriarca prepotente. Assim, por exemplo, quando Bento explica o propósito de seu livro, que "era atar as duas pontas da vida, e restaurar na velhice a adolescência". Existe coisa mais estimável que a saudade de um viúvo desejoso de recompor o que o tempo dispersou? Mas a poesia no caso pode também ser um álibi, um modo de afetar a isenção necessária à inculpação pública de Capitu... Mesma coisa para a citação do *Fausto*, logo em seguida, que faz tremer de emoção a pena do memorialista. "Aí vindes outra vez, inquietas sombras..."[34] Agitação de repassar sensações juvenis? Ou arrepio de encarniçar-se sobre um fantasma indefeso, como pensará quem tenha em mente todo o livro? O virtuosismo de Machado na invenção de assuntos e sequências que deem realce à dualidade do narrador chega ao inacreditável.

O capítulo primeiro, onde se explica o título do romance, é um milagre de organização impalpável mas funcional. Servindo de abertura, assistimos a ligeiras escaramuças de esnobismo. Num vagão de trem, voltando à noite para o arrabalde, um cavalheiro distinto cochila para fugir às familiaridades de um cacete da vizinhança, que lhe fala da lua e dos ministros, além de recitar versos. O cacete naturalmente se tem na conta de civilizadíssimo e sente-se ofendido pela indiferença do outro, a quem passa a chamar Dom Casmurro. A vizinhança aprova a alcunha, pois os modos reclusos de Santiago também a irritam. Este conta a anedota na sua roda de amigos finos da cidade, os quais acham graça e adotam o novo nome, completando o ciclo. Em transposição afastada e ambígua, os temas da intriga estão aí. O gentleman distante não destoa do modelo de civilidade europeia, com seu direito à *privacy*, o costume do anonimato citadino etc. Em contraste, a sem-cerimônia do rapaz que nem sequer havia sido apresentado aponta a capital provinciana, o país invivível, do qual o Casmurro se queixa aos amigos elegantes, que têm o hábito de chá, camarote no teatro e casa em Petrópolis. Contudo, a figura do secarrão inabordável deixa entrever também o patriarca furioso, que foi ocultar o seu "mal secreto" na "caverna" do bairro distante, sempre sem descuidar as aparências.[35] Isso posto, não há dúvida de que o memorialista requintado e frequentador da alta-roda é este último. O convívio regular, articulado em profundidade, entre os aspectos iníquos da sociedade brasileira e os seus lados modernos e refinados está no centro da literatura machadiana.

Mas voltemos ao modo tão poético pelo qual o apelido de Bento Santiago pegou. O novo nome se deve, pela ordem, ao acaso de um cochilo, ao despeito de um poeta, à birra da vizinhança, à jovialidade de um cavalheiro, que comenta com os amigos elegantes as suas desventuras de arrabalde, e ao humorismo dos mesmos amigos, que acham justa a alcunha. O próprio Bento não desgosta dela, que será o título de sua narrativa, se não lhe ocorrer outro melhor. Muito da simpatia que o narrador conquista de entrada se deve a essa demonstração de tolerância, de aceitação da contingência e do diverso, que indicam a superioridade esclarecida de alguém que vive e deixa viver. Na verdade esse processo de fixação do nome ao sabor das preferências de uns e outros configura uma ideologia estética e política, de repercussões que vão além, um dos vários episódios-ideia que, ao lado de alegorias e teorias de bolso, compõem o ambiente reflexivo do romance. Note-se que o nome no caso não é propriamente necessário, pois podia ser um outro, mas satisfaz os interessados, que puseram nele algo de si, o que, junto com o uso comum e o hábito, lhe confere certa estabilidade e legitimidade, suficientes sem serem absolutas. O nome, *como aliás as formações históricas*, resulta da vida, do tempo, das acomodações, ou, por outra, não é produto de um propósito uno ou abstrato, pelo qual pudesse ser aferido criticamente. Não se pode negar algum acerto a esse minimodelo do processo social, cujo significado varia muito, segundo o âmbito a que se aplique. O seu adversário em última instância talvez seja a Revolução Francesa, a cujo programa de reconstrução racional e justa da humanidade ele se opõe. Assim, depois de contribuir para a reputação civilizada do narrador, a tolerância divertida diante da contingência funciona também em chave conservadora, como poetização do Brasil velho, da herança colonial, em cujo prolongamento está a intangibilidade do mando dos proprietários — quando então o memorialista encantador mostra a outra face. Nas quatro frases finais do capítulo esses temas, que até agora apareceram em forma de conversa solta, falsamente desprovida de intenção, passam por um adensamento vertiginoso, cujo zigue-zague prefigura o ritmo e o alcance do que vem adiante.

"Também não achei melhor título para a minha narração; se não achar outro daqui até o fim do livro, vai este mesmo. O meu poeta do trem ficará sabendo que não lhe guardo rancor." Noutras palavras, nomes e invenções não ficam menos bons ou utilizáveis por serem alheios, uma verdade materialista, que deveria inclinar a sentimentos amistosos. "E com pequeno esforço, sendo o título seu, poderá cuidar que a obra é sua." Aqui a cordialidade cede à maldade. Depois de adotar o achado do outro e reconhecer de boa sombra o aspecto não individual em sua própria literatura, e mesmo enxergar acerto na displicência quanto ao que seja meu ou seu, o narrador muda e insinua que o poeta do trem não vai mostrar o mesmo desapego; não vai resistir à veleidade da autoria pessoal, nem — quase a mesma coisa? — à apropriação indébita. A valorização do fundo social ou coletivo da vida vem seguida da crítica à ilusão individualista e proprietária, que vem seguida do... "pega-ladrão". A mudança de tom se completa na frase final: "Há livros que apenas terão isso de seus autores; outros nem tanto". Depois dos infelizes que, havendo contribuído com o nome, julgam que a obra é sua, vêm as obras que não foram feitas por quem lhes deu o nome (e que portanto são fraudulentas?), ou pior, aquelas que nem o nome têm de seu autor. Não restou nada da anterior simpatia pelos funcionamentos socializados, que tomam algo aqui, algo ali, de uns e de outros, e devem a beleza a essa colaboração de muitos, cheia de acasos e meio involuntária. Enfim, são ousadias desencontradas e céticas sobre o tópico das quimeras de autor, *raciocínios que no entanto se tornam drásticos, desde que nos demos conta de que autoria aqui é uma primeira variante do tema da paternidade.* Com efeito, leia-se "filhos" onde está "livros" — há filhos que apenas terão isso (o nome) de seus autores; outros nem tanto — e teremos passado ao universo violento e boçal onde a vítima genérica é a honra da genitora alheia, uma humanidade composta de efes da pê. A emergência abrupta desse tom, com a sua pertinência para a caracterização do tipo social e da postura do narrador-personagem, é outra invenção incrível. Recapitulando, digamos que o rastreamento dos passos que levaram à fixação de um apelido afina com a crônica dos aspectos pitorescos e populares do Rio, de inspiração romântica e fácil; puxada para um âmbito mais "filosófico", a observação de funcionamentos coletivos, cuja poesia vem de correrem por fora da canalização burguesa da vida, aponta para a estreiteza e irrealidade desta última: a autoria e, através dela, a propriedade são processos menos obviamente individuais do que parecem; contudo, a ironia e a liberdade de espírito dessa posição moderna desaparecem incontinenti quando a mesma ordem de ideias é trazida à esfera dos tabus patriarcais, reafirmados com determinação selvagem. Nada mais sugestivo como caracterização de classe do que essa sequência-ritmo, do simpático ao ousado, ao ferozmente regressivo, ou, forçando um pouco a nota, do cronista das graças locais ao socialista, ao proprietário disposto a tudo.

Dom Casmurro entrou para a literatura brasileira como a nossa busca do tempo perdido — em acepção saudosista, que deixaria Proust de cabelo em pé —, ou ainda como o romance lírico do primeiro beijo, da descoberta do amor, das devoções ingênuas, tudo destruído pela traição de uma mulher. Indicamos o avesso dessa pureza na grosseria, no autoritarismo patriarcal e de classe que o desempenho do narrador coloca em cena. O imbricamento de fundo e a reversibilidade pronta entre as autoimagens queridas da elite e as manifestações mais crassas da sua barbárie constituem um resultado crítico de primeira ordem. O ponto máximo da tensão talvez esteja na quase inviabilidade, em termos de verossimilhança, de sustentar que a fera das páginas finais e o memorialista reservado e sensível das iniciais sejam a mesma pessoa. Entretanto, acompanhando os meandros da prosa deste último pudemos constatar a presença da pontada feroz, disfarçada de elegância. No plano da intriga, vimos que faz parte de seu movimento global o naufrágio da aspiração esclarecida. Ocorre que a vitória da confusão mental do Casmurro — a que não falta nem a coincidência da sexta-feira aziaga — vai se expressar e estabilizar numa linguagem de refinamento sem precedentes na literatura brasileira, refinamento armado de todos os recursos e aberturas da literatura, da psicologia e da sociologia as menos ingênuas daquele fim de século. Que significa essa combinação, estranha sem nenhum favor? Por um lado, indica que não há motivo para supor que só porque falta à civilidade em casa o proprietário brasileiro não possa ou não queira participar dos adiantamentos da civilização contemporânea, quando todos sabemos que o contrário é a verdade. Por outro, mostrando que essa participação é efetiva, dá um quadro não apologético do progresso — da atualidade em sentido forte —, com lugar confortável para todas as regressões. Trata-se de uma espécie de contrafação da tolerância esclarecida, que é sobretudo indulgência para com os próprios momentos, sempre recorrentes, de obscurantismo. Retomando o assunto por outro prisma, a propósito dos dois registros de Santiago, note-se que ambos — o ignóbil não menos que o idealizado — funcionam como indícios quase se diria *pitorescos* de um mundo de segunda classe, de individuação limitada, onde os dinamismos modernos ficaram pela metade. Com efeito, o próprio nome das figuras principais, Capitu e Bentinho, não deixa imaginar que o romance seja sério deveras. Não há dúvida quanto à conotação nacional desse *tamanho diminuído*, recuado quanto ao nível contemporâneo, tamanho sugerido também pelo formato de vinheta dos capítulos. Este dá a objetividade da forma à distância entre a sociedade local e as outras, "adiantadas", que nos serviam de modelo. A surpresa porém está na potência que esse universo *com data vencida* guarda em relação às mesmas categorias que o rebaixam. A mistura promíscua de propriedade, autoridade e capricho, com seu cortejo de acintes à razão e à objetividade, no caso não designa apenas uma sociedade atrasada. O estudo finíssimo das inerências entre aqueles termos faz duvidar da pretensão de os separar limpamente e planta a dúvida quanto a uma eventual sociedade composta de indivíduos racionais e estanques (o mundo de primeira classe). Num movimento característico, a ficção machadiana primeiro desqualifica a vida local, por ser matéria aquém da norma da atualidade, e em seguida desacredita a própria norma, que não resiste à prova do que se viu. A inferioridade do país é inegável, mas a superioridade de nossos modelos não convence. O narrador capcioso, que sai da regra e sujeita a convenção literária às suas prerrogativas de classe, responde aos dois momentos. Por um lado, expressa e desnuda o arbítrio, o enlouquecimento do proprietário em face de seus dependentes; por outro, faz descrer do padrão universal que, além de não impedir nada, ajuda o narrador, patriarca e proprietário, a esconder eficazmente os seus interesses impublicáveis.

Cultura e política, 1964-1969

ALGUNS ESQUEMAS

Nota, 1978

As páginas que seguem foram escritas entre 1969 e 1970. No principal, como o leitor facilmente notará, o seu prognóstico estava errado, o que não as recomenda. Do resto, acredito — até segunda ordem — que alguma coisa se aproveita. A tentação de reescrever as passagens que a realidade e os anos desmentiram naturalmente existe. Mas para que substituir os equívocos daquela época pelas opiniões de hoje, que podem não estar menos equivocadas? Elas por elas, o equívoco dos contemporâneos é sempre mais vivo. Sobretudo porque a análise social no caso tinha menos intenção de ciência que de reter e explicar uma experiência feita, entre pessoal e de geração, do momento histórico. Era antes a tentativa de assumir literariamente, na medida de minhas forças, a atualidade de então. Assim, quando se diz "agora", são observações, erros e alternativas daqueles anos que têm a palavra. O leitor verá que o tempo passou e não passou.

Em 1964 instalou-se no Brasil o regime militar, a fim de garantir o capital e o continente contra o socialismo. O governo populista de Goulart, apesar da vasta mobilização esquerdizante a que procedera, temia a luta de classes e recuou diante da possível guerra civil. Em consequência, a vitória da direita pôde tomar a costumeira forma de acerto entre generais. O povo, na ocasião, mobilizado mas sem armas e organização própria, assistiu passivamente à troca de governos. Em seguida sofreu as consequências: intervenção e terror nos sindicatos, terror na zona rural, rebaixamento geral de salários, expurgo especialmente nos escalões baixos das Forças Armadas, inquérito militar na Universidade, invasão de igrejas, dissolução das organizações estudantis, censura, suspensão de habeas corpus etc. Entretanto, para surpresa de todos, a presença cultural da esquerda não foi liquidada naquela data, e mais, de lá para cá não parou de crescer. A sua produção é de qualidade notável nalguns campos, e é dominante. *Apesar da ditadura da direita, há relativa hegemonia cultural da esquerda no país.* Pode ser vista nas livrarias de São Paulo e Rio, cheias de marxismo, nas estreias teatrais, incrivelmente festivas e febris, às vezes ameaçadas de invasão policial, na movimentação estudantil ou nas proclamações do clero avançado. Em suma, nos santuários da cultura burguesa a esquerda dá o tom. Esta anomalia — que agora periclita, quando a ditadura decretou penas pesadíssimas para a propaganda do socialismo — é o traço mais visível do panorama cultural brasileiro entre 1964 e 1969. Assinala, além de luta, um compromisso.

Antes de apresentá-la em seus resultados, é preciso localizar esta hegemonia e qualificá-la. O seu domínio, salvo engano, concentra-se nos grupos diretamente ligados à produção ideológica, tais como estudantes, artistas, jornalistas, parte dos sociólogos e economistas, a parte raciocinante do clero, arquitetos etc. — mas daí não sai, nem pode sair, por razões policiais. Os intelectuais são de esquerda, e as matérias que preparam, de um lado, para as comissões do governo ou do grande capital e, de outro, para as rádios, televisões e os jornais do país não são. É de esquerda somente a matéria que o grupo — numeroso a ponto de formar um bom mercado — produz para consumo próprio. Essa situação cristalizou-se em 1964, quando grosso modo a intelectualidade socialista, já pronta para prisão, desemprego e exílio, foi poupada. Torturados e longamente presos foram somente aqueles que haviam organizado o contato com operários, camponeses, marinheiros e soldados. Cortadas naquela ocasião as pontes entre o movimento cultural e as massas, o governo Castelo Branco não impediu a circulação teórica ou artística do ideário esquerdista, que embora em área restrita floresceu extraordinariamente. Com altos e baixos essa solução de habilidade durou até 1968, quando nova massa havia surgido, capaz de dar força material à ideologia: os estudantes, organizados em semiclandestinidade. Durante esses anos, enquanto lamentava abundantemente o seu confinamento e a sua impotência, a intelectualidade de esquerda foi estudando, ensinando, editando, filmando, falando etc., e sem perceber contribuíra para a criação, no interior da pequena burguesia, de uma geração maciçamente anticapitalista. A importância social e a disposição de luta dessa faixa radical da população revelam-se agora, entre outras formas, na prática dos grupos que deram início à propaganda armada da revolução. O regime respondeu, em dezembro de 1968, com o endurecimento. Se em 1964 fora possível à direita "preservar" a produção cultural, pois bastara liquidar o seu contato com a massa operária e camponesa, em 1968, quando o estudante e o público dos melhores filmes, do melhor teatro, da melhor música e dos melhores livros já constituem massa politicamente perigosa, será necessário trocar ou censurar os professores, os encenadores, os escritores, os músicos, os livros, os editores — noutras palavras, será necessário liquidar a própria cultura viva do momento. O governo já deu vários passos neste sentido, e não se sabe quantos mais dará. Em matéria de destroçar universidades, o seu acervo já é considerável: Brasília, São Paulo e Rio, as três maiores do país.

Para compreender o conteúdo, a implantação e as ambiguidades dessa hegemonia, é preciso voltar às origens. Antes de 1964, o socialismo que se difundia no Brasil era forte em anti-imperialismo e fraco na propaganda e organização da luta de classes. A razão esteve, em parte ao menos, na estratégia do Partido Comunista, que pregava aliança com a burguesia nacional. Formou-se em consequência uma espécie desdentada e parlamentar de marxismo patriótico, um complexo ideológico ao mesmo tempo combativo e de conciliação de classes, facilmente combinável com o populismo nacionalista então dominante, cuja ideologia original, o trabalhismo, ia cedendo terreno. O aspecto conciliatório prevalecia na esfera do movimento operário, onde o PC fazia valer a sua influência sindical, a fim de manter a luta dentro dos limites da reivindicação econômica. E o aspecto combativo era reservado à luta contra o capital estrangeiro, à política externa e à reforma agrária. O conjunto estava sob medida para a burguesia populista, que precisava da terminologia social para intimidar a direita latifundiária, e precisava do nacionalismo, autenticado pela esquerda, para infundir bons sentimentos nos trabalhadores. Não se pense, é claro, que o populismo seja criação do PC; o populismo é que consolidara neste uma tendência, cujo sucesso prático muito grande tornava o partido, como veremos adiante, invulnerável à esquerda. Ora, uma vez consumada essa aliança, tornou-se difícil a separação dos bens. Hoje tudo isso parece claro. Não obstante, esse complexo deteve a primazia teórica no país, seja em face das teorias psicossociológicas do "caráter nacional", já anacrônicas então, seja em face do nacionalismo simples da modernização, inocente de contradições, seja em face dos simulacros cristãos do marxismo, que traduziam imperialismo e capital em termos de autonomia e heteronomia da pessoa humana, e seja finalmente diante dos marxismos rivais, que batiam incansavelmente na tecla do leninismo clássico, e de hábito se bastavam com a recusa abstrata do compromisso populista. O ponto forte da posição comunista, que chegou a penetrar as massas, aprofundando nelas o sentido político do patriotismo, estava na demonstração de que a dominação imperialista e a reação interna estão ligadas, que não se muda uma sem mudar a outra. Aliada ao momento político, a repercussão dessa tese foi muito grande. A literatura anti-imperialista foi traduzida em grande escala e os jornais fervilhavam de comentários. Foi a época de Brasilino, uma personagem que ao longo de um livrinho inteiro não conseguia mover um dedo sem topar no imperialismo. Se acendia a luz, pela manhã, a força era da Light & Power. Indo ao trabalho, consumia gasolina da Esso, num ônibus da General Motors. As salsichas do almoço vinham da Swift & Armour etc. Os *Cadernos do Povo*, por sua vez, vendidos por um cruzeiro, divulgavam amplamente as manobras em torno do petróleo, relações entre latifúndio e doença endêmica, questões de reforma agrária, discutiam quem era "povo" no Brasil etc. O país vibrava e as opções diante da história mundial eram pão diário para o leitor dos principais jornais. Nesse período aclimatizaram-se na fala cotidiana, que se desprovincianizava, o vocabulário e também o raciocínio político da esquerda. Daí uma certa abstração e velocidade específica do novo cinema e teatro, em que as opções mundiais aparecem de dez em dez linhas e a propósito de tudo, às vezes de maneira desastrada, às vezes muito engraçadas, mas sempre erguendo as questões à sua consequência histórica, ou a uma caricatura dela. Quando numa peça teatral um namorado diz à namorada, insuficientemente marxista diante das complicações familiares: "generaliza, pô!" — são estes anos de *Aufklärung* [esclarecimento] popular que têm a palavra.[1] Mas voltemos. Se o PC teve o grande mérito de difundir a ligação entre imperialismo e reação interna, a sua maneira de especificá-la foi seu ponto fraco, a razão do desastre futuro de 1964. Muito mais anti-imperialista que anticapitalista, o PC distinguia no interior das classes dominantes um setor agrário, retrógrado e pró-americano, e um setor industrial, nacional e progressista, ao qual se aliava contra o primeiro. Ora, esta oposição existia, mas sem a profundidade que lhe atribuíam, e nunca pesaria mais do que a oposição entre as classes proprietárias, em bloco, e o perigo do comunismo. O PC entretanto transformou em vasto movimento ideológico e teórico as suas alianças, e acreditou nelas, enquanto a burguesia não acreditava nele. Em consequência, chegou despreparado à beira da guerra civil.[2] *Este engano esteve no centro da vida cultural brasileira de 1950 para cá* e tinha a tenacidade de seu sucesso prático. Esta a dificuldade. A crítica de esquerda não conseguia desfazê-lo, pois todos os dias anteriores ao último davam-lhe razão. Como previsto, Goulart apoiava-se mais e mais no PC, cuja influência e euforia eram crescentes. Só o que não houve meios de prevenir, na prática, já que as precauções neste terreno perturbariam a disposição "favorável" do presidente, foi o final militar. Estava na lógica das coisas que o PC chegasse à soleira da revolução confiando no dispositivo militar da Presidência da República. Em suma, tratava-se de um engano bem fundado nas aparências. Seus termos e seu movimento foram a matéria-prima da crítica e da apologética do período. Sumariamente, era o seguinte: o aliado principal do imperialismo, e portanto o inimigo principal da esquerda, seriam os aspectos *arcaicos* da sociedade brasileira, basicamente o latifúndio, contra o qual deveria erguer-se o *povo*, composto de todos aqueles interessados no *progresso* do país. Resultou, no plano econômico-político, uma problemática explosiva mas burguesa de *modernização* e *democratização*; mais precisamente, tratava-se da ampliação do mercado interno através da reforma agrária, nos quadros de uma política externa independente. No plano ideológico, resultava uma noção de "povo" apologética e sentimentalizável, que abraçava indistintamente as massas trabalhadoras, o lumpesinato, a intelligentsia, os magnatas nacionais e o exército. O símbolo desta salada está nas grandes festas de então, registradas por Glauber Rocha em *Terra em transe*, onde fraternizavam as mulheres do grande capital, o samba, o grande capital ele mesmo, a diplomacia dos países socialistas, os militares progressistas, católicos e padres de esquerda, intelectuais do partido, poetas torrenciais, patriotas em geral, uns em traje de rigor, outros em blue jeans. Noutras palavras, postas de lado a luta de classes e a expropriação do capital, restava do marxismo uma tintura rósea que aproveitava ao interesse de setores (burguesia industrial? burocracia estatal?) das classes dominantes. E de fato, nesta forma, foi parte em grau maior ou menor do arsenal ideológico de Vargas, Kubitschek, Quadros e Goulart. Assim, no Brasil, a deformação populista do marxismo esteve entrelaçada com o poder (particularmente durante o governo Goulart, quando chegou a ser ideologia confessa de figuras importantes na administração), multiplicando os quiproquós e implantando-se profundamente, a ponto de tornar-se a própria atmosfera ideológica do país. De maneira vária, sociologia, teologia, historiografia, cinema, teatro, música popular, arquitetura etc. refletiram os seus problemas. Aliás, esta implantação teve também o seu aspecto comercial — importante, do ponto de vista da ulterior sobrevivência —, pois a produção de esquerda veio a ser um grande negócio e alterou a fisionomia editorial e artística do Brasil em poucos anos. Entretanto, se nesta fase a ideologia socialista servia à resolução de problemas do capitalismo, a cada impasse invertia-se a direção da corrente. Agitavam-se as massas, a fim de pressionar a faixa latifundiária do Congresso, que assustada aprovaria medidas de modernização burguesa, em particular a reforma agrária. Mas o Congresso não correspondia; e a direita, por sua vez, contrariamente à esquerda populista, que era moderadíssima, promovia ruidosamente o fantasma da socialização. Consolidava-se então, aqui e ali, por causa mesmo da amplitude das campanhas populares oficiais, e por causa de seu fracasso, a convicção de que as reformas necessárias ao país não seriam possíveis nos limites do capitalismo e portanto do populismo. Esta conclusão, embora esparsa, tinha o mesmo vasto raio da propaganda governamental. Foi adotada por quadros de governo, quadros técnicos, estudantes e vanguardas operárias, que em seguida, diante do golpe militar de 1964, não puseram em dúvida o marxismo, mas a aplicação que o PC fizera dele. Este esquema explica aliás alguma coisa do caráter e do lugar social de parte do marxismo brasileiro. Num país dependente mas desenvolvimentista, de capitalização fraca e governo empreendedor, toda iniciativa mais ousada se faz em contato com o Estado. Esta mediação dá perspectiva nacional (e paternalista) à vanguarda dos vários setores da iniciativa, cujos teóricos iriam encontrar os seus impasses fundamentais já na esfera do Estado, sob forma de limite imposto a ele pela pressão imperialista e em seguida pelo marco do capitalismo. Isto vale para o conjunto da atividade cultural (incluindo o ensino) que precise de meios, vale para a administração pública, para setores de ponta na administração privada, e especificando-se um pouco valeu mesmo para isolados capitalistas nacionais e para oficiais do exército. Em consequência, a tônica de sua crítica será o nacionalismo anti-imperialista, anticapitalista num segundo momento, sem que a isto corresponda um contato natural com os problemas da massa. Um marxismo especializado na inviabilidade do capitalismo, e não nos caminhos da revolução. Ora, como os intelectuais não detêm os seus meios de produção, essa teoria não se transpôs para a sua atividade profissional, embora faça autoridade e oriente a sua consciência crítica. Resultaram pequenas multidões de profissionais imprescindíveis e insatisfeitos, ligados profissionalmente ao capital ou governo, mas sensíveis politicamente ao horizonte da revolução — e isto por razões técnicas, de dificuldade no crescimento das forças produtivas, razões cuja tradução política não é imediata, ou por outra, é aleatória e depende de ser captada. Em suma, formara-se uma nova liga nacionalista de tudo que é jovem, ativo e moderno — excluídos agora magnatas e generais — que seria o público dos primeiros anos da ditadura e o solo em que deitaria fruto a crítica aos compromissos da fase anterior. Era tão viva a presença desta corrente que não faltou quem reclamasse — apesar dos tanques da ditadura rolando periodicamente pelas ruas — contra o terrorismo cultural da esquerda.[3]

Este, esquematicamente, o mecanismo através do qual um dúbio temário socialista conquistou a cena. Entretanto, resultados culturais e horizontes de uma ideologia, já porque ela nunca está só, não são idênticos em tudo à sua função. Do contato com as novas tendências internacionais e com a radicalização do populismo, o qual afinal desembocava em meses de pré-revolução, nasciam perspectivas e formulações irredutíveis ao movimento ideológico do princípio, e incompatíveis com ele. Dada a análise que fizemos, este é mesmo um critério de valor: só na medida em que nalgum ponto rompesse com o sistema de conciliações então engrenado, que não obstante lhe dava o impulso, a produção de esquerda escapava de ser pura ideologia. Isto dava-se de muitas maneiras. Por exemplo, as demagógicas emoções da "política externa independente" (Jânio Quadros condecorando Guevara) ou das campanhas de Goulart estimulavam, nas faculdades, o estudo de Marx e do imperialismo. Em consequência vieram de professores — destas longínquas tartarugas — as primeiras exposições mais convincentes e completas da inviabilidade do reformismo e de seu caráter mistificador. Outro resultado oblíquo: paradoxalmente, o estudo acadêmico devolvia aos textos de Marx e Lênin a vitalidade que o monopólio do PC lhes havia tomado; saindo da aula, os militantes defendiam o rigor marxista contra os compromissos de seus dirigentes. Em suma, como os Grupos de Onze e as ligas camponesas escapavam à máquina populista, que entretanto era a sua atmosfera, a cultura dispersava por vezes, em obras isoladas ou mesmo em experimentos coletivos, a fumaceira teórica do PC, que entretanto era também o clima que lhe garantia audiência e importância imediata. Finalmente, para um exemplo mais complexo desta disparidade entre a prática reformista e seus resultados culturais, veja-se o Movimento de Cultura Popular (MCP) em Pernambuco (uma bela evocação encontra-se no romance de Antonio Callado, *Quarup*, de 1967). O movimento começou em 1959, quando Miguel Arraes era prefeito e se candidatava a governador. A sua finalidade imediata era eleitoral, de alfabetizar as massas, que certamente votariam nele se pudessem (no Brasil, o analfabeto, 50% da população, não vota). Havia intenção também de estimular toda sorte de organização do povo, em torno de interesses reais, de cidade, de bairro, e mesmo folclóricos, a fim de contrabalançar a indigência e o marginalismo da massa; seria um modo de fortalecê-la para o contato devastador com a demagogia eleitoral. O programa era de inspiração cristã e reformista, e a sua teoria centrava na "promoção do homem". Entretanto, em seus efeitos sobre a cultura e suas formas estabelecidas, a profundidade do MCP era maior. A começar pelo método Paulo Freire, de alfabetização de adultos, que foi desenvolvido nesta oportunidade. Este método, muito bem-sucedido na prática, não concebe a leitura como uma técnica indiferente, mas como força no jogo da dominação social. Em consequência, procura acoplar o acesso do camponês à palavra escrita com a consciência de sua situação política. Os professores, que eram estudantes, iam às comunidades rurais, e a partir da experiência viva dos moradores alinhavam assuntos e palavras-chave — "palavras geradoras", na terminologia de Paulo Freire — que serviriam simultaneamente para discussão e alfabetização. Em lugar de aprender humilhado, aos trinta anos de idade, que o vovô vê a uva, o trabalhador rural entrava, de um mesmo passo, no mundo das letras e no dos sindicatos, da Constituição, da reforma agrária, em suma, dos seus interesses históricos. Nem o professor, nesta situação, é um profissional burguês que ensina simplesmente o que aprendeu, nem a leitura é um procedimento que qualifique simplesmente para uma nova profissão, nem as palavras e muito menos os alunos são simplesmente o que são. Cada um destes elementos é transformado no interior do método, em que de fato pulsa um momento da revolução contemporânea: a noção de que a miséria e seu cimento, o analfabetismo, não são acidentes ou resíduo, mas parte integrada no movimento rotineiro da dominação do capital. Assim, a conquista política da escrita rompia os quadros destinados ao estudo, à transmissão do saber e à consolidação da ordem vigente. Analogamente para o teatro. Certa feita, o governo Arraes procurou estender o crédito agrícola, que em dois meses passou a beneficiar 40 mil pequenos agricultores em lugar de apenas mil. Grupos teatrais procuravam então os camponeses, informavam-se e tentavam dramatizar em seguida os problemas da inovação. Num caso destes, quem seria o autor? Quem aprende? A beleza ainda adorna as classes dominantes? De onde vem ela? Com o público, mudavam os temas, os materiais, as possibilidades e a própria estrutura da produção cultural.

Durante este breve período, em que polícia e justiça não estiveram simplesmente a serviço da propriedade (notavelmente em Pernambuco), as questões de uma cultura verdadeiramente democrática brotaram por todo canto, na mais alegre incompatibilidade com as formas e o prestígio da cultura burguesa. Aliás, é difícil dar-se conta, em sua verdadeira extensão, da cumplicidade complexa, da complementaridade que muitas vezes existe entre as formas aceitas, artísticas ou culturais, e a repressão policial. Foram tempos de áurea irreverência. No Rio de Janeiro, os Centros Populares de Cultura (CPC) improvisavam teatro político em portas de fábrica, sindicatos, grêmios estudantis e na favela, começando além disso a fazer cinema e lançar discos. O vento pré-revolucionário descompartimentava a consciência nacional e enchia os jornais de reforma agrária, agitação camponesa, movimento operário, nacionalização de empresas americanas etc. O país estava irreconhecivelmente inteligente. O jornalismo político dava um extraordinário salto nas grandes cidades, bem como o humorismo. Mesmo alguns deputados fizeram discursos com interesse. Em pequeno, era a produção intelectual que começava a reorientar a sua relação com as massas. Entretanto sobreveio o golpe, e com ele a repressão e o silêncio das primeiras semanas. Os generais, em arte, eram adeptos de uma linha mais tradicional. Em São Paulo, por exemplo, verdade que mais tarde, o comandante do Segundo Exército — famoso pela exclamação de que almoçaria a esquerda antes que ela o jantasse — promovia comentado sarau literário, em que recitou sonetos da lavra paterna, e no final, instado pela sociedade presente, também alguns de sua própria pluma. No Recife, o MCP foi fechado em seguida, e sua sede transformada, como era inevitável, em Secretaria da Assistência Social. A fase mais interessante e alegre da história brasileira recente havia se tornado matéria para reflexão.

Agora, no rastro da repressão de 1964, era outra camada geológica do país quem tinha a palavra. "Corações antigos, escaninhos da hinterlândia, quem vos conhece?" Já no pré-golpe, mediante forte aplicação de capitais e ciência publicitária, a direita conseguira ativar politicamente os sentimentos arcaicos da pequena burguesia. Tesouros de bestice rural e urbana saíram à rua, na forma da "Marcha da família, com Deus pela liberdade", movimentavam petições contra divórcio, reforma agrária e comunização do clero, ou ficavam em casa mesmo, rezando o "Terço em família", espécie de rosário bélico para encorajar os generais. Deus não deixaria de atender a tamanho clamor, público e caseiro, e de fato caiu em cima dos comunistas. No pós-golpe, a corrente da opinião vitoriosa se avolumou, enquanto a repressão calava o movimento operário e camponês. Curiosidades antigas vieram à luz, estimuladas pelo inquérito policial-militar que esquadrinhava a subversão. — O professor de filosofia acredita em Deus? — O senhor sabe inteira a letra do Hino Nacional? — Mas as meninas, na faculdade, são virgens? — E se forem praticantes do amor livre? — Será que o meu nome estava na lista dos que iriam para o paredão? Tudo se resumia nas palavras de ardente ex-liberal: "Há um grandioso trabalho à frente da Comissão Geral de Investigações". Na província, onde houvesse ensino superior, o ressentimento local misturava-se de interesse: professores do secundário e advogados da terra cobiçavam os postos e ordenados do ensino universitário, que via de regra eram de licenciados da capital. Em São Paulo, speakers de rádio e televisão faziam terrorismo político por conta própria. O governador do estado, uma encarnação de Ubu, invocava seguidamente a Virgem — sempre ao microfone —, a quem chamava "adorável criatura". O ministro da Educação era a mesma figura que havia poucos anos expurgara a biblioteca da Universidade do Paraná, de que então era reitor; naquela ocasião mandara arrancar as páginas imorais dos romances de Eça de Queirós. Na faculdade de medicina, um grupo inteiro de professores foi expulso por outro, menos competente, que aproveitava a marola policial para ajuste de rancores antigos.

Em menos palavras: no conjunto de seus efeitos secundários, o golpe apresentou-se como uma gigantesca volta do que a modernização havia relegado; a revanche da província, dos pequenos proprietários, dos ratos de missa, das pudibundas, dos bacharéis em lei etc. Para conceber o tamanho desta regressão, lembre-se que no tempo de Goulart o debate público estivera centrado em reforma agrária, imperialismo, salário mínimo e voto do analfabeto, e mal ou bem resumira não a experiência média do cidadão, mas a experiência *organizada* dos sindicatos, operários e rurais, das associações patronais ou estudantis, da pequena burguesia mobilizada etc. Por confuso e turvado que fosse, referia-se a questões reais e fazia-se nos termos que o processo nacional sugeria, de momento a momento, aos principais contendores. Depois de 1964 o quadro é outro. Ressurgem as velhas fórmulas rituais, anteriores ao populismo, em que os setores marginalizados e mais antiquados da burguesia escondem a sua falta de contato com o que se passa no mundo: a célula da nação é a família, o Brasil é altivo, nossas tradições cristãs, frases que não mais refletem realidade alguma, embora sirvam de passe-partout para a afetividade e de caução policial-ideológica a quem fala. À sua maneira, a contrarrevolução repetia o que havia feito boa parte da mais reputada poesia brasileira deste século; ressuscitou o cortejo dos preteridos do capital. Pobres os poetas, que viam seus decantados maiores em procissão, brandindo cacetes e suando obscurantismo! Entretanto, apesar de vitoriosa, esta liga dos vencidos não pôde se impor, sendo posta de lado em seguida pelos tempos e pela política tecnocrática do novo governo. (Fez, contudo, fortuna artística ainda uma vez, em forma de assunto. Seu raciocínio está imortalizado nos três volumes do *Febeapá* — sigla para Festival de Besteira que Assola o País —, antologia compilada por Stanislaw Ponte Preta. E de maneira indireta, o espetáculo de anacronismo social, de cotidiana fantasmagoria que deu, preparou a matéria para o movimento *tropicalista* — uma variante brasileira e complexa do pop, na qual se reconhece um número crescente de músicos, escritores, cineastas, encenadores e pintores de vanguarda. Adiante tentarei apresentá-la.) A sua segunda chance, esta liga veio a tê-la agora em 1969, associada ao esforço policial e doutrinário dos militares, que tentam construir uma ideologia para opor à guerra revolucionária nascente. Porém voltemos a 1964. O governo que resultara do golpe, contrariamente à pequena burguesia e à burguesia rural, que ele mobilizara mas não ia representar, não era atrasado. Era pró-americano e antipopular, mas moderno. Levava a cabo a integração econômica e militar com os Estados Unidos, a concentração e a racionalização do capital. Neste sentido o relógio não andara para trás, e os expoentes da propriedade privada rural e suburbana não estavam no poder. Que interesse pode ter um tecnocrata, cosmopolita por definição, nos sentimentos que fazem a hinterlândia marchar? Muito mais interessante é ver o que veem os seus colegas em Londres, Nova York e Paris: *Hair*, *Marat-Sade*, Albee e mesmo Brecht. Da mesma forma, quando marchavam pelas ruas contra o comunismo, em saia, blusa e salto baixo, as damas da sociedade não pretendiam renunciar às suas toaletes mais elaboradas. A burguesia entregou aos militares a Presidência da República e lucrativos postos na administração, mas guardava padrões internacionais de gosto. Ora, neste momento a vanguarda cultural do Ocidente trata de um só assunto, o apodrecimento social do capitalismo. Por sua vez, os militares quase não traziam a público o seu esforço ideológico — o qual será decisivo na etapa que se inicia agora —, pois dispondo da força dispensavam a sustentação popular. Neste vácuo, foi natural que prevalecessem o mercado e a liderança dos entendidos, que devolveram a iniciativa a quem a tivera no governo anterior. A vida cultural entrava em movimento, com as mesmas pessoas de sempre e uma posição alterada na vida nacional. Através de campanhas contra tortura, rapina americana, inquérito militar e estupidez dos censores, a inteligência do país unia-se e triunfava moral e intelectualmente sobre o governo, com grande efeito de propaganda. Somente em fins de 1968 a situação volta a se modificar, quando é oficialmente reconhecida a existência de guerra revolucionária no Brasil. Para evitar que ela se popularize, o policialismo torna-se verdadeiramente pesado, com delação estimulada e protegida, a tortura assumindo proporções pavorosas, e a imprensa de boca fechada. Cresce em decorrência o peso da esfera ideológica, o que se traduziu em profusão de bandeiras nacionais, folhetos de propaganda, e na instituição de cursos de ginástica e civismo para universitários. Subitamente renascida, em toda parte se encontra a fraseologia do patriotismo ordeiro. Que chance tem o governo de forjar uma ideologia nacional efetiva? Se precisa dela, é somente para enfrentar a subversão. Noutro caso, preferia dispensá-la, pois é no essencial um governo associado ao imperialismo, de desmobilização popular e soluções técnicas, ao qual todo compromisso ideológico verificável parecerá sempre um entrave. Além disso, há também a penetração instituída e maciça da cultura dos Estados Unidos, que não casa bem com Deus, pátria e família, ao menos em sua acepção latino-americana. Portanto, a resistência à difusão de uma ideologia de tipo fascista está na força das coisas. Por outro lado, dificilmente ela estará na consciência liberal, que teve seus momentos de vigor depois de 1964, mas agora parece quase extinta. Em 1967, por ocasião de grandes movimentações estudantis, foi trazida a São Paulo a polícia das docas. A sua brutalidade sinistra, rotineiramente aplicada aos trabalhadores, voltava-se por um momento contra os filhos da burguesia, causando espanto e revolta. Aquela violência era desconhecida na cidade, e ninguém supusera que a defesa do regime necessitasse de tais especialistas. Assim também hoje. Contrafeita, a burguesia aceita a programação cultural que lhe preparam os militares.

Sistematizando um pouco, o que se repete nestas idas e vindas é a combinação, em momentos de crise, do moderno e do antigo; mais precisamente, das manifestações mais avançadas da integração imperialista internacional e da ideologia burguesa mais antiga — e obsoleta — centrada no indivíduo, na unidade familiar e em suas tradições. Superficialmente, esta combinação indica apenas a coexistência de manifestações ligadas a diferentes fases do mesmo sistema. (Não interessa aqui, para o nosso argumento, a famosa variedade cultural do país, em que de fato se encontram religiões africanas, tribos indígenas, trabalhadores ocasionalmente vendidos tal qual escravos, trabalho a meias e complexos industriais.) O importante é o caráter sistemático desta coexistência, e seu sentido, que pode variar. Enquanto na fase Goulart a modernização passaria pelas relações de propriedade e poder, e pela ideologia, que deveriam ceder à pressão das massas e das necessidades do desenvolvimento nacional, o golpe de 1964 — um dos momentos cruciais da Guerra Fria — firmou-se pela derrota deste movimento, através da mobilização e confirmação, entre outras, das formas tradicionais e localistas de poder. Assim a integração imperialista, que em seguida modernizou para os seus propósitos a economia do país, revive e tonifica a parte do arcaísmo ideológico e político de que necessita para a sua estabilidade. De obstáculo e resíduo, o arcaísmo passa a instrumento intencional da opressão mais moderna, como aliás a modernização, de libertadora e nacional passa a forma de submissão. Nestas condições, em 1964 o pensamento caseiro alçou-se à eminência histórica. Espetáculo acabrunhador especialmente para os intelectuais, que já tinham se desacostumado. Esta experiência, com sua lógica própria, deu a matéria-prima a um estilo artístico importante, o *tropicalismo*, que reflete variadamente a seu respeito, explorando e demarcando uma nova situação intelectual, artística e de classe. Tento em seguida um esquema, sem qualquer certeza, de suas linhas principais. Arriscando um pouco, talvez se possa dizer que o efeito básico do tropicalismo está justamente na submissão de anacronismos desse tipo, grotescos à primeira vista, inevitáveis à segunda, à luz branca do ultramoderno, transformando-se o resultado em alegoria do Brasil. A reserva de imagens e emoções próprias ao país patriarcal, rural e urbano é exposta à forma ou técnica mais avançada ou na moda mundial — música eletrônica, montagem eisensteiniana, cores e montagem do pop, prosa de *Finnegans Wake*, cena ao mesmo tempo crua e alegórica, atacando fisicamente a plateia. É nesta diferença interna que está o brilho peculiar, a marca de registro da imagem tropicalista.[4] O resultado da combinação é estridente como um segredo familiar trazido à rua, como uma traição de classe. É literalmente um disparate — é esta a primeira impressão — em cujo desacerto porém está figurado um abismo histórico real, a conjugação de etapas diferentes do desenvolvimento capitalista. São muitas as ambiguidades e tensões nesta construção. O veículo é moderno e o conteúdo é arcaico, mas o passado é nobre e o presente é comercial; por outro lado, o passado é iníquo e o presente é autêntico etc. Combinaram-se a política e uma espécie coletiva de exibicionismo social: a força artística lhe vem de citar sem conivência, como se viessem de Marte, o civismo e a moral que saíram à rua — mas com intimidade, pois Marte fica lá em casa — e vem também de uma espécie de delação amorosa, que traz aos olhos profanos de um público menos restrito os arcanos familiares e de classe. Noivas patéticas, semblantes senatoriais, frases de implacável dignidade, paixões de tango — sem a proteção da distância social e do prestígio de seu contexto, e gravadas nalguma matéria plástico-metálico-fosforescente e eletrônica, estas figuras refulgem estranhamente, e fica incerto se estão desamparadas ou são malignas, prontas para um fascismo qualquer. Aliás, este fundo de imagens tradicionais é muitas vezes representado através de seus decalques em radionovela, opereta, cassino e congêneres, o que dá um dos melhores efeitos do tropicalismo: o antigo e autêntico era ele mesmo tão faminto de efeito quanto o deboche comercial de nossos dias, com a diferença de estar fora de moda; é como se a um cavalheiro de cartola, que insistisse em sua superioridade moral, respondessem que hoje ninguém usa mais chapéu. Sistematizando: a crista da onda, que é, quanto à forma, onde os tropicalistas estão, ora alinha pelo esforço crítico, ora pelo sucesso do que seja mais recente nas grandes capitais. Esta indiferença, este valor absoluto do novo, faz que a distância histórica entre técnica e tema, fixada na imagem-tipo do tropicalismo, possa tanto exprimir ataque à reação quanto o triunfo dos netos citadinos sobre os avós interioranos, o mérito irrefutável de ter nascido depois e ler revistas estrangeiras. Sobre o fundo ambíguo da modernização, é incerta a divisa entre sensibilidade e oportunismo, entre crítica e integração. Uma ambiguidade análoga aparece na conjugação de crítica social violenta e comercialismo atirado, cujos resultados podem facilmente ser conformistas, mas podem também, quando ironizam o seu aspecto duvidoso, reter a figura mais íntima e dura das contradições da produção intelectual presente. Aliás, a julgar pela indignação da direita (o que não é tudo), o lado irreverente, escandaloso e comercial parece ter tido, entre nós, mais peso político que o lado político deliberado. Qual o lugar social do tropicalismo? Para apreciá-lo é necessária familiaridade — mais rara para algumas formas de arte e menos para outras — com a moda internacional. Esta familiaridade, sem a qual se perderia a distância, a noção de impropriedade diante da herança patriarcal, é monopólio de universitários e afins, que por meio dela podem falar uma linguagem exclusiva. Como já vimos, o tropicalismo submete um sistema de noções reservadas e prestigiosas a uma linguagem de outro circuito e outra data, operação de que deriva o seu alento desmistificador e esquerdista. Ora, também a segunda linguagem é reservada, embora a outro grupo. Não se passa do particular ao universal, mas de uma esfera a outra, verdade que politicamente muito mais avançada, que encontra aí uma forma de identificação. Mais ou menos, sabemos assim a quem fala este estilo; mas não sabemos ainda o que ele diz. Diante de uma imagem tropicalista, diante do disparate aparentemente surrealista que resulta da combinação que descrevemos, o espectador sintonizado lançará mão das frases da moda, que se aplicam: dirá que o Brasil é incrível, é a fossa, é o fim, o Brasil é demais. Por meio destas expressões, em que simpatia e desgosto estão indiscerníveis, filia-se ao grupo dos que têm o "senso" do caráter nacional. Por outro lado, este clima, esta essência imponderável do Brasil, é de construção simples, fácil de reconhecer ou produzir. Trata-se de um truque de linguagem, de uma fórmula para visão sofisticada, ao alcance de muitos. Qual o conteúdo deste esnobismo de massas? Qual o sentimento em que se reconhece e distingue a sensibilidade tropicalista? Entre parênteses, sendo simples uma fórmula não é necessariamente ruim. Como veremos adiante, o efeito tropicalista tem um fundamento histórico profundo e interessante; mas é também indicativo de uma posição de classe, como veremos agora. Voltando: por exemplo, no método Paulo Freire estão presentes o arcaísmo da consciência rural e a reflexão especializada de um alfabetizador; entretanto, a despeito desta conjunção, nada menos tropicalista do que o dito método. Por quê? Porque a oposição entre os seus termos não é insolúvel: pode haver alfabetização. Para a imagem tropicalista, pelo contrário, é essencial que a justaposição de antigo e novo — seja entre conteúdo e técnica, seja no interior do conteúdo — componha um *absurdo*, esteja em forma de aberração, a que se referem a melancolia e o humor deste estilo. Noutras palavras, para obter o seu efeito artístico e crítico o tropicalismo trabalha com a conjunção esdrúxula de arcaico e moderno que a contrarrevolução cristalizou, ou por outra ainda, com o *resultado* da anterior tentativa fracassada de modernização nacional. Houve um momento, pouco antes e pouco depois do golpe, em que ao menos para o cinema valia uma palavra de ordem cunhada por Glauber Rocha (que parece evoluir para longe dela): "Por uma estética da fome". A ela ligam-se alguns dos melhores filmes brasileiros, *Vidas secas*, *Deus e o diabo* e *Os fuzis* em particular. Reduzindo ao extremo, pode-se dizer que o impulso desta estética é revolucionário. O artista buscaria a sua força e modernidade na etapa presente da vida nacional, e guardaria quanta independência fosse possível em face do aparelho tecnológico e econômico, em última análise sempre orientado pelo inimigo. A direção tropicalista é inversa: registra, do ponto de vista da vanguarda e da moda internacionais, com seus pressupostos econômicos, como coisa aberrante, o atraso do país. No primeiro caso, a técnica é politicamente dimensionada. No segundo, o seu estágio internacional é o parâmetro aceito da infelicidade nacional: nós, os atualizados, os articulados com o circuito do capital, falhada a tentativa de modernização social feita de cima, reconhecemos que o absurdo é a alma do país e a nossa. A noção de uma "pobreza brasileira", que vitima igualmente a pobres e ricos — própria do tropicalismo —, resulta de uma generalização semelhante. Uns índios num descampado miserável, filmados em tecnicolor humorístico, uma cristaleira no meio da autoestrada asfaltada, uma festa grã-fina, afinal de contas provinciana —, em tudo estaria a mesma miséria. Esta noção de pobreza não é evidentemente a dos pobres, para quem falta de comida e de estilo não podem ser vexames equivalentes. Passemos entretanto à outra questão: qual o fundamento histórico da alegoria tropicalista? Respondendo, estaríamos explicando também o interesse verdadeiramente notável que estas imagens têm, que ressalta de modo ainda mais surpreendente se ocorre serem parte de uma obra medíocre. A coexistência do antigo e do novo é um fato geral (e sempre sugestivo) de todas as sociedades capitalistas e de muitas outras também. Entretanto, para os países colonizados e depois subdesenvolvidos, ela é central e tem força de emblema. Isto porque estes países foram incorporados ao mercado mundial — ao mundo moderno — na qualidade de econômica e socialmente atrasados, de fornecedores de matéria-prima e trabalho barato. A sua ligação ao novo se faz *através*, estruturalmente através de seu atraso social, que se reproduz em lugar de se extinguir.[5] Na composição insolúvel mas funcional dos dois termos, portanto, está figurado um destino nacional, que dura desde os inícios. Aliás, cultivando a *"latinoamericanidad"* — em que tenuemente ressoa o caráter continental da revolução —, o que no Brasil de fala portuguesa é raríssimo, os tropicalistas mostram que têm consciência do alcance de seu estilo. De fato, uma vez assimilado este seu modo de ver, o conjunto da América Latina *é* tropicalista. Por outro lado, a generalidade deste esquema é tal que abraça todos os países do continente em todas as suas etapas históricas — o que poderia parecer um defeito. O que dirá do Brasil de 1964 uma fórmula igualmente aplicável, por exemplo, ao século XIX argentino? Contudo, porque o tropicalismo é *alegórico*, a falta de especificação não lhe é fatal (seria, num estilo simbólico). Se no símbolo, esquematicamente, forma e conteúdo são indissociáveis, se o símbolo é "aparição sensível" e por assim dizer natural da ideia, na alegoria a relação entre a ideia e as imagens que devem suscitá-la é externa e do domínio da convenção. Significando uma ideia abstrata com que nada têm a ver, os elementos de uma alegoria não são transfigurados artisticamente: persistem na sua materialidade documental, são como que escolhos da história real, que é a sua profundidade.[6] Assim, é justamente no esforço de encontrar matéria sugestiva e *datada* — com a qual alegorizam a "ideia" intemporal de Brasil — que os tropicalistas têm o seu melhor resultado. Daí o caráter de inventário que têm filmes, peças e canções tropicalistas, que apresentam quanta matéria possam para que esta sofra o processo de ativação alegórica. Produzido o anacronismo — com seu efeito convencionalizado, de que isto seja Brasil —, os ready-mades do mundo patriarcal e do consumo imbecil põem-se a significar por conta própria, em estado indecoroso, não estetizado, sugerindo infinitamente as suas histórias abafadas, frustradas, que não chegaremos a conhecer. A imagem tropicalista encerra o passado na forma de males ativos ou ressuscitáveis, e sugere que são nosso destino, razão pela qual não cansamos de olhá-la. Creio que este esquema vigora mesmo quando a imagem é cômica à primeira vista.[7]

Comentando algumas casas posteriores a 1964, construídas por arquitetos avançados, um crítico observou que eram ruins de morar porque a sua matéria, principalmente o concreto aparente, era muito bruta, e porque o espaço estava excessivamente retalhado e racionalizado, sem proporção com as finalidades de uma casa particular. Nesta desproporção, entretanto, estariam a sua honestidade cultural, o seu testemunho histórico. Durante os anos desenvolvimentistas, ligada a Brasília e às esperanças do socialismo, havia maturado a consciência do sentido coletivista da produção arquitetônica. Ora, para quem pensara na construção racional e barata, em grande escala, no interior de um movimento de democratização nacional, para quem pensara no labirinto das implicações econômico-políticas entre tecnologia e imperialismo, o projeto para uma casa burguesa é inevitavelmente um anticlímax.[8] Cortada a perspectiva política da arquitetura, restava entretanto a formação intelectual que ela dera aos arquitetos, que iriam torturar o espaço, sobrecarregar de intenções e experimentos as casinhas que os amigos recém-casados, com algum dinheiro, às vezes lhes encomendavam. Fora de seu contexto adequado, realizando-se em esfera restrita e na forma de mercadoria, o racionalismo arquitetônico transforma-se em ostentação de bom gosto — incompatível com a sua direção profunda — ou em símbolo moralista e inconfortável da revolução que não houve. Este esquema, aliás, com mil variações embora, pode-se generalizar para o período. O processo cultural, que vinha extravasando as fronteiras de classe e o critério mercantil, foi represado em 1964. As soluções formais, frustrado o contato com os explorados, para o qual se orientavam, foram usadas em situação e para um público a que não se destinavam, mudando de sentido. De revolucionárias passaram a símbolo vendável da revolução. Foram triunfalmente acolhidas pelos estudantes e pelo público artístico em geral. As formas políticas, a sua atitude mais grossa, engraçada e didática, cheias do óbvio materialista que antes fora de mau tom, transformavam-se em símbolo *moral* da política, e era este o seu conteúdo forte. O gesto didático, apesar de muitas vezes simplório e não ensinando nada além do evidente à sua plateia culta — que existe o imperialismo, que a justiça é de classe —, vibrava como *exemplo*, valorizava o que à cultura confinada não era permitido: o contato político com o povo. Formava-se assim um comércio ambíguo, que de um lado vendia indulgências afetivo-políticas à classe média, mas do outro consolidava a atmosfera ideológica de que falamos no início. A infinita repetição de argumentos conhecidos de todos — nada mais redundante, à primeira vista, que o teatro logo em seguida ao golpe — não era redundante: ensinava que as pessoas continuavam lá e não haviam mudado de opinião, que com jeito se poderia dizer muita coisa, que era possível correr um risco. Nestes espetáculos, a que não comparecia a sombra de um operário, a inteligência identificava-se com os oprimidos e reafirmava-se em dívida com eles, em quem via a sua esperança. Davam-se combates imaginários e vibrantes à desigualdade, à ditadura e aos Estados Unidos. Firmava-se a convicção de que vivo e poético, hoje, é o combate ao capital e ao imperialismo. Daí a importância dos gêneros públicos, de teatro, afiches, música popular, cinema e jornalismo, que transformavam este clima em comício e festa, enquanto a literatura propriamente saía do primeiro plano. Os próprios poetas sentiam assim. Num debate público recente, um acusava outro de não ter um verso capaz de levá-lo à cadeia. Esta procuração revolucionária que a cultura passava a si mesma e sustentou por algum tempo não ia naturalmente sem contradições. Algumas podem ser vistas na evolução teatral do período.

A primeira resposta do teatro ao golpe foi musical, o que já era um achado. No Rio de Janeiro, Augusto Boal — diretor do Teatro de Arena de São Paulo, o grupo que mais metódica e prontamente se reformulou — montava o show *Opinião*. Os cantores, dois de origem humilde e uma estudante de Copacabana, entremeavam a história de sua vida com canções que calhassem bem. Neste enredo, a música resultava principalmente como resumo, autêntico, de uma experiência social, como a *opinião* que todo cidadão tem o direito de formar e cantar, mesmo que a ditadura não queira. Identificavam-se assim para efeito ideológico a música popular — que é com o futebol a manifestação chegada ao coração brasileiro — e a democracia, o povo e a autenticidade, contra o regime dos militares. O sucesso foi retumbante. De maneira menos inventiva o mesmo esquema liberal, de resistência à ditadura, servia a outro grande sucesso, *Liberdade, liberdade*, no qual era apresentada uma antologia ocidental de textos libertários, de vi a.C. a xx d.C. Apesar do tom quase cívico destes dois espetáculos, de conclamação e encorajamento, era inevitável um certo mal-estar estético e político diante do total acordo que se produzia entre palco e plateia. A cena não estava adiante do público. Nenhum elemento da crítica ao populismo fora absorvido. A confirmação recíproca e o entusiasmo podiam ser importantes e oportunos então, entretanto era verdade também que a esquerda vinha de uma derrota, o que dava um traço indevido de complacência ao delírio do aplauso. Se o povo é corajoso e inteligente, por que saiu batido? E se foi batido, por que tanta congratulação? Como veremos, a falta de resposta política a esta questão viria a transformar-se em limite estético do Teatro de Arena. Redundante neste ponto, *Opinião* era novo noutros aspectos. Seu público era muito mais estudantil que o costumeiro, talvez por causa da música, e portanto mais politizado e inteligente. Daí em diante, graças também ao contato organizado com os grêmios escolares, esta passou a ser a composição normal da plateia do teatro de vanguarda. Em consequência, aumentou o fundo comum de cultura entre palco e espectadores, o que permitia alusividade e agilidade, principalmente em política, antes desconhecidas. Se em meio à suja tirada de um vilão repontavam as frases do último discurso presidencial, o teatro vinha abaixo de prazer. Essa cumplicidade tem, é certo, um lado fácil e tautológico; mas cria o espaço teatral — que no Brasil o teatro comercial não havia conhecido — para o argumento ativo, livre de literatice. De modo geral aliás, o conteúdo principal deste movimento terá sido uma transformação de forma, a alteração do lugar social do palco. Em continuidade com o teatro de agitação da fase Goulart, a cena e com ela a língua e a cultura foram despidas de sua elevação "essencial", cujo aspecto ideológico, de ornamento das classes dominantes, estava a nu. Subitamente, o bom teatro, que durante anos discutira em português de escola o adultério, a liberdade, a angústia, parecia recuado de uma era. Estava feita uma espécie de revolução brechtiana, a que os ativistas da direita, no intuito de restaurar a dignidade das artes, responderam arrebentando cenários e equipamentos, espancando atrizes e atores. Sem espaço ritual, mas com imaginação — e também sem grande tradição de métier e sem atores velhos —, o teatro estava próximo dos estudantes; não havia abismo de idade, modo de viver ou formação que os separasse. Por sua vez, o movimento estudantil vivia o seu momento áureo, de vanguarda política do país. Esta combinação entre a cena "rebaixada" e um público ativista deu momentos teatrais extraordinários, e repunha na ordem do dia as questões do didatismo. Em lugar de oferecer aos estudantes a profundidade insondável de um texto belo ou de um grande ator, o teatro oferecia-lhes uma coleção de argumentos e comportamentos bem pensados, para imitação, crítica ou rejeição. A distância entre o especialista e o leigo diminuíra muito. Digredindo, é um exemplo de que a democratização, em arte, não passa por barateamento algum, nem pela inscrição das massas numa escola de arte dramática; passa por transformações sociais e de critério, que não deixam intocados os termos iniciais do problema. Voltando: nalguma parte Brecht recomenda aos atores que recolham e analisem os melhores gestos com que acaso deparem, para aperfeiçoá-los e devolvê-los ao povo, de onde vieram. A premissa deste argumento, em que arte e vida estão conciliadas, é que o gesto exista no palco *assim como* fora dele, que a razão de seu acerto não esteja somente na forma teatral que o sustenta. O que é bom na vida aviva o palco e vice-versa. Ora, se a forma artística deixa de ser o nervo exclusivo do conjunto, é que ela aceita os efeitos da estrutura social (ou de um movimento) — a que não mais se opõe no essencial — como equivalentes aos seus. Em consequência, há distensão formal, e a obra entra em acordo com o seu público; poderia diverti-lo e educá-lo, em lugar de desmenti-lo todo o tempo. Estas especulações, que derivam do idílio que Brecht imaginara para o teatro socialista na República Democrática Alemã, dão uma ideia do que se passava no Teatro de Arena, onde a conciliação era viabilizada pelo movimento estudantil ascendente. A pesquisa do que seja atraente, vigoroso e divertido, ou desprezível — para uso da nova geração — fez a simpatia extraordinária dos espetáculos do Arena desta fase. *Zumbi*, um musical em que se narra uma fuga e rebelião de escravos, é um bom exemplo. Não sendo cantores nem dançarinos, os atores tiveram que desenvolver uma dança e um canto ao alcance prático do leigo, que entretanto tivessem graça e interesse. Ao mesmo tempo impedia-se que as soluções encontradas aderissem ao amálgama singular de ator e personagem: cada personagem era feita por muitos atores, cada ator fazia muitas personagens, além do que a personagem principal era o coletivo. Assim, para que se pudessem retomar, para que o ator pudesse ora ser protagonista, ora massa, as caracterizações eram inteiramente objetivadas, isto é, socializadas, *imitáveis*. Os gestos poderiam ser postos e tirados, como um chapéu, e portanto adquiridos. O espetáculo era verdadeira pesquisa e oferenda das maneiras mais sedutoras de rolar e embolar no chão, de erguer um braço, de levantar depressa, de chamar, de mostrar decisão, mas também das maneiras mais ordinárias que têm as classes dominantes de mentir, de mandar em seus empregados ou de assinalar, mediante um movimento peculiar da bunda, a sua importância social. Entretanto, no centro de sua relação com o público — o que só lhe acrescentou o sucesso — *Zumbi* repetia a tautologia de *Opinião*: a esquerda derrotada triunfava sem crítica, numa sala repleta, como se a derrota não fosse um defeito. *Opinião* produzira a unanimidade da plateia através da aliança simbólica entre música e povo, contra o regime. *Zumbi* tinha esquema análogo, embora mais complexo. À oposição entre escravos e senhores portugueses, exposta em cena, correspondia outra, constantemente sugerida, entre o povo brasileiro e a ditadura pró-imperialista. Este truque expositivo, que tem a sua graça própria, pois permite falar em público do que é proibido, combinava um antagonismo que hoje é apenas moral — a questão escrava — a um antagonismo político, e capitalizava para o segundo o entusiasmo descontraído que resulta do primeiro. Mais precisamente, o movimento ia nos dois sentidos, que têm valor desigual. Uma vez, a revolta escrava era referida à ditadura; outra, a ditadura era reencontrada na repressão àquela. Num caso o enredo é artifício para tratar de nosso tempo. A linguagem necessariamente oblíqua tem o valor de sua astúcia, que é política. Sua inadequação é a forma de uma resposta adequada à realidade policial. E a leviandade com que é tratado o material histórico — os anacronismos pululam — é uma virtude estética, pois assinala alegremente o procedimento usado e o assunto real em cena. No segundo caso, a luta entre escravos e senhores portugueses *seria, já,* a luta do povo contra o imperialismo. Em consequência apagam-se as distinções históricas — as quais não tinham importância se o escravo é artifício, mas têm agora, se ele é origem — e valoriza-se a inevitável banalidade do lugar-comum: o direito dos oprimidos, a crueldade dos opressores; depois de 1964, como ao tempo de Zumbi (século XVII), busca-se no Brasil a liberdade. Ora, o vago de tal perspectiva pesa sobre a linguagem, cênica e verbal, que resulta sem nervo político, orientada pela reação imediata e humanitária (não política portanto) diante do sofrimento. Onde Boal brinca de esconde-esconde, há política; onde faz política, há exortação. O resultado artístico do primeiro movimento é bom, o do segundo é ruim. Sua expressão formal acabada, esta dualidade vai encontrá-la no trabalho seguinte do Arena, o *Tiradentes*. Teorizando a respeito, Boal observava que o teatro hoje tanto deve criticar como entusiasmar. Em consequência, opera com o distanciamento e a identificação, com Brecht e Stanislavski. A oposição entre os dois, que na polêmica brechtiana tivera significado histórico e marcava a linha entre ideologia e teatro válido, é reduzida a uma questão de oportunidade dos estilos.[9] De fato, em *Tiradentes* a personagem principal — o mártir da independência brasileira, homem de origem humilde — é apresentada através de uma espécie de gigantismo naturalista, uma encarnação mítica do desejo de libertação nacional. Em contraste, as demais personagens, tanto seus companheiros de conspiração, homens de boa situação e pouco decididos, quanto os inimigos, são apresentadas com distanciamento humorístico, à maneira de Brecht. A intenção é de produzir uma imagem crítica das classes dominantes, e outra, essa empolgante, do homem que dá sua vida pela causa. O resultado entretanto é duvidoso: os abastados calculam politicamente, têm noção de seus interesses materiais, sua capacidade epigramática é formidável e sua presença em cena é bom teatro; já o mártir corre desvairadamente em pós a liberdade, é desinteressado, um verdadeiro idealista cansativo, com rendimento teatral menor. O método brechtiano, em que a inteligência tem um papel grande, é aplicado aos inimigos do revolucionário; a este vai caber o método menos inteligente, o do entusiasmo. Politicamente, este impasse formal me parece corresponder a um momento ainda incompleto da crítica ao populismo. Qual a composição social e de interesses do movimento popular? Esta é a pergunta a que o populismo responde mal. Porque a composição das massas não é homogênea, parece-lhe que mais vale uni-las pelo entusiasmo que separá-las pela análise crítica de seus interesses. Entretanto, somente através desta crítica surgiriam os verdadeiros temas do teatro político: as alianças e os problemas de organização, que deslocam noções como sinceridade e entusiasmo para fora do campo do universalismo burguês. Por outro lado, isto não quer dizer que chegando a estes assuntos o teatro vá melhorar. Talvez nem seja possível encená-lo. É verdade também que os melhores momentos do Arena estiveram ligados à sua limitação ideológica, à simpatia incondicional pelo seu público jovem, cujo senso de justiça, cuja impaciência, que têm certamente valor político, fizeram indevidamente as vezes de interesse revolucionário puro e simples. Em fim de contas, é um desencontro comum em matéria artística: a experiência social empurra o artista para as formulações mais radicais e justas, que se tornam por assim dizer obrigatórias, sem que daí lhes venha, como a honra ao mérito, a primazia qualitativa.[10] Mas não procurá-las conduz à banalização.

Também à esquerda, mas nos antípodas do Arena, e ambíguo até a raiz do cabelo, desenvolvia-se o Teatro Oficina, dirigido por José Celso Martinez Corrêa. Se o Arena herdara da fase Goulart o impulso formal, o interesse pela luta de classes, pela revolução, e uma certa limitação populista, o Oficina ergueu-se a partir da experiência interior da desagregação burguesa em 1964. Em seu palco esta desagregação repete-se ritualmente, em forma de ofensa. Os seus espetáculos fizeram história, escândalo e enorme sucesso em São Paulo e no Rio, onde foram os mais marcantes dos últimos anos. Ligavam-se ao público pela brutalização, e não como o Arena, pela simpatia; e seu recurso principal é o choque profanador, e não o didatismo. A oposição no interior do teatro engajado não podia ser mais completa. Sumariamente, José Celso argumentaria da forma seguinte: se em 1964 a pequena burguesia ficou com a direita ou não resistiu, enquanto a grande se aliava ao imperialismo, todo consentimento entre palco e plateia é um erro ideológico e estético.[11] É preciso massacrá-la. Ela, por outro lado, gosta de ser massacrada ou ver massacrar, e assegura ao Oficina o mais notável êxito comercial. É o problema deste teatro. Para compreendê-lo, convém lembrar que nesse mesmo tempo se discutiu muito a perspectiva do movimento estudantil: seria determinada por sua origem social, pequeno-burguesa, ou representa uma função social peculiar — em crise — com interesses mais radicais? O Arena adota esta segunda resposta, em que funda a sua relação política e positiva com a plateia; em decorrência, os seus problemas são novos, antecipando sobre o teatro numa sociedade revolucionária; mas têm também um traço de voto pio, pois o suporte real desta experiência são os consumidores que estão na sala, pagando e rindo, em plena ditadura. O Oficina, que adotou na prática a primeira resposta, põe sinal negativo diante da plateia em bloco, sem distinções. Paradoxalmente, o seu êxito entre os estudantes, em especial entre aqueles a que o resíduo populista do Arena irritava, foi muito grande; estes não se identificavam com a plateia, mas com o agressor. De fato, a hostilidade do Oficina era uma resposta radical, mais radical que a outra, à derrota de 1964; mas não era uma resposta política. Em consequência, apesar da agressividade, o seu palco representa um passo atrás: é moral e interior à burguesia, reatou com a tradição pré-brechtiana, cujo espaço dramático é a consciência moral das classes dominantes. Dentro do recuo, entretanto, houve evolução, mesmo porque historicamente a repetição não existe: a crise burguesa, depois do banho de marxismo que a intelectualidade tomara, perdeu todo crédito, e é repetida como uma espécie de ritual abjeto, destinado a tirar ao público o gosto de viver. Cristalizou-se o sentido moral que teria, para a faixa de classe média tocada pelo socialismo, a reconversão ao horizonte burguês. Entre parênteses, esta crise tem já sua estabilidade e alberga uma população considerável de instalados. Voltando, porém: com violência desconhecida — mas autorizada pela moda cênica internacional, pelo prestígio da chamada desagregação da cultura europeia, o que exemplifica as contradições do imperialismo neste campo — o Oficina atacava as ideias e imagens usuais da classe média, os seus instintos e sua pessoa física. O espectador da primeira fila era agarrado e sacudido pelos atores, que insistem para que ele "compre!". No corredor do teatro, a poucos centímetros do nariz do público, as atrizes disputam, estraçalham e comem um pedaço de fígado cru, que simboliza o coração de um cantor milionário da TV, que acaba de morrer. A pura noiva do cantor, depois de prostituir-se, é coroada rainha do rádio e da televisão; a sua figura, de manto e coroa, é a da Virgem etc. Auxiliado pelos efeitos de luz, o clima destas cenas é de revelação, e o silêncio na sala é absoluto. Por outro lado, é claro também o elaborado mau gosto, evidentemente intencional, de pasquim, destas construções "terríveis". Terríveis ou "terríveis"? Indignação moral ou imitação maligna? Imitação e indignação, levadas ao extremo, transformam-se uma na outra, uma guinada de grande efeito teatral, em que se encerra e expõe com força artística uma posição política. A plateia, por sua vez, choca-se três, quatro, cinco vezes com a operação, e em seguida fica deslumbrada, pois não esperava tanto virtuosismo onde supusera uma crise. Este jogo, em que a última palavra é sempre do palco, esta corrida no interior de um círculo de posições insustentáveis, é talvez a experiência principal proporcionada pelo Oficina. De maneira variada, ela se repete e deve ser analisada. Nos exemplos que dei, combinam-se dois elementos de alcance e lógica artística diferentes. Tematicamente são imagens de um naturalismo de choque, caricato e moralista: dinheiro, sexo e nada mais. Estão ligadas contudo a uma ação direta sobre o público. Este segundo elemento não se esgota na intenção explícita com que foi usado, de romper a carapaça da plateia, para que a crítica a possa atingir efetivamente. Seu alcance cultural é muito maior e difícil de medir por enquanto. Tocando o espectador, os atores não desrespeitam somente a linha entre palco e plateia, como também a distância física que é de regra entre estranhos, e sem a qual não subsiste a nossa noção de individualidade. A colossal excitação e o mal-estar que se apossam da sala vêm, aqui, do risco de generalização: e se todos se tocassem? Também nos outros dois exemplos violam-se tabus. Por sua lógica, a qual vem sendo desenvolvida, ao que parece, pelo Living Theater, estes experimentos seriam *libertários* e fazem parte de um movimento novo, em que imaginação e prática, iniciativa artística e reação do público estão consteladas de maneira também nova. No Oficina, contudo, são usados como *insulto*. O espectador é tocado para que mostre o seu medo, não seu desejo. É fixada a sua fraqueza, e não o seu impulso. Se acaso não ficar intimidado e tocar uma atriz, por sua vez, causa desarranjo na cena, que não está preparada para isto. Ao que pude observar, passa-se o seguinte: parte da plateia identifica-se ao agressor, às expensas do agredido. Se alguém, depois de agarrado, sai da sala, a satisfação dos que ficam é enorme. A dessolidarização diante do massacre, a deslealdade criada no interior da plateia são absolutas, e repetem o movimento iniciado pelo palco. Origina-se uma espécie de competição, uma espiral de dureza em face dos choques sempre renovados, em que a própria intenção política e libertária que um choque possa ter se perde e se inverte. As situações não valem por si, mas como parte de uma prova geral de força, cujo ideal está na capacidade indefinida de se desidentificar e de identificar-se ao agressor coletivo. É disto que se trata, mais talvez que da superação de preconceitos. Por seu conteúdo, este movimento é desmoralizante ao extremo; mas como estamos no teatro, ele é também imagem, donde a sua força crítica. O que nele se figura, critica e exercita é o cinismo da cultura burguesa diante de si mesma. Sua base formal, aqui, é a sistematização do choque, o qual de recurso passou a princípio construtivo. Ora, a despeito e por causa de sua intenção predatória, o choque sistematizado tem compromisso essencial com a ordem estabelecida na cabeça de seu público, o que é justamente o seu paradoxo como forma artística. Não tem linguagem própria, tem que emprestá-la sempre de sua vítima, cuja estupidez é a carga de explosivo com que ele opera. Como forma, no caso, o choque responde à desesperada necessidade de agir, de agir diretamente sobre o público; é uma espécie de tiro cultural. Em consequência, os seus problemas são do domínio da manipulação psicológica, da eficácia — a comunicação é procurada, como na publicidade, pela titilação de molas secretas —, problemas que não são artísticos *no essencial*. Quem quer chocar não fala ao vento, a quem entretanto todo artista fala um pouco. E quem faz política não quer chocar... Em suma, a distância entre palco e plateia está franqueada, mas numa só direção. Esta desigualdade, que é uma deslealdade mais ou menos consentida, não mais corresponde a qualquer prestígio absoluto de teatro e cultura, nem por outro lado a uma relação propriamente política. Instalando-se no descampado que é hoje a ideologia burguesa, o Oficina inventa e explora jogos apropriados ao terreno, torna habitável, nauseabundo e divertido o espaço do niilismo pós-1964. Como então afirmar que este teatro conta à esquerda? É conhecido o "pessimismo de olé" da República de Weimar, o *Jucheepessimismus*, que ao enterrar o liberalismo teria prenunciado e favorecido o fascismo. Hoje, dado o panorama mundial, a situação talvez esteja invertida. Ao menos entre intelectuais, em terra de liberalismo calcinado parece que nasce ou nada ou vegetação de esquerda. O Oficina foi certamente parte nesta campanha pela terra arrasada.

Em seu conjunto, o movimento cultural destes anos é uma espécie de floração tardia, o fruto de dois decênios de democratização, que veio amadurecer agora, em plena ditadura, quando as suas condições sociais já não existem, contemporâneo dos primeiros ensaios de luta armada no país. À direita cumpre a tarefa inglória de lhe cortar a cabeça: os seus melhores cantores e músicos estiveram presos e estão no exílio, os cineastas brasileiros filmam na Europa e na África, professores e cientistas vão embora, quando não vão para a cadeia. Mas também à esquerda a sua situação é complicada, pois, se é próprio do movimento cultural contestar o poder, não tem como tomá-lo. De que serve a hegemonia ideológica se não se traduz em força física imediata? Ainda mais agora, quando é violentíssima a repressão tombando sobre os militantes. Se acrescentarmos a enorme difusão da ideologia guerreira e voluntarista, começada com a guerrilha boliviana, compreende-se que seja baixo o prestígio da escrivaninha. Pressionada pela direita e pela esquerda, a intelectualidade entra em crise aguda. O tema dos romances e filmes políticos do período é, justamente, a conversão do intelectual à militância.[12] Se a sua atividade, tal como historicamente se definiu no país, não é mais possível, o que lhe resta senão passar à luta diretamente política? Nos meses que se passaram entre as primeiras linhas deste panorama e a sua conclusão, o expurgo universitário prosseguiu, e foi criada a censura prévia de livros, a fim de obstar à pornografia. A primeira publicação enquadrada foi a última em que ainda se manifestava, muito seletiva e dubiamente, o espírito crítico no país: o semanário *O Pasquim*.[13] Noutras palavras, a impregnação política e nacional da cultura, que é uma parte grande da sua importância, deverá ceder o passo a outras orientações. Em consequência, ouve-se dizer que a universidade acabou, cinema e teatro idem, fala-se em demissão coletiva de professores etc. Estas expressões, que atestam a coerência pessoal de quem as utiliza, contêm um erro de fato: as ditas instituições continuam, embora muito controladas. E mais, é pouco provável que por agora o governo consiga transformá--las substancialmente. O que a cada desaperto policial se viu, em escala nacional, de 1964 até agora, foi a maré fantástica da insatisfação popular; calado à força, o país está igual, onde Goulart o deixara, agitável como nunca. A mesma permanência talvez valha para a cultura, cujas molas profundas são difíceis de trocar. De fato, a curto prazo a opressão policial nada pode além de paralisar, pois não se fabrica um passado novo de um dia para o outro. Que chance têm os militares de tornar ideologicamente ativas as suas posições? Os pró-americanos, que estão no poder, nenhuma; a subordinação não inspira o canto, e mesmo se conseguem dar uma solução de momento à economia, é ao preço de não transformarem o país socialmente; nestas condições, de miséria numerosa e visível, a ideologia do consumo será sempre um escárnio. A incógnita estaria com os militares nacionalistas, que, para fazerem frente aos Estados Unidos, teriam que levar a cabo alguma reforma que lhes desse apoio popular, como no Peru. É onde aposta o PC. Por outro lado, os militares peruanos parecem não apreciar o movimento de massas... Existe contudo uma presença cultural mais simples, de efeito ideológico imediato, que é a presença física. É um fato social talvez importante que os militares estejam entrando em massa para a vida civil, ocupando cargos na administração pública e privada. Na província começam a entrar também para o ensino universitário, em disciplinas técnicas. Esta presença difusa dos representantes da ordem altera o clima cotidiano da reflexão. Onde anteriormente o intelectual conversava e pensava durante anos, sem sofrer o confronto da autoridade, a qual só de raro em raro o tornava responsável por sua opinião, e só a partir de seus efeitos, hoje é provável que um de seus colegas seja militar. A longo prazo esta situação leva os problemas da vida civil para dentro das Forças Armadas. De imediato, porém, traz a autoridade destas para dentro do dia a dia. Nestas circunstâncias, uma fração da intelectualidade contrária à ditadura, ao imperialismo e ao capital vai dedicar-se à revolução, e a parte restante, sem mudar de opinião, fecha a boca, trabalha, luta em esfera restrita e espera por tempos melhores. Naturalmente há defecções, como em abril de 1964, quando o empuxo teórico do golpe levou um batalhão de marxistas acadêmicos a converter-se ao estruturalismo. Um caso interessante de adesão artística à ditadura é o de Nelson Rodrigues, um dramaturgo de grande reputação. Desde meados de 1968 este escritor escreve diariamente uma crônica em dois grandes jornais de São Paulo e do Rio, em que ataca o clero avançado, o movimento estudantil e a intelectualidade de esquerda. Vale a pena mencioná-lo, pois, tendo recursos literários e uma certa audácia moral, paga integral e explicitamente — em abjeção — o preço que hoje o capital cobra de seus lacaios literários. Quando começou a série, é fato que produzia suspense na cidade: qual a canalhice que Nelson Rodrigues teria inventado para esta tarde? Seu recurso principal é a estilização da calúnia. Por exemplo, vai à meia-noite a um terreno baldio, ao encontro de uma cabra e de um padre de esquerda, o qual nesta oportunidade lhe revela as razões verdadeiras e inconfessáveis de sua participação política; e conta-lhe também que d. Helder suporta mal o inalcançável prestígio de Cristo. Noutra crônica, afirma de um conhecido adversário católico da ditadura que não pode tirar o sapato. Por quê? Porque apareceria o seu pé de cabra etc. A finalidade cafajeste da fabulação não é escondida, pelo contrário, é nela que está a comicidade do recurso. Entretanto, se é transformada em método e voltada sempre contra os mesmos adversários — contra os quais a polícia também investe —, a imaginação abertamente mentirosa e mal-intencionada deixa de ser uma blague e opera a liquidação, o suicídio da literatura: como ninguém acredita nas razões da direita, mesmo estando com ela, é desnecessário argumentar e convencer. Há uma certa adequação formal, há verdade sociológica nesta malversação de recursos literários: ela registra, com vivacidade, o vale-tudo em que entrou a ordem burguesa no Brasil.

Falamos longamente da cultura brasileira. Entretanto, com regularidade e amplitude, ela não atingirá 50 mil pessoas, num país de 90 milhões. É certo que não lhe cabe a culpa do imperialismo e da sociedade de classes. Contudo, sendo uma linguagem exclusiva, é certo também que, sob este aspecto ao menos, contribui para a consolidação do privilégio. Por razões históricas, de que tentamos um esboço, ela chegou a refletir a situação dos que ela exclui e tomou o seu partido. Tornou-se um abcesso no interior das classes dominantes. É claro que na base de sua audácia estava a sua impunidade. Não obstante, houve audácia, a qual, convergindo com a movimentação populista num momento, e com a resistência popular à ditadura noutro, produziu a cristalização de uma nova concepção do país. Agora, quando o Estado burguês — que nem o analfabetismo conseguiu reduzir, que não organizou escolas passáveis, que não generalizou o acesso à cultura, que impediu o contato entre os vários setores da população — cancela as próprias liberdades civis, que são o elemento vital de sua cultura, esta vê nas forças que tentam derrubá-lo a sua esperança. Em decorrência, a produção cultural submete-se ao infravermelho da luta de classes, cujo resultado não é lisonjeiro. A cultura é aliada natural da revolução, mas esta não será feita para ela e muito menos para os intelectuais. É feita, primariamente, a fim de expropriar os meios de produção e garantir trabalho e sobrevivência digna aos milhões e milhões de homens que vivem na miséria. Que interesse terá a revolução nos intelectuais de esquerda, que eram muito mais anticapitalistas de elite que propriamente socialistas? Deverão transformar-se, reformular as suas razões, que entretanto haviam feito deles aliados dela. A história não é uma velhinha benigna. Uma figura tradicional da literatura brasileira deste século é o "fazendeiro do ar":[14] o homem que vem da propriedade rural para a cidade, onde recorda, analisa e critica, em prosa e verso, o contato com a terra, com a família, com a tradição e com o povo, que o latifúndio lhe possibilitara. É a literatura da decadência rural. Em *Quarup*, o romance ideologicamente mais representativo para a intelectualidade de esquerda recente, o itinerário é o oposto: um intelectual, no caso um padre, viaja geográfica e socialmente o país, despe-se de sua profissão e posição social, à procura do povo, em cuja luta irá se integrar — com sabedoria literária — num capítulo posterior ao último do livro.

Cuidado com as ideologias alienígenas

(RESPOSTAS A *MOVIMENTO*)

Na sua opinião, qual a importância do influxo externo nos rumos da vida ideológica do Brasil?
A importância foi e é enorme. Mas antes de mais nada esta questão precisa ser vista sem primarismo. Nem tudo que é nacional é bom, nem tudo que é estrangeiro é ruim, o que é estrangeiro pode servir de revelador do nacional, e o nacional pode servir de cobertura às piores dependências. Assim, por exemplo, nada mais aberto às influências estrangeiras do que o Modernismo de 1922, que entretanto transformou a nossa realidade popular em elemento ativo da cultura brasileira. Enquanto isto, o nacionalismo programático se enterrava no pitoresco, e muito sem querer assumia como "autênticos" os aspectos que decorriam de nossa condição de república bananeira.

Isso posto, a resposta é diferente nas diferentes esferas da cultura. Algum tempo atrás tive o prazer de discutir o assunto com Maria Sylvia de Carvalho Franco. Na opinião dela, a noção de influxo externo é superficial e idealista, pois ideias não viajam, a não ser na cabeça de quem acredite no "difusionismo" (uma teoria antropológica que dá muita importância ao processo da difusão cultural). Ideias, segundo Maria Sylvia, se produzem socialmente. De minha parte, não vou dizer que não, mas continuo achando que elas viajam. No que interessa à literatura brasileira do século XIX, acho até que viajavam de barco. Vinham da Europa de quinze em quinze dias, no paquete, em forma de livros, revistas e jornais, e o pessoal ia ao porto esperar. Quem lida com história literária — ou, para dar outro exemplo, com história da tecnologia — não pode fugir à noção do influxo externo, pois são domínios em que a história do Brasil se apresenta em permanência sob o aspecto do atraso e da atualização.

É certo que atraso e atualização têm causas internas, mas é certo também que as formas e técnicas — literárias e outras — que se adotam nos momentos de modernização foram criadas a partir de condições sociais muito diversas das nossas, e que a sua importação produz um desajuste que é um traço constante de nossa civilização. Em perspectiva nacional, esse desajuste é a marca do atraso. Em perspectiva mundial, ele é um efeito do desenvolvimento desigual e combinado do capitalismo, de que revela aspectos essenciais, donde o seu significado "universal". Noutras palavras, não inventamos o Romantismo, o Naturalismo, o Modernismo ou a indústria automobilística, o que não nos impediu de os adotar. Mas não bastava adotá-los para reproduzir a estrutura social de seus países de origem. Assim, sem perda de sua feição original, escolas literárias, científicas e Volkswagens exprimiram aspirações locais, cuja dinâmica entretanto era outra. Daí uma relação oblíqua, o já citado desajuste, que aliás é um problema específico para quem estuda a literatura de países subdesenvolvidos. São necessários ouvido e senso da realidade para perceber as diferenças e sobretudo para interpretá-las. Por exemplo, Araripe Jr. observa que o nosso Naturalismo não era pessimista como o europeu; Antonio Candido nota que os primeiros baudelairianos brasileiros eram rapazes saudáveis, rebelados contra a hipocrisia dos costumes sexuais, e Oswald e os tropicalistas puseram o dito desajuste no centro de sua técnica artística e de sua concepção do Brasil. São problemas para encarar sem preconceito: em certo plano, é claro que o desajuste é uma inferioridade e que a relativa organicidade da cultura europeia é um ideal. Mas não impede noutro plano que as formas culturais de que nos apropriamos de maneira mais ou menos inadequada possam ser negativas também em seu terreno de origem, e também que, sendo negativas lá, sejam positivas aqui, na sua forma desajustada. É questão de analisar caso por caso. Assim, não tem dúvida que as ideologias são produzidas socialmente, o que não as impede de viajar e de ser encampadas em contextos que têm muito ou pouco a ver com a sua matriz original. Para chegar aos nossos dias, veja-se o estruturalismo, cuja causa filosófica "interna" foi 1964, que pôs fora de moda o marxismo, o qual por sua vez também é uma ideologia "exótica", como gostam de dizer as pessoas de direita, naturalmente convencidas da origem autóctone do "fascio". E quem garante que ao se naturalizarem no Brasil estas teorias não tenham elas também mudado um pouco de rumo? É um assunto interessante, para quem gosta de mexer em vespeiro. Estudando "A nova geração" (1879), Machado de Assis dizia que "o influxo externo é que determina a direção do movimento; não há por ora no nosso ambiente a força necessária à invenção de doutrinas novas". Noutras palavras, o país é novo, e o influxo externo contribui para o atualizar e civilizar. Muitos anos antes, a propósito do projeto para uma história do Brasil com que o alemão Von Martius ganhara o prêmio do Instituto Histórico, escrevia um anônimo no *Ostensor Brasileiro* (1846): "A Europa, que nos manda nosso algodão fiado e tecido [...] manda-nos até indicar a melhor maneira de escrever a história do Brasil" (devo a citação a Luiz Felipe de Alencastro). Era o nexo entre a exploração econômica (exportação de matéria-prima e importação de manufaturados) e a subordinação ideológica que madrugava. Noutras palavras, o influxo externo indica relações desiguais e tem dimensão política. Do ponto de vista de nossas elites, as duas apreciações estão certas, comportando um impasse. O influxo externo é indispensável ao progresso, ao mesmo tempo que nos subordina e impede de progredir. São contradições do subdesenvolvimento: o país é capitalista, e obrigatoriamente se mede pelo metro do progresso capitalista, mas este progresso não está ao seu alcance, pois a divisão internacional do trabalho lhe atribui outro papel, um papel que à luz deste mesmo progressismo parece inadmissível.

Por outro lado, retomando o nosso fio, a documentação básica da pesquisa de Maria Sylvia são processos-crime de Guaratinguetá no século XIX, um material ligado ao aspecto mais estático da sociedade brasileira (o homem pobre na área do latifúndio), em que o influxo ideológico da Europa contemporânea não seria um elemento decisivo. Assim, divergências teóricas monumentais podem originar-se, ao menos em parte, na diferença muito casual dos assuntos em que uns e outros se especializam. Seja como for, fica claro que o problema se põe diferentemente nos vários domínios da vida social.

Quem diz influxo externo está pensando em termos de nacional e estrangeiro, e em nosso contexto é provável que esteja pensando na alienação cultural que acompanha a subordinação econômica e política. São fatos irrecusáveis. Entretanto, se forem traduzidos em linguagem apenas nacionalista, enganam e podem dar resultado contrário ao desejado. Em sentido estrito, é claro que hoje em dia as independências econômica, política e cultural não só não existem como são praticamente inconcebíveis. O que existe de fato são formas diferentes de interdependência, como dizia para outros fins o marechal Castelo Branco, formas que naturalmente interessam a camadas diferentes da população. É verdade que o nacionalismo desperta muita combatividade, mas não é menos verdade que ele é discreto na especificação e na análise dos interesses sociais. Uma lacuna que em minha opinião é a principal em nossas letras críticas. O problema portanto não é o de ser a favor ou contra o influxo externo, mas o de considerá-lo (bem como a tradição nacional) de uma perspectiva popular.

Aliás, a influência externa toma feição caricata sobretudo quando falta esta perspectiva.

Houve mudança significativa do século XIX para cá, em termos da combinação entre as influências ideológicas externas e a nossa prática capitalista?

Com certeza houve, mas eu não seria capaz de precisar rapidamente. Por outro lado, há também as continuidades. Impossível, na segunda metade do século XIX, uma defesa entusiasta e brilhante da escravidão, que entretanto era a instituição fundamental de nossa economia. Havia um morto embaixo da cama dos nossos inteligentes, cujo universo mental mal ou bem era balizado pela Revolução Francesa. Por razões parecidas, os elogios do modelo atual só podem ser tecnicistas, cínicos ou primários.

Na época do capitalismo nos moldes clássicos europeus, a ideologia era designada por "falsa consciência" e tinha como função ocultar os reais mecanismos da vida social. Nestes termos, qual seria a função da ideologia no caso brasileiro?

Ideologia, nesta acepção, é um fato da era burguesa. Uma concepção aparentemente verdadeira do processo social no conjunto, que entretanto apresenta os interesses de uma classe como sendo os de todo mundo. O exemplo mais perfeito é a ideologia liberal do século XIX, com as suas igualdades formais. Note-se que a ideologia neste sentido tem de ser verossímil no tocante às aparências, a ponto de fazer que mesmo os prejudicados se reconheçam nela. Noutras palavras, pela sua existência mesma a vida ideológica presume que as pessoas se integrem no processo social através de convicções refletidas, e não da força bruta (o que faz dela um bem, além de uma ilusão). Ora, é claro que não era pelas ideias que o escravo se integrava em nosso processo, e que nesse sentido a universalização ideológica dos interesses dos proprietários era supérflua. Daí os aspectos ornamentais de nossa vida ideológica, sua localização inessencial e sua esfera relativamente restrita. Em nossos dias a situação é outra, mas nem tanto. Acredito com a Escola de Frankfurt que a ideologia principal do capitalismo moderno está na massa das mercadorias acessíveis e na organização do aparelho produtivo, ao passo que as ideias propriamente ditas passaram para o segundo plano. Ora, se é claro que no Brasil a ideologia consumista existe, é mais claro ainda que não é ela que acalma os que não consomem. Em certo sentido muito desagradável, há menos ideologia e mais verdade.

A reflexão sobre os países periféricos traria alguma vantagem à crítica do capitalismo em geral?
    Em primeiro lugar, no sentido óbvio, de que o subdesenvolvimento é parte do sistema. Depois, porque o caráter inorgânico e reflexo da modernização na periferia faz que o desenvolvimento das forças produtivas apareça de um ângulo diferente. Uma coisa é o processo social em que a grande indústria se criou, e outra é o transplante mais ou menos deliberado de seus resultados. Em minha impressão, a novidade mais interessante destes últimos anos é a análise crítica do aparelho produtivo moderno (econômico--técnico-científico), cuja neutralidade política vem sendo posta em questão. São ideias que já afetaram profundamente a nossa compreensão dos países adiantados e que devem a sua irradiação mundial a um país dos mais atrasados, que está procurando outro caminho para a sua industrialização, diferente do modelo que o capitalismo clássico criou. Fomos habituados a considerar a massa trabalhadora do ponto de vista da industrialização, o que corresponde às relações correntes de poder. Em caso, porém, de a massa

exceder de muito o raio das possibilidades industriais e em caso sobretudo de ela pesar efetivamente, é a industrialização que será considerada do ponto de vista dela, o que abre uma área de problemas e um prisma analítico originais: as formas de dominação da natureza não são progresso puro e simples, são também formas de dominação social. É interessante notar que essa mesma análise da função centralizadora, autoritária e ideológica da grande indústria (produtivismo) — naturalmente com menos repercussão — já fora feita pela Escola de Frankfurt, que, como gostam de dizer as pessoas politizadas, não tem contato com a realidade. É claro que a linha do Brasil é outra. Quem lê jornais brasileiros depois de uma temporada fora leva um susto: metade é progresso, metade são catástrofes e as suas vítimas. Há um livro imortal esperando um brasileiro disposto: uma enquete corajosa e bem analisada sobre a barbaridade destes nossos anos de progresso.

Na época do populismo, nossos intelectuais se preocuparam mais com os impasses do capitalismo periférico do que com as possibilidades da sua transformação. A seu ver, esta situação ainda persiste?

Persiste e é natural. O que não é natural é que ao falar em transformação só se fale em generalidades. Falta entrar no detalhe, submeter as teorias ao teste real, ao teste da desigualdade monstruosa e variadíssima do país. Se não há solução em vista, é uma razão a mais para imaginá-la. Não a partir de teses gerais, mas dos dados os mais desfavoráveis da realidade.

Uma leitura ingênua de seu ensaio "As ideias fora do lugar" não poderia concluir que toda ideologia, inclusive as libertárias, seria uma ideia fora do lugar em países periféricos?

Este aspecto existe. Ideias estão no lugar quando representam abstrações do processo a que se referem, e é uma fatalidade de nossa dependência cultural que estejamos sempre interpretando a nossa realidade com sistemas conceituais criados noutra parte, a partir de outros processos sociais. Neste sentido, as próprias ideologias libertárias são com frequência uma ideia fora do lugar, e só deixam de sê-lo quando se reconstroem a partir de contradições locais. O exemplo mais conhecido é a transposição da sequência escravismo-feudalismo-capitalismo para o Brasil, país que já nasceu na órbita do capital e cuja ordem social no entanto difere muito da europeia. Mas o problema vai mais longe. Ainda quando é magistralmente aproveitado, um método não representa o mesmo numa circunstância ou noutra. Por exemplo, quando na Europa se elaborava a teoria crítica da sociedade, no século XIX, ela generalizava uma experiência de classe que estava em andamento, criticava uma ciência que estava no apogeu (a Economia Política), dava continuidade a tradições literárias e filosóficas etc. Noutras palavras, a teoria da união da teoria e da prática fazia parte de um poderoso movimento neste sentido. Por complicadas que sejam as suas obras capitais, elas guardam contato com as ideologias espontâneas (e também com as ideologias críticas) de sua época, o que aliás é um dos critérios distintivos da verdadeira análise concreta. Para passar ao Brasil, vejam-se os livros fundamentais de nossa historiografia. Mesmo quando são excelentes, o seu contato com o processo social é de uma ordem inteiramente diversa. As circunstâncias são outras. São aspectos que é preciso levar em conta, pois, do ponto de vista materialista, a teoria é parte também da realidade, e a sua inserção no processo real é parte do que concretamente ela é.

O uso da paródia como meio privilegiado de expressão em nossa cultura não correria o risco de trazer uma postura contemplativa?

Não vejo por quê. A paródia é das formas literárias mais combativas, desde que a intenção seja esta. Por outro lado, um pouco de contemplação não faz mal a ninguém. Além do quê, em países de cultura importada a paródia é uma forma de crítica quase natural: a explicitação da inevitável paródia involuntária (vide a "Carta pras icamiabas"). Acresce que a bancarrota ideológica em nossos dias é extraordinária e mais ou menos geral, o que também se traduz em paródia. Proust, Joyce, Kafka, Mann, Brecht, todos foram consumados parodistas. Entre nós, Machado, Mário, Oswald, e hoje Glauber e Caetano.

É necessário estar em perfeita sintonia com o que ocorre nos centros hegemônicos para sacar os meandros de nossa vida sociocultural?
Depende naturalmente do objeto de estudo. É ele que define o raio dos conhecimentos indispensáveis. Como entretanto a importação de formas é parte constante de nosso processo cultural, é claro que não basta conhecer o contexto brasileiro. É preciso conhecer também o contexto original para apreciar a diferença, a qual é uma presença objetiva, ainda que um pouco impalpável, em nossa vida ideológica. Por isto, a nossa historiografia tem de ser comparativa. Seria interessante por exemplo que um cidadão com boa leitura traçasse um programa de estudos comparativos necessários ao conhecimento apropriado da literatura brasileira. Isto no plano pacato da pesquisa universitária. Já no plano da interpretação da sociedade contemporânea, que afinal de contas é o que interessa mais, hoje é muito mais fácil estar em dia com a bibliografia internacional do que com a realidade do Brasil. Esta última dificuldade não é só acadêmica. Se a experiência histórica de setores inteiros do país é atomizada e não soma, como conhecer o seu sentido? Para ficar num aspecto secundário da questão, todos emburrecemos.

A carroça, o bonde
e o poeta modernista

Oswald de Andrade inventou uma fórmula fácil e poeticamente eficaz para ver o Brasil. A facilidade no caso não representava defeito, pois satisfazia a uma tese crítica segundo a qual o esoterismo que cercava as coisas do espírito era uma bruma obsoleta e antidemocrática, a dissipar, fraudulenta no fundo. Quando Lênin dizia que o Estado, uma vez revolucionado, se poderia administrar com os conhecimentos de uma cozinheira, manifestava uma convicção de mesma ordem: não desmerecia as aptidões populares, e sim afirmava que a irracionalidade e a complicação do capitalismo se estavam tornando supérfluas; brevemente seriam substituídas por uma organização social sem segredo e conforme ao bom senso. Igual confiança no potencial materialista e rebelde da obviedade bem escolhida se encontra na poética de Brecht. Este proclamava a intenção de reduzir o seu vocabulário à dimensão chã do *Basic English*,[1] defendia a oportunidade do pensamento sem requinte (*plumpes Denken*) e, sobretudo, elaborava *protótipos artísticos*, fáceis de imitar e variar produtivamente, os quais, como é sabido, figuram no centro de sua teoria do teatro didático. Tratava de atualizar a literatura, a) incorporando-lhe a universalidade de procedimentos própria à fabricação industrial, ao trabalho científico e também (!!!) à luta de classes; b) concebendo um caminho moderno para a generalização da cultura exigente; e c) contrariando a idolatria do *cunho pessoal* na invenção artística. Sem desconhecer a diferença política e estética entre os três homens, vale a pena assinalar um certo horizonte comum, ditado na época pela crise geral da ordem burguesa e pelas perspectivas radicalmente democráticas e antitradicionalistas abertas pelo progresso industrial.

Corrido o tempo, não parece que o âmbito da cultura se tenha desanuviado, nem aliás o do poder, apesar de os dois mudarem muito. Até segunda ordem, o processo histórico não caminhou na direção dos objetivos libertários que animavam as vanguardas política e artística. Assim, aliados à energia que despertaram, esses objetivos acabaram funcionando como ingredientes dinâmicos de uma tendência outra, e hoje podem ser entendidos como ideologia, de significado a rediscutir. Nem por isso são ilusão pura, se considerarmos, com Adorno, que a ideologia não mente pela aspiração que expressa, mas pela afirmação de que esta se haja realizado. Algo semelhante aconteceu com o Modernismo brasileiro, que tampouco saiu incólume, e cujo triunfo atual, na larga escala da mídia, tem a ver com a sua integração ao discurso da modernização conservadora. Em parte a despeito seu, em parte como desdobramento de disposições internas.

Mas voltemos à fórmula de Oswald para o poema "pau-brasil". A sua matéria-prima se obtém mediante duas operações: a justaposição de elementos próprios ao Brasil Colônia e ao Brasil burguês, e a elevação do produto — desconjuntado *por definição* — à dignidade de alegoria do país. Esta a célula básica sobre a qual o poeta vai trabalhar. Note-se que a mencionada contiguidade era um dado de observação comum no dia a dia nacional, mais e antes que um resultado artístico, o que conferia certo fundamento realista à alegoria, além de explicar a força irresistível da receita oswaldiana, um verdadeiro "ovo de Colombo" na acertada expressão de Paulo

Prado.[2] A nossa realidade sociológica não parava de colocar lado a lado os traços burguês e pré-burguês, em configurações incontáveis, e até hoje não há como sair de casa sem dar com elas. Essa dualidade, cujos dilemas remontam à Independência e desde então se impõem inexoravelmente ao brasileiro culto, suscitou atitudes diversas; talvez não seja exagero dizer que ela animou a parte crucial de nossa tradição literária. Ainda há pouco o Tropicalismo lhe deu a versão correspondente ao pós-64. Machado de Assis tomou o assunto em veia analítica, tendo em mente a problemática moral implicada, como espero mostrar num próximo trabalho. A matéria está presente no romance naturalista, onde o universo colonial se funde à pujança do trópico — o *determinismo* caro à escola —, levando ao naufrágio quaisquer pretensões a uma existência burguesa conforme à regra. Também Gilberto Freyre, Sérgio Buarque de Holanda e Caio Prado Jr. escreveram a respeito os seus livros clássicos, e a lista é fácil de estender. Já com Oswald o tema, comumente associado a atraso e desgraça nacionais, adquire uma surpreendente feição otimista, até eufórica: o Brasil pré-burguês, quase virgem de puritanismo e cálculo econômico, assimila de forma sábia e poética as vantagens do progresso, *prefigurando a humanidade pós-burguesa*, desrecalcada e fraterna; além do que oferece uma plataforma positiva de onde objetar à sociedade contemporânea. Um ufanismo crítico, se é possível dizer assim.

Isso posto, não basta circunscrever a matéria de um poeta para lhe definir a poesia. Além de notar a mencionada acomodação do desconforme e lhe dar estatuto de emblema pátrio não oficial, ou de mini-maxi-subsídio para a nova compreensão do país, o artista pau-brasil tem de lhe atinar com exemplares brilhantes, limpá-los, rearranjar, aperfeiçoar etc. O foco da invenção está na exposição estrutural do descompasso histórico, obtida através da mais surpreendente e heterodoxa variedade de meios formais, tudo disciplinado e posto em realce pela singeleza familiar dos elementos usados, pela busca do máximo em brevidade e por um certo culto do achado feliz e da arquitetura poética. A liberdade e a irreverência com que Oswald opera dependem da vanguarda estética europeia, e a combinação de soluções antitradicionais e matéria essencialmente "antiga" realiza por sua vez a síntese que o poema procura captar.

Empenhada em firmar a seriedade do poeta, por oposição à fama do piadista, a crítica sublinhou a identidade entre as soluções oswaldianas e as inovações hoje clássicas das vanguardas internacionais. Daí o conhecido perfil do modernista de primeira linha, subversor exímio de linguagens, crítico e revolucionário nesta medida. Contudo, o trabalho formal realizado pela poesia pau-brasil se pode analisar também noutra perspectiva, em função da matéria que trata de organizar, a qual obriga a repensá-lo a uma luz historicamente mais especificada.[3] A figura de artista que este tipo de estudo revela não será menor, ainda que diferente. Para concretizar, vejamos um poema tomado a "Postes da Light", conjunto homogêneo na concepção e, aliás, muito paulista.

pobre alimária

O cavalo e a carroça
Estavam atravancados no trilho
E como o motorneiro se impacientasse
Porque levava os advogados para os escritórios
Desatravancaram o veículo
E o animal disparou
Mas o lesto carroceiro
Trepou na boleia
E castigou o fugitivo atrelado
Com um grandioso chicote[4]

A cidade em questão é adiantada, pois tem bondes, e atrasada, pois há uma carroça e um cavalo atravessados nos seus trilhos. Outro sinal de adiantamento são os advogados e os escritórios, embora adiantamento relativo, já que o bonde só de jurisconsultos sugere a sociedade simples, o leque profissional idílica ou comicamente pequeno. Sem esquecer que o progresso requeria engenheiros, e que nesse sentido, corrente até hoje, o batalhão de bacharéis está na contramão e aponta para "o lado doutor, o lado citações, o lado autores conhecidos".[5] O progresso é inegável, mas a sua limitação, que faz englobá-lo ironicamente com o atraso em relação ao qual ele é progresso, também.

De um lado, o bonde, os advogados, o motorneiro e os trilhos; do outro, o cavalo, a carroça e o carroceiro: são mundos, tempos e classes sociais contrastantes, postos em oposição. A vitória do bonde é inevitável, mas como a diferença de tamanho entre os antagonistas não é grande, e a familiaridade das suas presenças é igual, o enfrentamento guarda um certo equilíbrio engraçado. Espero não forçar a nota imaginando que, no espaço exíguo do cromo da província, algo do empacamento de uma parte se transmite também à outra.

A luta é desempatada pelo motorneiro. Este serve o campo moderno e lhe toma as dores; mas o seu mundo de origem deve ser o outro. Sob o signo do imperfeito do subjuntivo, um tempo verbal para eruditos, a sua irritação ("E como o motorneiro se impacientasse") reflete a identificação com os de cima, contra os iguais e inferiores. O anonimato a que fica relegado o sujeito de "Desatravancaram o veículo" — certamente os populares que andavam por ali — deve-se à mesma postura importante, que não se digna especificar a ajuda alheia. No processo, a própria carroça muda de categoria e ascende a "veículo", palavra que lembra o "elemento" da terminologia policial. No campo oposto, com imaginação não menos fogosa, o carroceiro é "lesto" à maneira dos heróis antigos, ofuscando a grandeza em fim de contas medíocre que possa ter a impaciência do rebanho de advogados. O sentimento épico da vida entretanto não escapa ao registro familiar nem ao brasileirismo, aquém da norma lusa ("Trepou na boleia"), o que lhe afeta a vigência e o confina ao terreno da suscetibilidade ferida e da compensação imaginária. Do alto de sua prosápia, senhorialmente o carroceiro julga e castiga o "fugitivo atrelado", que no título, mais compassivo, havia figurado como "pobre alimária". Pelo desajeitamento luminoso, a fórmula herói-cômica sintetiza ignorância, reminiscências cultas e pernosticismo, completando a analogia com o opositor e rival, cujo subjuntivo também era de empréstimo. Por um lado, o enfrentamento existe, pois o apoteótico chicote final se destina a provar que o carroceiro não aceita intimidação de motorneiros, bondes ou advogados, nem cede a palma a ninguém quanto ao valor. Por outro, existem também a hierarquia e o mecanismo comum: apoiado nos advogados, o motorneiro desconta no carroceiro, e este, apoiado num modelo cultural mais nobre ainda, mas também deslocado, desconta no cavalo; e quem garante que os advogados não estejam envolvidos no mesmo faz de conta, apoiados, também eles pernosticamente, em títulos, prestígios e modos emprestados a sociedades mais ilustres? Pessoas, bichos, coisas e lugares, além de se oporem, suspiram em uníssono por uma forma de vida superior, um lugar menos atrasado, onde carroças fossem veículos, motorneiros fossem autoridades e advogados não sofressem contratempos. Contudo, pelo paradoxo central à poesia pau-brasil, o desterro será o paraíso.

A propósito da diferença entre a rigidez germânica e a folga dos vienenses, conta-se que um alemão pergunta pelo horário de certo trem, e qual não é o seu estupor quando o austríaco lhe responde que o dito-cujo "tem o costume" de passar à hora tal. A graça está no abismo entre horário e costume, e indica a falta de naturalidade de uns e a desadaptação ao mundo moderno de outros. No poema de Oswald, se examinarmos os motivos que levam à desobstrução dos trilhos, encontraremos uma comicidade com fundo semelhante. A razão não está na necessidade do serviço público, mas na disposição temperamental do motorneiro, devida aliás ao prazer com que este expressa o ponto de vista, não do passageiro em geral, mas dos doutores e de seus escritórios. Noutras palavras, a modernidade atua integrada ao esquema da autoridade tradicional, que se compraz, por sua vez, em adotar a fachada dos novos funcionamentos impessoais. Estes servem como elemento de distinção e destaque, mais que como regra, o que contribui para a coloração antiquada do bloco adiantado. Simetricamente, o espetáculo dado pelo carroceiro se destina um pouco a ele próprio, um pouco ao universo, mas muito aos advogados, cujo reconhecimento busca e a quem deve provar a valia da personagem, que não configura um mundo contrário ao outro. Os avançados não abrem mão do atraso, e os atrasados, longe de serem retrógrados convictos, gostam também de um "solzinho progressista":[6] um quadro cujas noções dominantes funcionam de maneira inesperada, à qual voltaremos e que faz rir.

O poema se compõe de elementos simples: a carroça, o trilho, os escritórios etc., substantivos em estado cru, privados da dose de sugestão e música sem a qual, para adeptos do que existira antes, não há poesia. A feição deliberadamente rudimentar é funcional em vários planos e reflete o programa primitivista da vanguarda. Como é sabido, esta afirma que a tradição estética havia formado uma teia de alienações e preconceitos que precisava ser abolida para a realidade poder brilhar. Quando livrasse os fatos da crosta oitocentista de literatice e complicações psicológicas, o indivíduo encontraria a poesia revitalizada dos sentidos, da inteligência e da ação. Uma poesia diferente, assentada em apetites efetivos, oposta à interioridade sofrida e decadente do período anterior. Quanto menos enquadrado o fato, quanto mais nu, mais completa a desenvoltura do sujeito. E é certo, no capítulo, que a poesia de Oswald mobiliza talentos que a musicalidade do verso e o lirismo subjetivo costumam entorpecer: trabalha, por assim dizer, à distância de seu objeto, com ânimo experimental, aberta a sugestões não pautadas e variando os pontos de vista. *A modernidade dessa atitude salta aos olhos*, o que não impede as conotações divergentes e até opostas. Assim, a despeito da mobilidade dos prismas e da composição abreviada, que empurram em direção construtivista, o poeta não renuncia ao dom imitativo, que aliás possui em grau extraordinário. Em nosso exemplo, veja o leitor se o conjunto não sugere um causo observado, cujo narrador tem a maneira rude e espirituosa do paulista do interior (um sujeito lírico vanguardista?), com uma palavra para cada coisa, de preferência familiar e um pouco bruta: o trilho no singular, os advogados e escritórios no plural abrangente, vagamente depreciativo.

De um lado, o registro coisista, pão, pão, queijo, queijo, onde as aparências não enganam; de outro, o desejo igualmente real, mas nada sóbrio, de desmerecer ou impressionar os outros, ou seja, de inflacionar aparências e valer através delas. O expurgo do acessório, significado pela quase ausência de adjetivos e tecido de ligação, destinava-se a livrar a nova poesia da matéria flácida do diz que diz, do detalhe pessoal inútil, da cumplicidade entre pretensões tortuosas. Ocorre que a tônica substantiva da dicção vem associada, no caso, a um verdadeiro auge dessas mesmas alienações. A tensão, muito notória, antes que um problema é um achado, que se integra perfeitamente à matéria-prima oswaldiana: o sujeito ativo e desimpedido da poesia vanguardista coexiste com a ânsia generalizada de reconhecimento superior, própria ao *Ancien Régime* das dependências pessoais, originário do período colonial. Isso posto, sendo *desentrosada* por definição, a mencionada matéria afina com as coisas e palavras em liberdade do gosto modernista. Mas só até certo ponto, pois a potência classificatória de sua fórmula — polarizada em termos de arcaísmo e progresso, com vistas na definição da identidade nacional — é alta, enquadrando e rotulando os objetos que o procedimento de vanguarda visava liberar. Isoladas da ressonância habitual, ou do contexto prático imediato, não há dúvida de que palavras, coisas e pessoas tomam a feição sem hierarquia e quase de brinquedo infantil que foi uma das revelações da arte moderna. Todavia, operada por Oswald, a descontextualização só em parte tem esse sentido. A concreção decorrente funciona de modo paradoxal, servindo também noutro registro, aí como termo *abstrato* (!), ou melhor, como uma generalidade parassociológica: um trilho é um trilho e mais nada, bem como parte integrante, aliás facilmente substituível, de uma alegoria e quase teoria do Brasil. A atmosfera humorística relativiza, mas penso que não elimina a precariedade intelectual do estatuto sensorial-patriótico, literal-alegórico ou concreto-abstrato da imagem. Desse ângulo, a semelhança da ingenuidade oswaldiana com os primeiros papéis colados do Cubismo, com os rabiscos de Klee ou com as criaturas sem finalidade de Kafka, onde a arte moderna de fato procurou se libertar da conivência com prestígios exteriores, é apenas de superfície.[7] O mundo sem data e rubrica, proposto no Manifesto Antropófago, é datado e rubricado, como indica a sua matéria disposta segundo ciclos históricos e impregnada de valor nacional; a disponibilidade que em tese lhe corresponderia, na qual os radicais da Europa buscavam escapar à coação de hierarquias e identidades estabelecidas, se transforma em atributo positivo do brasileiro.

Por outro lado, há mais especificação no poema do que parece. O subjuntivo de aparato, o gesto heroico sabotado pela expressão inculta, o trabalho sem sujeito reconhecido, o termo pretensioso colado ao termo familiar, o advogado no plural um tantinho sarcástico, os trilhos no singular: são desvios mínimos, mas de consistência forte, muito engenhosa e imprevista, suficientes para erguer outra vida atrás da singeleza dos seres visíveis. Um mundo de ressentimentos em luta, de insegurança e ambiguidade valorativa, de crispações do amor-próprio, oposto em tudo à limpidez anunciada na composição. Característicos ao extremo, os pormenores indicam a sociedade contraditória, estudada e percebida em movimento, à maneira da literatura realista. Nem por isso eles deixam de aludir, através da dissonância que trazem embutida, à periodização dual da poética pau-brasil, quando então funcionam convencionalmente, como alegorias do país burguês e não burguês. Por sua vez, a brevidade feliz e magistral dos achados sugere um modo mais lépido de viver. Em miniatura, a cena de rua resume um romance realista, com o seu sistema de desníveis sociais e sentimentos tortuosos; mas enche também de inocência os nossos olhos, como um quadro do *douanier* Rousseau; e funciona como figurinha num álbum de iconografia ufanista.

Assim, a construção do poema superpõe coordenadas incongruentes, cujo desajuste desafia diretamente a consciência histórica: arte de vanguarda versus ciumeiras de província; Brasil da carroça versus Brasil dos escritórios; individualismo pagão versus alegoria patriótica ou culto da interioridade. São questões com peso real, que no entanto, por um efeito estratégico da composição, não têm maior gravidade nem parecem constituir problema. Digamos, por exemplo, retomando observações anteriores, que os arrancos de amor-próprio do motorneiro e do carroceiro fariam supor um mundo encruado, de humilhações, ofensas e reparações imaginárias, incompatível em princípio com a visualidade sem segredo, toda em primeiro plano, a que o poema aspira. Ocorre porém, contrariamente ao esperável, que os ressentimentos não perturbam o estado de inocência de coisas e figuras, ao qual na verdade se integram. O passe de mágica está todo aí: reduzida a um mecanismo mínimo e rigorosamente sem mistério, a subjetividade toma feição de coisa por assim dizer exterior, de objeto entre os demais objetos, tão cândida e palpável como eles.[8] Vimos que a exigência de um grão de fantasia forma o denominador comum entre a impaciência do motorneiro, o rompante do carroceiro, a pontualidade dos advogados, a promoção da alimária a bicho de epopeia etc. Ora, nada mais engraçado e compreensível, conhecido e familiar: *trata-se das frioleiras da boa gente deste país*, empenhada em fazer bonito e satisfeita quanto ao resto. "Dê-me um cigarro/ Diz a gramática/ Do professor e do aluno/ E do mulato sabido// Mas o bom negro e o bom branco/ Da Nação Brasileira/ Dizem todos os dias/ Deixa disso camarada/ Me dá um cigarro"[9] A parte da condescendência nessa visão encantada do Brasil é enorme e foi logo notada por Mário de Andrade, que também não estava livre dela.[10] Vista pelo outro lado do binóculo, a vida parece um desenho de Tarsila, onde os homens, bichos e coisas evoluem sob um signo enternecido e diminutivo. Essa distância, que permite passar por alto os antagonismos e envolver as partes contrárias numa mesma simpatia, naturalmente é um ponto de vista por sua vez.

Para caracterizá-lo na sua dimensão histórico-social, voltemos em plano mais abstrato aos termos da própria composição. Páginas atrás, vimos que o poema caçoa de um tipo atrasado de progresso, que depende, para se configurar, da presença de outro progresso mais adiantado. Este segundo se faz sentir no bojo do trabalho literário, cuja liberdade formal destoa ironicamente do modernismo tênue das obrigações de motorneiro e advogados, além de marcar, no mesmo passo, a sintonia com a transformação artística europeia recente. O desnível, decisivo para a poesia de Oswald, se mede entre a adoção conservadora de uns tantos melhoramentos e a radicalidade revolucionária do século XX, de cujos limites naquele momento ainda não havia sinal. Era natural que à luz deste último ponto de vista, atualizado, aventuroso, cosmopolita e muito *superior*, os partidos do bonde e da carroça estivessem mais para iguais que para opostos. Assim, o esvaziamento do antagonismo entre as matérias colonial e burguesa (atrasada), bem como o descaso pelos seus conteúdos subjetivos, são efeito de uma distância interna ao poema, transposição, por sua vez, da distância entre as figuras locais e universais do progresso. Surpreendentemente, o resultado é valorizador: a suspensão do antagonismo e sua transformação em contraste pitoresco, onde nenhum dos termos é negativo, vêm de par com a sua designação para símbolo do Brasil, designação que, juntamente com a prática dos procedimentos vanguardistas, está entre as *prerrogativas* da superioridade, do espírito avançado que estamos tratando de caracterizar. Portanto, a modernidade no caso não consiste em romper com o passado ou dissolvê-lo, mas em depurar os seus elementos e arranjá-los dentro de uma visão atualizada e, naturalmente, inventiva, como que dizendo, do alto onde se encontra: tudo isso é meu país.[11] Um lirismo luminoso, de pura solução técnica, nos antípodas de sondagem interior, expressão ou transformação do sujeito (individual ou coletivo).

Num estudo sobre *Macunaíma*, tratando de situar o livro, Carlos Eduardo Berriel liga o nacionalismo de 1922 ao setor da oligarquia cafeeira que, além de plantar, buscou disputar aos capitais imperialistas a área da comercialização, que era a mais rendosa do negócio. O argumento vai além da conhecida proximidade entre os Modernistas e algumas famílias de grandes fazendeiros: sugere uma certa homologia entre a estética de Mário e a experiência acumulada de uma classe que a) se movia com pontos de vista próprios no campo dos grandes interesses internacionais (o café chegou a ser o maior artigo de comércio internacional do mundo); b) combinava à sua indisputável atualização cosmopolita o conservadorismo no âmbito doméstico, já que a persistência da monocultura de exportação, com as relações de trabalho correspondentes, era a sua base de eminência nacional e participação internacional; c) encarava a "vocação agrícola" do país como um elemento de progresso e contemporaneidade, a que as demais manifestações modernizantes se deveriam e poderiam subordinar harmoniosamente; e d) planava muito acima do conservadorismo defensivo e chucro do restante da riqueza do país. —[12] Não disponho de conhecimento histórico para avaliar essas hipóteses com precisão (as relações nada lineares entre cafeicultura e industrialização tornaram-se um tópico de especialistas), mas acho que o esquema ajuda a entender a poesia pau-brasil e ilumina os nexos que viemos tratando até aqui. Antes de prosseguir, não custa dizer que um poeta não melhora nem piora por dar forma literária à experiência de uma oligarquia: tudo está na consequência e na força elucidativa das suas composições. Não se trata de reduzir o trabalho artístico à origem social, mas de explicitar a capacidade dele de formalizar, explorar e levar ao limite revelador as virtualidades de uma condição histórico-prática; sem situar o poema na história, não há como ler a história compactada e potenciada dentro dele, a qual é o seu valor. Hoje todos sabemos que a hegemonia do café já não tinha futuro e terminou em 1930, o que naturalmente não atinge a poesia de Oswald, que está viva.

O próprio Oswald mais de uma vez se referiu às "causas materiais e fecundantes" do Modernismo, "hauridas no parque industrial de São Paulo, com seus compromissos de classe no período áureo-burguês do primeiro café valorizado".[13] A relação aparece com muita beleza em "aperitivo", onde "A felicidade anda a pé/ Na Praça Antônio Prado/ São 10 horas azuis/ O café vai alto como a manhã de arranha-céus/ Cigarros Tietê/ Automóveis/ A cidade sem mitos".[14] A plenitude moderna (e idealizada) das sensações, sem pecado, superstição ou conflito, o gosto de ver e ser visto, tão característicos da inocência cultivada por Oswald, vêm na crista da prosperidade do café. São uma emanação de poder, o que lhes qualifica, mas não anula a ingenuidade. O privilégio econômico não tira a força poética à despreocupação que ele propicia: as posses do transeunte são um aspecto sugestivo e dão a seu contentamento algo da fragilidade da sorte grande (as cotações em alta podem baixar).[15]

Outra singularidade oswaldiana é a total ausência de saudosismo na exposição de figuras e objetos do mundo passado (o contraste com os nortistas, ligados à decadência do açúcar, neste ponto é instrutivo). Tecnicamente, o efeito se deve à preferência vanguardista e antissentimental pela presença pura, em detrimento da profundidade temporal e demais relações. A sustentação de fundo entretanto vem do futuro que o café pensava ter pela frente, fazendo que o universo de relações quase coloniais que ele reproduzia lhe aparecesse não como obstáculo, mas como elemento de vida e progresso, e aliás, uma vez que era assim, de um progresso mais pitoresco e humano do que outros, já que nenhuma das partes ficava condenada ao desaparecimento. *Digamos que a poesia de Oswald perseguia a miragem de um progresso inocente.*

Para que o moderno de província, o moderníssimo e o arcaico se acomodem, é preciso que se encontrem. Os locais inventados por Oswald para a sua conciliação, espécies de praça pública, constituem achados em si mesmos. Pode ser o Brasil inteiro, dividido ao meio por *um* trem, como o vazio pelo meridiano;[16] podem ser "campos atávicos", cheios de "Eleições tribunais e colônias";[17] ou o terreno abstrato da gramática, onde a boa gente brasileira, sem discriminação entre negros e brancos, mas com uma alfinetada nos mulatos, vence o pedantismo lusófilo e põe o pronome no lugar errado, o que é o certo.[18] Em "bonde", "Postretutas e famias sacolejam", congraçadas, muito a despeito seu, nos solavancos, na prosódia e na caçoada do poeta cosmopolita.[19] A situação nos poemas citadinos, aliás, é mais complexa. O ingrediente moderno toma formas diversificadas: trilhos, o viaduto do Anhangabaú, o Jardim da Luz, um tarado nalgum parque, o fotógrafo ambulante, chóferes bloqueados pela passagem de uma procissão, a escola "berlites", o ateliê de Tarsila, placares de futebol, a garçonnière do escritor, a Hípica etc. Como se vê, um álbum abrangente, com cenas tomadas a todos os espaços sociais. O denominador comum está em certo progressismo acomodatício e fora da norma, que é o elemento de simpatia e sobretudo de identidade visado. Puxado mais para elegante quando se trata de Tarsila, e mais para baixo noutros casos. É notável como o clima ganha em densidade nas cenas de rua ou em logradouros públicos, onde haja presença de populares, quando então a irregularidade generalizada, a disposição ordeira apesar de tudo e o desejo de progredir — que numa reunião da Hípica refletem apenas esnobismo — formam uma mistura comovente e de muito interesse.[20]

O uso inventivo e distanciado das formas parece colocar a poesia de Oswald no campo inequivocamente crítico. E de fato, sempre que o alvo é alguma espécie de rigidez oficialista, a quebra da convenção tem esse efeito. Contudo, a preferência por uma certa informalidade também pode ser uma ideologia, e até penhor de identidade nacional, conforme procurei indicar. Com os meios da literatura mais radicalmente anti-ilusionista, ou antiaurática, para falar com Walter Benjamin, Oswald buscou fabricar e "auratizar" o mito do país não oficial, que nem por isso era menos proprietário. Hoje todos sabemos que as técnicas da desidentificação brechtiana são usadas na televisão para promover a nossa identificação com marcas de sapólio. Por isso mesmo é interessante verificar que já ao tempo de sua invenção, quando o mordente seria máximo, esses procedimentos por si sós não bastavam para esquivar ambiguidades.

Por curto que seja, "pobre alimária" é uma história. Na altura da metade, o poema exibe uma funcional falta de jeito, de que vai depender o seu voo. Até aí, e depois até o fim, a narrativa avança por dísticos, ao ritmo de uma ação a cada duas linhas, o que estipula e confere alguma extensão aos propósitos correspondentes. Os versos do meio fogem à regra: num, os anônimos "Desatravancaram o veículo"; no outro, "o animal disparou". Como traço de união entre os dois, a conexão inespecífica do "e", acentuando a disparidade e certa equivalência humorística dos sujeitos — os populares e a alimária —, bem como de suas iniciativas. Por atrelamento, se é possível dizer assim, o cavalo fugitivo expõe os imprevistos do mundo do carroceiro. Complementarmente, faz ver que é precário o verniz do mundo dos advogados. Note-se que a intervenção do chicote restabelece a ordem, não porque impeça novas obstruções do trânsito, e sim porque reequilibra a economia das autoestimas, por sobre a inalterada rachadura social.

O programa pau-brasil queria tirar o país do estado de irrelevância. Para isso, tratava de lhe realçar a inscrição direta, e em posição original, na história da humanidade. Daí o constante jogo com referências cardeais, umas prestigiosíssimas, outras menos, o que já indica as dificuldades do empreendimento: a indústria, a floresta, Ruy Barbosa, o Carnaval, o azul do céu cabralino, Wagner, o vatapá, questões de câmbio, a perspectiva de Paolo Uccello, Maricota lendo o jornal etc. Nos "versos baianos", por exemplo, as mesmas águas que levam uma jangada com "homens morenos/ De chapéu de palha" foram "campos de batalha/ Da Renascença", "Frequentado rendez-vous/ De Holandeses de Condes e de Padres", hoje sendo perfeitas "para as descidas/ Dos hidroplanos de meu século".[21] O procedimento visa aproximar e articular dados que a ideologia colonialista, e sobretudo a sua interiorização pelo colonizado, separam em compartimentos estanques. Trata-se nada menos que de conquistar a reciprocidade entre a experiência local e a cultura dos países centrais, como indica a exigência de uma poesia capaz de ser exportada, contra a rotina unilateral da importação. O valor crítico e transformador desse projeto, mais a felicidade de suas fórmulas de sete léguas, até hoje conferem aos Manifestos um arejamento extraordinário. Ainda assim, me parece claro que o uso irreverente de nomes, datas e noções ilustres não deixa de ser uma reverência com sinal trocado. Um modo até certo ponto precário de suprir a falta de densidade do objeto, falta que reflete, no plano da cultura, o mutismo inerente à unilateralidade das relações coloniais e depois imperialistas, e inerente também à dominação de classe nas ex-colônias. Conhecidamente, a mencionada rarefação é o tormento dos artistas nesses países, mas a bem das proporções não custa lembrar que Machado de Assis já a havia vencido superiormente no século anterior. Mudando o ângulo, vimos como o gosto modernista pela pura presença empurrava para segundo plano a dimensão relacional das figuras, em certo sentido lhes suprimindo o antagonismo e a negatividade.[22] Vimos igualmente a correspondência entre essa estética e o progressismo conservador da burguesia cosmopolita do café. Articulado assim, o parti pris de ingenuidade e de "ver com olhos livres"[23] algo tem de uma opção por não enxergar, ou melhor, por esquecer o que qualquer leitor de romances naturalistas sabia. Daí que os achados da inocência oswaldiana paguem a sua plenitude, muito notável, com um quê de irrealidade e infantilismo. Mas sendo Oswald um artista grande e esperto, providenciava contrapesos à sua decisão de colocar no "presente do universo" — [24] e com sinal energicamente positivo! — o nosso provincianismo e as nossas relações rurais atrozes: deu a tudo um certo ar de piada. É neste, e levada em conta a situação complexa a que responde, que se encontra a verdade da poesia pau-brasil, um dos momentos altos da literatura brasileira.

Na periferia do capitalismo

(ENTREVISTA)

Gostaria que você falasse um pouco sobre sua formação e personagens que mais o influenciaram nessa fase.
    Meus pais eram austríacos, intelectuais de esquerda, ateus e judeus. Quando a Alemanha anexou a Áustria, tiveram que emigrar. Se não fosse isso, meu pai, que era um homem completamente literário, teria sido escritor e professor. Embora tivéssemos chegado ao Brasil sem nada, ele logo começou a refazer uma boa biblioteca alemã, que tenho até hoje.
    Ele morreu cedo, quando eu tinha quinze anos. O Anatol Rosenfeld, que era amigo dele e da família, passou a acompanhar os meus estudos e a sugerir leituras. Durante muitos anos ele jantou em casa aos domingos, que passaram a ser um dia obrigatório de revisão da semana e discussões. Apesar da grande diferença de idade, ficamos muito amigos.

O Anatol tinha um grupo...
    Sim, ele dava um curso de história da filosofia na casa do Jacó Guinsburg. O grupo, que era de ex-comunistas, se reunia semanalmente para ler e discutir textos básicos de Teoria do Conhecimento. Haviam começado com Descartes e quando passei a participar estavam nos empiristas ingleses. No final da reunião havia chá com bolo e a conversa geralmente passava para a política.

E aí você entrou no curso de ciências sociais da USP.
Foi, em 1957, por sugestão também do Anatol. Eu estava no último ano do secundário, um pouco incerto se fazia letras, filosofia ou ciências sociais. O Anatol, muito objetivo, me disse que fosse à faculdade assistir a algumas aulas antes de decidir. Assisti a uma aula de literatura, de um professor cujo nome não vou dizer, e desisti de fazer letras. Assisti a uma aula do Cruz Costa, que fazia piada atrás de piada e me deixou um pouco assim... E assisti a uma aula da Paula Beiguelman, em política, muito bem preparada e interessante. Aí me decidi pelas ciências sociais.

Já no curso de ciências sociais você participou daquele grupo do seminário do Capital *ou foi bem depois isso?*
O seminário começou em 1958. Foi iniciativa de um grupo de professores jovens, vindos das ciências sociais, da filosofia, da história e da economia, que tiveram a boa ideia de incluir também alguns alunos. Com isso o seminário já nasceu multidisciplinar e espichado para a geração seguinte. Marx na época era pouco ou nada ensinado, embora muitos professores nessa área fossem de esquerda. De modo que a decisão de estudar a sério a sua obra tinha alcance estratégico. No núcleo inicial estavam Ruth e Fernando Henrique Cardoso, Octávio Ianni, Fernando Novais, Paul Singer e Giannotti. Os alunos mais assíduos eram Leôncio Martins Rodrigues, Francisco Weffort, Gabriel Bollaffi, Michael Löwy, Bento Prado e eu.

E qual foi o peso do seminário em sua formação, em sua visão de mundo?
Foi decisivo. Ao contrário do que diz meu amigo Giannotti, estudar Marx na época não era assimilar um clássico entre outros. Por um lado, tratava-se de apostar na reflexão *crítica* sobre a sociedade contemporânea,

na desmistificação de suas justificações e instituições, bem como na necessidade que têm os explorados de transformá-la. Por outro, tomava-se distância da autoridade dos Partidos Comunistas na matéria, que promoviam uma compreensão bisonha de Marx, que era imposta como um dogma. Havia também a excitação de descobrir e afirmar a superioridade intelectual de um autor profundamente incômodo para a academia bem-pensante e para a ordem em geral.

Marx era tabu nos Estados Unidos, por conta do macarthismo; na Alemanha, por conta da Guerra Fria; o próprio debate alemão dos anos 1920 e 30, que foi decisivo, não estava traduzido e os livros não se encontravam no comércio; os franceses não tinham tradição dialética, ao passo que os partidos comunistas, enquadrados pela União Soviética, publicavam obras escolhidas ou completas de Marx e Engels, ao mesmo tempo que propagavam uma versão esterilizada e autoritária de seu pensamento. Digo isso para indicar o inusitado e também o precário, além de premonitório, da iniciativa do seminário. Poucos sabiam alemão, não tínhamos familiaridade com o contexto cultural de Marx, a bibliografia moderna não estava disponível, para não dizer que estava desaparecida. De um ponto de vista universitário "normal", não estávamos preparados para a empreitada. Em compensação havia a sintonia com a progressiva radicalização do país, que entrara em movimento, e talvez com a corrente de fundo que levaria o mundo a 1968. Até certo ponto o despreparo foi uma vantagem, pois permitiu que enfrentássemos com espírito livre as dificuldades que a experiência brasileira opunha aos esquemas marxistas.

Como era a dinâmica do seminário?

O grupo se reunia de quinze em quinze dias e discutia mais ou menos vinte páginas por vez. Havia rodízio de expositor, mas todos tinham obrigação de ler o texto.

A discussão ia de questões elementares de compreensão a problemas cabeludos, com consequências teóricas e políticas. Como os professores estavam em idade de escrever as suas teses, que no geral foram de assunto brasileiro, começou a se configurar no seminário a distância entre a construção marxista e a experiência histórica do país. O seminário teve a força de não desconhecer a discrepância e, também, de não considerar que ela anulava a melhor teoria crítica da sociedade contemporânea. Era preciso refletir a respeito, ver o desajuste como um problema fecundo e, talvez, como parte das desigualdades do desenvolvimento do capitalismo. Marx não podia ser aplicado tal e qual ao Brasil, que entretanto fazia parte do universo do capital. Estava surgindo o tema da reprodução moderna do atraso, segundo o qual há formas sociais ditas atrasadas que na verdade fazem parte da reprodução da sociedade contemporânea, em âmbito nacional e internacional. Contrariamente à aparência, elas não estão no polo oposto ao progresso, *de que são complementares*. O argumento é contraintuitivo, mas, uma vez assimilado, é muito evidente e transformador, com desdobramentos políticos e estéticos. Embora a obra correspondente não tenha sido escrita, essas observações ligadas à experiência das nações periféricas têm relevância histórico-mundial, para uma apreciação sóbria e não ideológica das realidades do progresso, o qual é mais perverso do que consta. Dentro de minhas possibilidades, quando chegou a minha vez de fazer tese e de analisar os romances de Machado de Assis, eu me havia impregnado muito desse modo de ver.

Nos anos do seminário, a literatura já era o seu foco?
Já.

Já havia seu interesse pela literatura, mas em termos formais como se deu sua ida para a teoria e a crítica literária?

Fui aluno de Antonio Candido no segundo ano de ciências sociais, em 1958, no último ano em que ele deu sociologia. No ano seguinte comecei a ficar abatido com o lado empírico da pesquisa sociológica, os levantamentos e as tabulações não eram comigo. A essa altura, Antonio Candido passara da sociologia para as letras, e estava ensinando literatura brasileira em Assis. Ruminei o exemplo e fui até lá, me queixar da vida e pedir conselho, pois gostava mesmo é de literatura. Ficou mais ou menos combinado que quando eu terminasse o curso faria um mestrado em literatura comparada no exterior e depois iria trabalhar com ele na USP. Nessa época eu já escrevia um pouco de crítica literária para jornal.

Qual jornal?
Um suplemento literário da *Última Hora*, onde publiquei um artigo sobre *O amanuense Belmiro*, romance sobre o qual o Antonio Candido havia escrito anos antes. Uma amiga espoleta levou o trabalho ao professor, contando que eu achava o artigo dele parecido com o meu. Ele achou graça, leu e me convidou para colaborar no Suplemento Literário do *Estadão*, que era dirigido pelo Décio de Almeida Prado. Assim, quando fui a Assis procurar conselho, ele tinha ideia do que eu andava fazendo.

A ida para o exterior era porque na época não havia mestrado aqui?
A pós-graduação estava começando. Na época só fazia mestrado e doutorado o pessoal que já estava trabalhando nalguma cadeira. Como eu vinha de ciências sociais, para ensinar em letras precisava de um título apropriado. Fui ao Estados Unidos fazer um mestrado em teoria literária e literatura comparada na Universidade Yale. Na volta, em 1963, pouco antes do golpe, comecei a trabalhar na teoria literária, que era uma novidade na USP.

Em Yale seu trabalho foi com autores brasileiros?
Não. Em Yale havia dois tipos de mestrado: num, faziam-se um ano de curso e um ano de tese — a tese eram três artigos de vinte páginas cada um, com alguma dimensão teórica ou comparativa, mais uma conclusão. Esse era um padrão. No outro, eram dois anos de curso com boas notas. Como eu estava interessado em adquirir conhecimentos, fiz esse último. Eram tópicos de teoria e de literatura comparada, como por exemplo história da crítica moderna, épica renascentista, romance realista, Lessing e a estética das Luzes etc.

E nesse começo de trabalho com Antonio Candido, na USP, como é que se delineiam seus temas de trabalho?
Os primeiros anos são sempre suados. Preparar cursos, aprender o suficiente para ensinar, no começo não é fácil. Mas a ideia básica de meu trabalho eu tive cedo. Foi mais ou menos o seguinte: eu lia Machado de Assis e achava a ironia dele especial. Tinha a impressão de que havia naquele tipo de humorismo, de gracinha metódica, alguma coisa brasileira. Então saí atrás disso. Combinei a tentativa de descrever a ironia de Machado com a intuição de que ela seria nacional — o que restava explicar. Combinei um *close reading* dessa ironia com a teoria do Brasil do seminário do *Capital*. A ideia de que a substância da ironia machadiana tinha a ver com a mistura de liberalismo e escravismo no Brasil me veio cedo, antes de 1964. Agora, daí a escrever sobre isso vai um pedaço.

E quanto ao doutorado?
Fiz na França, na Universidade Paris III, Sorbonne. A minha tese lá foi *Ao vencedor, as batatas*. O livro é de 1977. Quando voltei para casa já estava publicado.

A sua ida para a França decorreu, na verdade, da repres-

são política que a ditadura instaurou no país. Como as coisas se passaram e como foi sua experiência de exílio?

A França foi camarada com os refugiados, que foram chegando por ondas, conforme as ditaduras iam tomando conta da América Latina. Dentro do desastre geral, a verdade é que o exílio era também muito interessante, apresentava os latino-americanos uns aos outros, e mesmo os brasileiros das diferentes regiões. O ar ainda estava cheio dos *événements de mai,* os acontecimentos de 1968. Para quem não estivesse com a vida quebrada, ou sob pressão material excessiva, e para quem tivesse disciplina para retomar os estudos, foram anos bons.

Bem, mas para chegar ao ápice de sua investigação sobre a relação entre a ironia de Machado de Assis, o comportamento da elite brasileira e, enfim, a estrutura social do país, em outras palavras, para chegar a Um mestre na periferia do capitalismo, *você gastou mais uns onze anos, não é verdade?*

Sou mais lento do que devia.

Em alguma medida há pioneirismo no trabalho de Antonio Candido quando ele lança um olhar para a literatura atravessado por uma visão mais sociológica do país, quando ele faz uma crítica literária bem fincada na materialidade das relações sociais? Ou isso é uma prática geral na crítica, que ele explicita melhor?

Eu colocaria a questão ao contrário (posso estar errado). Invertendo os seus termos, Antonio Candido lança à visão histórico-sociológica do país — que ele conhece como poucos — um olhar atravessado pela experiência e pela análise literárias, *em cujo valor de revelação ele acredita* e a que deve as suas *descobertas.* O pioneirismo está aí, nessa inversão, que dá cidadania plena ao ângulo estético.

Vamos por partes. Que a literatura faça parte da sociedade, ou que se conheça a literatura através da sociedade e a sociedade através da literatura, são teses capitais do século XIX, sem as quais, aliás, a importância especificamente moderna da literatura fica incompreensível. Elas estão na origem de visões geniais e dos piores calhamaços. Em seguida se tornaram o lugar-comum que sustenta a historiografia literária convencional. Dentro desse quadro, o traço que distingue a crítica dialética, e que a torna especial, é que ela desbanaliza e tensiona essa inerência recíproca dos polos, sem suprimi-la. O que for óbvio, para ela não vale a pena. Se não for preciso adivinhar, pesquisar, construir, recusar aparências, consubstanciar intuições difíceis, a crítica não é crítica. Para a crítica dialética o trabalho da figuração literária é um modo substantivo de pensamento, uma via sui generis de pesquisa, que aspira à consistência e tem exigência máxima. O resultado não é a simples reiteração da experiência cotidiana, a cuja prepotência se opõe, cujas contradições explicita, cujas tendências acentua, com decisivo resultado de clarificação. Em suma, em termos de método, o ponto de partida está na *configuração* da obra, com as luzes que lhe são próprias, e não na sociedade.

Ao contrário do que dizem os detratores dessa crítica.

É isso. Ela parte da análise estética e busca o não evidente, o resultado do que o trabalho formal do artista configurou. Ao passo que a posição tradicional, ou positivista, que também vai se renovando e continua presente com outros nomes, se limita aos conteúdos brutos, procurando o mesmo na sociedade e nas obras, vistas em termos redundantes, de confirmação recíproca direta.

Isso você já dizia com 23 anos, no artigo sobre o psicologismo na poética de Mário de Andrade.

A verdade é que não lembro. Retomando o fio, há uma fórmula do Lukács, anterior ainda ao período marxista dele, segundo a qual o social na obra está na forma. Não que os conteúdos não sejam sociais, mas a forma, ao trabalhá-los e organizá-los, ou também ao ser infletida por eles, configura algo de mais geral, análogo à precedência da sociedade sobre os seus conteúdos separados. Se as obras interessam é porque se organizam de um modo revelador, que algum fundamento tem na organização do mundo histórico — fundamento a descobrir caso a caso.

Como a maior parte da historiografia literária é de inspiração nacional e como a nação até outro dia era um horizonte quase autoevidente, criou-se uma espécie de certeza infundada, segundo a qual o espaço a que a literatura e as formas literárias se referem é também ele nacional. Ora, a literatura mais audaciosa, justamente por ter aversão às mentiras do oficialismo e do nacionalismo, e por adivinhar o avanço de dimensões extranacionais da civilização burguesa, não cabe nesse quadro. Nada mais francês que o romance de Flaubert, mas não teria cabimento ver aí o seu aspecto essencial, que se liga a um curso moderno das coisas, o qual está longe de ser francês. Cabe à crítica identificar e formular esse âmbito, o âmbito de sua relevância contemporânea.

Ora, no caso brasileiro — como seguramente no de outras ex-colônias — a referência nacional tem uma realidade própria, de tipo diverso, que continuou efetiva (até hoje?) e catalisou uma parte importante da invenção formal. Em parte por causa do complexo de *país novo* — vide Antonio Candido —, que fazia da criação de uma literatura nacional um projeto *deliberado*. Basta lembrar o pitoresquismo programático dos românticos, ou a tentativa machadiana — descoberta por John Gledson — de maquinar intrigas com relevância nacional, ou o naturalismo com o seu *trópico* científico-alegórico, ou a invenção modernista de logotipos nacionais, como o Pau Brasil, a Negra e Macunaíma. Dito isso, a questão fica mais interessante quando a reconhecemos fora da esfera do projeto nacional assumido, numa certa gama de inflexões, situações, problemas, reações etc. É como se a matriz nacional se impusesse inconscientemente, pela força das coisas, ou melhor, como consequência da peculiaridade da estrutura social do país, que gera uma problemática social, linguística, política e estética singular, com a qual nos debatemos e à qual nos cabe responder, queiramos ou não. Isso estará deixando de ser verdade? Aqui, a referência nacional não é uma bandeira, um preconceito ou uma velharia cediça, mas a descoberta crítica de um vínculo oculto, que aliás pode não ser lisonjeiro.

Ao deixar de lado a intenção do autor, ou ao fazer dela um ingrediente entre outros, e não a instância última, a análise histórico-estrutural coloca-se no terreno — real entre todos — das configurações e dos funcionamentos objetivos, cuja dinâmica não corre em trilhos previstos, podendo levar aonde o autor não imaginava e aonde ninguém quis ir. A referência é nacional, mas sem garantia de final feliz. Essa naturalmente é uma consciência crítica adulta, segundo a qual não fazemos o que queremos, ou fazemos o que não queremos, e não obstante pagamos a conta. Uma posição esclarecida e desabusada, que se torna modelo para a compreensão estética e social quando fica evidente que a sociedade burguesa não se governa a não ser superficialmente, ao passo que a sua superação não está à vista.

Ainda aqui o passo à frente foi dado por Antonio Candido, no admirável ensaio sobre *O cortiço,* que não foi ainda devidamente explorado. O crítico explicava que o autor pensava estar romanceando o processo brasileiro de guerra e acomodação entre as raças, em conformidade com as teorias racistas do Naturalismo, mas que na verdade, conduzido pela lógica da ficção, mostrava um processo primitivo de exploração econômica e formação de classes, que se encaminhava de um modo passavelmente bárbaro e desmentia as ilusões raciais e nacionais do romancista. O curso das coisas é nacional, mas difere do previsto pelo escritor.

O que exatamente você quer dizer com o "já não é mais assim", quando observa que normalmente se trabalhava com textos que de alguma maneira tinham no horizonte uma pretensão de fundação nacional?

A crítica dialética supõe obras que sejam mais ou menos fechadas e altamente estruturadas. Na literatura brasileira não há muitas que convidem a uma análise desse tipo. Quando Antonio Candido resolveu estudar nessa veia as *Memórias de um sargento de milícias*, estava escolhendo o caminho difícil e levando ao extremo uma posição crítica de ponta. A ousadia foi pouco notada, porque o romance — divertido e despretensioso — não faz pensar nessa ordem de tentativas. Manuel Antônio de Almeida não só não queria fazer o que o crítico descobriu, como se movia num plano incomparavelmente mais modesto. Essa desproporção é um erro? Pelo contrário, ela tira as consequências de uma certa ideia de *forma objetiva*, que não coincide com as intenções do autor, as quais pode exceder e contrariar amplamente. Uma ideia de forma e de análise que o crítico compartilha com uns poucos mestres da crítica dialética. Os dois ensaios centrais de Antonio Candido, sobre o *Sargento de milícias* e *O cortiço*, sendo rigorosamente apoiados na análise das obras, descobrem a força e a relevância delas num plano que não teria ocorrido aos respectivos autores. Dizendo de outra maneira: segundo esse modo de ver, o trabalho de configuração artística tem uma disciplina própria, que lhe permite superar as convicções, as teorias e os horizontes do autor.

Essa é uma visão propriamente marxista, não?

No essencial, penso que é, embora a terminologia não seja, ou seja só em parte. A parte boa da tradição marxista manda acreditar mais na configuração objetiva das obras que nas convicções ou posições políticas dos escritores. Há uma afirmação célebre de Marx, em que ele diz ter aprendido mais com os romances de Balzac do que com a obra dos economistas, isso embora Balzac seja conservador. Mas há sobretudo uma afinidade de fundo na concepção de *forma objetiva*, seja social, seja estética, independente de intenções individuais: conforme o caso, o seu dinamismo interno se realiza não só *contra*, mas também *através* das ilusões dos interessados (o racismo de Aluísio, por exemplo, faz parte da força com que O *cortiço* mostra que o problema é de classe, e não de raça). O modelo é o ciclo do capital, que se realiza — na expressão de Marx — "atrás das costas" dos participantes, levados à crise contra a sua vontade.

Mas voltando à sua pergunta: esse tipo de crítica supõe obras e sociedades muito estruturadas, com dinamismo próprio. Trata-se de enxergar uma na outra as lógicas da obra e da sociedade, e de refletir a respeito. Acontece que vivemos um momento em que essa ideia de sociedade, como algo circunscrito, com destino próprio, está posta em questão, para não dizer que está em decomposição. Já ninguém pensa que os países de periferia têm uma dialética interna forte — talvez alguns países do centro tenham, talvez nem eles. E no campo das obras, com a entrada maciça do mercado e da mídia na cultura, é voz corrente que a ideia de arte mudou, e é possível que o padrão de exigência do período anterior tenha sido abandonado. Talvez os pressupostos da crítica dialética estejam desaparecendo...

Penso que mesmo hoje, com muita frequência, existe a intenção dos escritores de produzirem alguma coisa que traga até as palavras o sentimento desse presente de relações e valores tão esgarçados, essa vida contemporânea confusa, violenta etc. Por que, então, não se chega a essa obra capaz de apresentar essa relação bem íntima entre forma do texto e forma social?

Também não me convenço de que não seja mais possível. Mas é fato que o processo social mudou de natureza. A circunscrição dele, no sentido em que você podia dizer "essa é a sociedade brasileira", está deixando de ser efetiva, de ser verdadeira. Por exemplo, o caso...

Poderíamos pegar o caso de Cidade de Deus.

Antes disso, para não perder o fio, quero falar do ensaio de Adorno sobre Beckett, para o meu gosto um dos mais brilhantes que já se escreveram sobre a literatura moderna. Em *Fim de partida* as personagens são figuras metidas numa lata de lixo, mutiladas e falando uma linguagem limitada a quase nada, um resíduo. Isso costuma ser considerado uma redução ao essencial, um minimalismo atemporal, para mostrar que o ser humano, mesmo na situação mais precária, conserva inteira a sua grandeza. Mas Adorno desloca a cena, lhe põe uma data e diz que, muito ao contrário, o que Beckett está descrevendo é uma sociedade "pós-catástrofe". Pós--catástrofe nuclear, pós-Segunda Guerra Mundial, enfim, a época em que a civilização moderna mostrou que a sua capacidade de autogoverno ou de autossuperação não é o que se dizia. Dentro desse universo, os farrapos de filosofia, os resíduos de iniciativa, de desejo de progresso, os cacoetes da esperança, representam na verdade lixo intelectual, água servida, o que restou da civilização burguesa no seu fim. Assim, a operação crítica consistiu em deslocar para um momento histórico preciso e bem explicado, embora imaginado, o que se costumava alegorizar como a condição humana. O deslocamento confere uma incrível vivacidade e particularidade artística ao que pareceriam alegorias e generalidades insossas. Do lado do referente também há deslocamento: a sociedade não é nacional, regional ou municipal, ela é o planeta depois do desastre. Noutras palavras, embora planetário, o âmbito não é a "mera" condição humana, fora ou acima da história. O ensaio de Adorno muda a leitura de Beckett e é um grande achado crítico. É um exemplo de como o referente social e histórico tem âmbitos inesperados e pode ser de diferentes tipos. Outro dia li um estudo, também de intenção histórico-social, em que o crítico dizia que no caso de Beckett é preciso considerar que ele era um irlandês inconformado com a estreiteza do nacionalismo na Irlanda, o que o levou a mudar para Londres, onde encontrou o universo cultural — igualmente intolerável — do imperialismo inglês, que oprimia os irlandeses, o que o levou se refugiar na França, um terreno neutro que lhe permitiu encontrar o equilíbrio. Do ponto de vista biográfico parece um percurso possível, que entretanto se move num universo diversificado de nações, piores ou melhores, cujo desaparecimento é na verdade a novidade da visão, talvez do diagnóstico, de Beckett. Um bom exemplo de particularização histórica que não vem ao caso. Ao passo que a hipótese de Adorno, que não é menos histórica, tem grande capacidade esclarecedora.

Retomando a sua pergunta, no caso do Paulo Lins há de fato um universo circunscrito, por assim dizer policialmente segregado. Um universo fechado por circunstâncias "modernas", desastrosas, altamente preocupantes, que permite escrever um romance "à antiga". Mas o romance não é antigo de jeito nenhum.

O que despertou mais a sua atenção foi exatamente essa possibilidade?

Não. Foi, primeiro, a extrema vivacidade da linguagem popular, dentro da monotonia tenebrosa das barbaridades, que é um ritmo da maior verdade. Depois, a mistura muito moderna e esteticamente desconfortável dos registros: a montagem meio crua de sensacionalismo jornalístico, caderneta de campo do antropólogo, terminologia técnica dos marginais, grossura policial, efusão lírica, filme de ação da Metro etc. E sobretudo o ponto de vista narrativo, interno ao mundo dos bandidos, embora sem adesão, que arma um problema inédito. Há ainda o conhecimento pormenorizado, sistematizado e refletido de um universo de relações, próximo da investigação científica, algo que poucos romances brasileiros têm. Enfim, é um mix poderoso, representativo, que desmanchou a distância e a aura pitoresca de um mundo que é nosso. É um acontecimento.

Em paralelo ao desenvolvimento de uma crítica dialética, florescia uma outra crítica bem diferente no Brasil, comandada pelos concretistas, em especial pelos irmãos Campos, e entre as duas se estabeleceu uma intensa polêmica. Gostaria que você situasse um pouco essa questão.
A oposição existe, mas no que importa ela não é fácil de fixar, porque foi recoberta por um fla-flu, errado em relação às duas partes. Até onde entendo, as versões que ficaram foram determinadas pelos anos da ditadura. Numa delas, os críticos ligados à Teoria Literária da USP seriam múmias conteudistas, professores atrasados, cegos para as questões de forma, praticantes do sociologuês, nacionalistas estreitos, além de censores stalinistas. Ao passo que no campo concretista estariam os revolucionários da forma, atualizados com o estruturalismo francês, o formalismo russo e a ciência da linguagem, conscientes de que o âmbito literário não se comunica com a vida social. Naturalmente a versão do campo em frente trocava os sinais desses mesmos termos e opunha, para abreviar, *engajados* a *alienados,* um pouco em paralelo — como me indicou uma amiga — com as polarizações dos festivais da canção da época.
Ora, nada disso corresponde. Os críticos dialéticos (que não chegavam a meia dúzia) eram formalistas de carteirinha, empenhados justamente na reflexão sobre os problemas correspondentes. Seu ângulo era estético, as suas simpatias eram modernistas e sua posição era antistalinista de longa data. As linhas teóricas a que se contrapunham eram a historiografia positivista, o psico-

logismo, o marxismo vulgar e a classificação das obras segundo as convicções políticas de seus autores. Para dar ideia da independência conceitual e crítica com que então se trabalhava na USP (em certos setores), não custa acompanhar alguns passos de um percurso característico. Talvez se possa dizer que Antonio Candido foi buscar no *close reading* do New Criticism — uma técnica formalista, desenvolvida nos States, na década de 1930, com sentido conservador — um instrumento para fazer frente ao sociologismo e ao marxismo vulgar correntes na esquerda brasileira dos anos 1940. Só que ele reelaborou o procedimento e o abriu em direção da história, com vistas na historicização das estruturas, o que lhe permitiu uma sondagem de novo tipo da literatura e da sociedade brasileiras. Sem alarde de terminologia, e muito menos de grifes internacionais, os ensaios de Antonio Candido que vêm ao caso aqui são seguramente as peças mais originais de análise estrutural já feitas no Brasil. Há um bom paralelo a fazer com o trabalho de Celso Furtado, que também desenvolveu um estruturalismo histórico sob medida para as nações periféricas, à margem da ortodoxia marxista.

Também no campo dos concretistas a história não cabe no chavão. É falsa a ideia de que fossem "alienados" ou desinteressados do rumo da história extraliterária. Como vanguardistas, entendiam a sua revolução formal como parte de uma revolução social em curso. Eram de esquerda e que eu saiba Haroldo se considerava próximo do marxismo, não sei se também nos últimos tempos. Se a pecha de pouco sociais colou neles no pré--64 foi devido aos preconceitos antiexperimentalistas do Partido Comunista, que na época dispunha de autoridade e denunciava o "formalismo" da arte moderna. O que não impediu os concretistas de disputar com galhardia o seu lugar dentro da esquerda e de anunciar, num congresso de crítica literária em Assis, em 1961, o seu "salto participante". Procuravam articular a invenção formal com a radicalização política do Brasil.

Em suma, contrariamente ao lugar-comum, os dialéticos eram formalistas, os concretistas eram engajados, e o que nos movia a todos era a aceleração histórica do país.

Os concretistas desenvolviam a linha de Oswald de Andrade?

É o que eles dizem, embora eu ache difícil reconhecer o ar de família. Ainda quanto aos chavões, é interessante notar que ao contrário do que eles afirmam, e os outros repetem, eles são de longe os escritores brasileiros que mais se valeram da sociologia para a sua autojustificação e para explicar a própria primazia. Entre nós, não há outros que dependam tanto da teoria social para garantir a posição a que aspiram para a sua obra. A teoria deles vale o que vale, mas a contradição merece registro.

Voltando à polêmica, não é fácil encontrar grandes razões para ela. De um lado, críticos-professores tentando uma interpretação histórico-estrutural da literatura brasileira, puxando para a esquerda. Do outro, à esquerda também, o grupo dos poetas concretistas, que militavam para impor a sua obra, em que viam a revolução, além de teorizarem em causa própria, o que é natural igualmente, mas nem sempre convence. Para que a história fosse outra (e ninguém fosse chamado de "vermina pestilente" ou chefe de uma "campanha de caça aos concretistas"), talvez bastasse que os professores da USP não tivessem torcido o nariz para a "tese" dos poetas, segundo a qual a linha nobre da poesia moderna, que vem de Mallarmé, passa por Oswald de Andrade, Drummond e João Cabral, culmina neles próprios. Mas, para incluir motivos altos, pode-se imaginar também que o antagonismo tenha fundamento em ideias diferentes no que respeita à evolução das formas. Do ponto de vista dialético, a modernização formal existe, não significa o que pretende, e deve ser analisada não só como solução, mas também como problema. Já do ponto de vista dos poetas concretos, que a buscam numa espécie de iconização e aceleração da linguagem, ela é a linha reta e indisputável que leva a um plano superior e positivo. Para reflexão, não custa notar que o Movimento Concreto foi lançado na mesma época em que Adorno assinalava, como um marco, o envelhecimento da Música Nova, ou seja, o esvaziamento da tensão vanguardista e de sua força *negativa*.

Mas o Concretismo não foi mudando ele também?

A partir de 1964-8, quando a revolução saiu da ordem do dia no Brasil, uma parte dos escritores passou a considerar a linguagem como a sua única trincheira. Foi a época em que a crítica literária falava de subversão da sintaxe, das formas, dos gêneros, revolução textual etc. Haveria um estudo engraçado a escrever sobre essas substituições.

E isso com alguns apoios teóricos internacionais, não?

Claro, claro. Foi o auge do estruturalismo de base linguística, e logo do pós-estruturalismo, este especializado na dissolução das estruturas efetivas. Ao passo que o estruturalismo buscado por alguns na Teoria Literária da USP era de base histórica e estava descobrindo a potência formal, no plano estético, da estrutura de classes do país. Pensando melhor, talvez houvesse mais antagonismo do que ficou dito até aqui.

E depois essa guerra repercutiu também em espaços de maior reverberação do discurso, como o da música popular brasileira, não é?

É um ponto que merece atenção. O livro de Caetano Veloso, *Verdade tropical*, é muito valioso e interessante nesse sentido. Caetano tem ideia clara do que estava em jogo e tem grande capacidade de sintetizar debates intelectuais. O livro está sempre polemizando com a esquerda, mas descreve o processo de maneira realista. A ideia de que naquilo tudo só se tratasse de linguagem não passa pela cabeça dele.

Mas em algum momento, passada a fase mais furiosa do embate entre críticos dialéticos e concretistas, aparentemente algumas linhas de trabalho de crítica literária no país buscam uma certa síntese entre proposições das duas tendências. Em certa medida, Silviano Santiago não faz isso?

Não penso que síntese seja a palavra. Mas Silviano escreveu na década de 1970 "O entrelugar do discurso latino-americano", um ensaio de grande habilidade estratégica, a primeira mobilização importante da obra de Derrida no quadro brasileiro. Ele usa a desconstrução para descrer das categorias da opressão e fazer desta um jogo de linguagem, que certamente ela também é. Mas ela não será mais do que isso? Seja como for, também aqui não se tratava só de linguagem, pois o ensaio, até onde vejo, deveu a repercussão aos poderes a que se opunha: à prepotência dos militares, ao autoritarismo na esquerda armada, às presunções do imperialismo americano, a nosso sentimento de inferioridade diante da primazia cultural dos grandes centros etc. Mais adiante, Silviano afinou a desconstrução de Derrida com o jogo ou conflito entre os gêneros, fazendo dela um elemento de liberação sexual, em especial da homossexualidade. Que eu saiba, foi o primeiro crítico a fazer da liberação da homossexualidade um elemento importante de periodização da história do Brasil, ao fazer que ela convergisse com o tema da abertura política e da redemocratização, de que seria uma pedra de toque. Na minha opinião é um grande lance, embora a construção me pareça conformista por outro lado.

Como você descreveria o panorama atual da crítica literária no Brasil? Quais são seus pontos de força teóricos? Continuamos tendo trabalhos na linha da crítica dialética, outros que guardam sua filiação a Jakobson, temos uma terceira via?

As linhas teóricas internacionais estão representadas e funcionando, há pós-graduações numerosas, com bolsas de estudo, e, não obstante, há um certo esgotamento. Com perdão da mania, o que falta é espírito dialético. Como os momentos notáveis da cultura brasileira estão consagrados, não lembramos até que ponto dependeram do contato com o avesso da sociedade. Essa é uma verdade insuficientemente considerada. A reflexão hoje tem que se redimensionar através do mundo que está se formando à revelia do discurso oficial sobre a modernização e o progresso. Basta subir ao Alto de Santana e olhar a desolação sem fim de São Paulo para saber que o que está acontecendo está fora de controle e tem pouco a ver com as grandes linhas incorporadas em nossa organização mental. Nesse sentido, os *cultural studies,* com a sua falta de hierarquia, não deixam de ser uma resposta, embora — até onde sei — pouco crítica do capitalismo e pouco interessada em questões de estética, o que diminui muito o seu alcance.

Um trabalho que acho admirável e não teve repercussão nenhuma é o ensaio de Iumna Simon, que saiu na revista *praga* n. 7, sobre a poesia de Valdo Motta. Ele é um poeta negro do Espírito Santo, homossexual militante, muito pobre e dado a especulações teológicas. É uma poesia que toma o ânus do poeta como centro do universo simbólico. A partir daí, mobiliza bastante leitura bíblica, disposição herética, leitura dos modernistas, capacidade de formulação, talento retórico e fúria social. O ponto de vista e a bibliografia fogem ao corrente, mas o tratamento da opressão social, racial e sexual não tem nada de exótico. Bem, a Iumna leu o poeta por acaso, numa revista, percebeu a força e a importância do que estava ocorrendo, procurou saber mais, e acabou organizando um volume de poemas para a editora da Unicamp, juntamente com Berta Waldman (Valdo Motta, *Bundo e outros poemas*, 1996). Para fazer justiça ao poeta, *que é perfeitamente contemporâneo,* ela teve que se enfronhar em áreas que desconhecia e, sobretudo, compará-lo a seus pares mais *mainstream*, refletir sobre a inserção dele na cultura atual e tirar as consequências estéticas que cabem. É de trabalhos assim — sem desmerecer outras linhas possíveis — que a crítica depende para recobrar vitalidade e estar à altura da realidade.

Vou voltar a um ponto anterior: por que o New Criticism, como empreendimento nos Estados Unidos, era conservador?

O New Criticism nasceu como uma teoria de professores de letras do Sul dos Estados Unidos, o Old South anti-ianque. Eles viam o poema como um campo de complexidade singular, onde a linguagem não tem finalidade utilitária e não é abstrata, o que, de certo modo, simboliza uma oposição ao capital, ao mundo do Norte. Para consubstanciar essa posição, desenvolveram uma técnica de análise centrada em ambiguidade, tensão e ironia, atributos estranhos à funcionalidade moderna. Há uma carta de John Crowe Ransom, uma das grandes figuras do movimento, em que ele diz que acabava de ler o artigo de um alemão que descrevia a obra de arte como eles, embora infelizmente fosse marxista. O alemão era Adorno, que vivia como refugiado de guerra nos Estados Unidos. A anedota é interessante porque mostra que o anticapitalismo de Adorno, com horizonte socialista, até certo ponto convergia com o anticapitalismo de um sulista católico e tradicionalista — na posição contrária à instrumentalização da linguagem. A análise cerrada que o New Criticism praticava representou de fato um patamar novo em matéria de compreensão da complexidade interna da poesia. A técnica podia ser usada, é claro, de muitas maneiras. Anatol Rosenfeld, por exemplo, dizia explicitamente que praticava o *close reading*, mas informado por sua cultura filosófica, que não tinha nada que ver com a dos *new critics* americanos. Eles talvez fossem provincianos, mas desenvolveram uma acuidade genial.

O New Criticism foi bem assimilado no Brasil?
É um bom tópico de pesquisa. Nos anos 1950 houve militância, em especial de Afrânio Coutinho, hoje difícil de ler. Como sempre, aproveitaram bem os que tinham projeto próprio e souberam guardar distância, como Sérgio Buarque e Antonio Candido.

Em que se concentra o seu trabalho hoje?
Gostaria de tirar algumas consequências do que já fiz, especialmente à luz do que aconteceu depois.

Não lhe parece que o mundo contemporâneo, midiatizado, espetacularizado, oferece um ambiente pouco adequado à literatura como um exercício insistente e forte? O fenômeno é só brasileiro?
Certamente não. Mas de alguma maneira os intelectuais brasileiros estão cavando pouco o seu próprio terreno. Conhecemos pouco as coisas das quais dependemos neste momento. Se você pensar no conhecimento que tinham da sua matéria Guimarães Rosa, Mário de Andrade, Machado de Assis, vai ver que a escrita deles estava associada a um processo tenaz de aquisição de conhecimento, de verificação social e moral, de experimentação. No fim de contas, uma das coisas que mais distingue o livro de Paulo Lins é que, como ele foi assistente de pesquisa de uma antropóloga, tem o conhecimento exaustivo e articulado do universo dele. Isso dá ao livro uma potência própria, que falta aos colegas. O sumiço da exigência inte-

lectual não precisava ter ocorrido, foi uma falta de pique. Também na poesia aconteceu uma coisa assim, ela abriu mão de falar do mundo contemporâneo de maneira sustentada. No Brasil, por uma razão que não sei, de repente começou a surgir uma poesia curtinha, pouco reflexiva, pouco ousada. Digo isso sabendo que não é tudo, pois a poesia mais minimalista dos últimos tempos é também — na minha opinião — a mais reflexiva e complexa — estou pensando no *Elefante* de Francisco Alvim.

Quando você diz que não sabe, é ironia, ou não sabe mesmo?

Eu diria que o predomínio do Concretismo, que atravessou a segunda metade do século passado, tornou a poesia impermeável ao pensamento, com muito prejuízo para ela. A culpa não é dos concretistas, acho natural que todo grupo poético procure se promover e valorizar. O que aconteceu de incrível foi que o mundo intelectual brasileiro pouco ou nada opôs àquele padrão. Marx diz a certa altura que o segredo da vitória de Luís Napoleão não está na força dele, mas na fraqueza da sociedade francesa do tempo. Analogamente, podemos perguntar pelo que aconteceu à vida cultural brasileira do último meio século para que algo tão limitado como a poesia concreta alcançasse tanta eminência. É uma questão mais profunda do que pode parecer. Tem a ver com a credulidade subdesenvolvida diante do progresso.

Queria que você contasse o caso curioso de Berta Dunkel, que pouca gente conhece.

Foi o seguinte: mais ou menos em 1966 me encomendaram uma explicação didática da ideia marxista de mais-valia, para ser usada em aulas para um grupo operário, clandestino na época. Escrevi com a maior clareza de que era capaz. Como não saiu ruim, houve interesse em divulgar o folheto em âmbito maior, e o grupo da

Teoria e Prática resolveu publicá-lo na revista. Inventei uma personagem para assinar o "artigo", que era essa Berta Dunkel. Berta para Roberto, e Dunkel, que quer dizer escuro, para Schwarz, que é "preto". Escrevi uma pequena biografia como introdução, explicando que ela era uma escritora alemã de vanguarda, que nos anos 1920, tocada pela proximidade da revolução, resolvera se dedicar ao didatismo político, no qual via uma forma literária e um problema estético. É claro que eram questões brechtianas, pelas quais eu estava me interessando. A coisa teve um desdobramento engraçado, porque um intelectual de renome, que conhecia tudo do movimento operário alemão, tinha lembrança de Berta.

Verdade tropical

UM PERCURSO DE NOSSO TEMPO

De início devo dizer que não sou a pessoa mais indicada para comentar a autobiografia de Caetano Veloso, pois não tenho bom conhecimento de música nem das composições do autor.[1] Entretanto gosto muito do livro como literatura. Particularmente os blocos 1 e 2 se leem como um excelente romance de ideias, em que as circunstâncias históricas, o debate da época e a figura do biografado, um herói reflexivo e armado intelectualmente, além de estranho, se entrelaçam em profundidade, fazendo ver uma etapa-chave da vida nacional. Como sempre na prosa realista, metade da composição é desígnio do autor e metade são conexões mais ou menos latentes na matéria narrada. Quando há química entre as metades, como ocorre aqui, o conjunto conta algo para além dos fatos. As questões levantadas têm generalidade, e penso que podem ser discutidas por um leigo em música.

Além de autobiografia de artista, *Verdade tropical* é uma história do tropicalismo e uma crônica da geração à volta de 1964. A sua matéria são as questões estético-políticas do ofício de pop star nas condições do Terceiro Mundo.[2] A intimidade inteligente com a oficina da canção popular, incluídas aí as realidades do show business, coloca o livro em boa posição ao lado dos congêneres literários ilustres, como o *Itinerário de Pasárgada* de Bandeira e o *Observador no escritório* de Drummond, ou as memórias de Oswald de Andrade e de Pedro Nava. Domínio em alto nível de um setor fundamental do presente, até então pouco estudado, avaliações críticas ousadas e certeiras, segredos da cozinha artística sob a ditadura, depoimentos sobre a prisão e o exílio, retratos perspicazes de colegas famosos, circunstâncias pessoais reveladoras, opções intelectuais e formais decisivas, para o bem e para o mal, tudo muito interligado e interessante, compõem um panorama de grande qualidade literária. As correspondências entre vida privada, vida pública e criação artística têm força, dando unidade interior ao conjunto. Sem medo de frases longas e do aspecto melindroso ou sutil das situações, um pouco à maneira substanciosa e flexível de Gilberto Freyre, a prosa de ensaio deve a vitalidade ao gosto pela controvérsia e pela provocação.

A conjugação do músico popular ao intelectual de envergadura não deixa de ser uma novidade. O livro surpreenderia menos se o autor fosse um músico erudito, um poeta, um cineasta ou um arquiteto, ou seja, um membro da faixa dita nobre das artes, cuja abertura para os valores máximos e para a reflexão a respeito é consenso. Como bem observa Caetano, a quem a originalidade de sua posição não escapa, "a divisão nítida dos músicos em eruditos e populares retira destes últimos o direito (e a obrigação) de responder por questões culturais sérias".[3] Aliás, ao escrever um ensaio alentado que foge a essa divisão ele não só inova como assinala uma reconfiguração do quadro cultural, chamado a fazer frente às feições peculiares da música pop.

A novidade que o livro recapitula e em certa medida encarna é a emancipação intelectual da música popular brasileira. Na pessoa de um de seus expoentes, esta toma distância de si e passa a se enxergar como parte responsável da cena contemporânea, seja poética, seja musical, seja política, desrespeitando os enquadramentos aceitos do gênero. Ao saturar de reflexão estética e social as opções dos companheiros de ofício e as suas próprias, Caetano puxa a discussão para o patamar desconvencionalizado e autocrítico da arte moderna, sem contudo abandonar o compromisso com o público de massas. O interesse dessa posição difícil, talvez impossível de sustentar, dispensa comentários.

Se o adjetivo "popular" estiver na acepção antiga, que nas circunstâncias brasileiras envolve semianalfabetismo, exclusão social e direitos precários, haveria uma quase impossibilidade de classe nesse passo à frente, ligado a boa cultura literária e teórica. Se estiver na acepção moderna, definida pelo mercado de massas e pela indústria cultural, o avanço deixa de ser impossível para ser apenas improvável, devido às diferenças entre a vida de *pop star* e a vida de estudos. Note-se que no Brasil, como noutros países periféricos, as duas acepções do popular se sobrepõem, pois as condições antigas não estão superadas, embora as novas sejam vitoriosas, o povo participando das duas esferas. Exclusão social — o passado? — e mercantilização geral — o progresso? — não são incompatíveis, como supõem os bem-pensantes, e sua coexistência estabilizada e inadmissível (embora admitida) é uma característica estrutural do país até segunda ordem. Bem mais do que as outras artes, a música popular está imersa nesse descompasso, o que a torna nacionalmente representativa, além de estratégica para a reflexão. Assim, a disposição para pensar trazida por Caetano vem entrelaçada com uma realidade de classes sui generis, cujas projeções estéticas e políticas não se esgotam na ideia geral do pop.

Unindo o que a realidade separa, a aliança de vanguarda estética e cultura popular meio iletrada e socialmente marginal, além de mestiça, é um programa já antigo. Ensaiada pelo Modernismo carioca nos anos 1920, em rodas boêmias, e retomada pela bossa nova nos anos 1950, ela ganhou corpo e se tornou um movimento social mais amplo, marcadamente de esquerda, nas imediações de 1964.[4] Sob o signo da radicalização política, que beirou a pré-revolução, o programa tinha horizonte transformador. Em especial as artes públicas — cinema, teatro e canção — queriam romper com a herança colonial de segregações sociais e culturais, de classe e raça, que o país vinha arrastando e reciclando através dos tempos, e queriam, no mesmo passo, saltar para a linha de frente da arte moderna, fundindo revolução social e estética. Tratava-se por um lado de reconhecer a parte relegada e não burguesa da nação, dando-lhe direito de cidade, e, por outro, de superar as alienações correspondentes a essa exclusão, que empobreciam a vida mental também dos incluídos. Graças ao espírito dialético, que estava em alta, os vexames de nossa malformação social — as feições de ex-colônia, o subdesenvolvimento — mudavam de estatuto. Em vez de varridos para baixo do tapete, eles passavam a ser identificados como interpelações históricas, em que estavam em jogo não só o atraso nacional como o rumo burguês e a desigualdade do mundo. Estimulada pelo avanço da luta de classes e do terceiro-mundismo, uma parte da intelligentsia passava a buscar o seu sentido — e o salto qualitativo em seu trabalho intelectual — na associação às necessidades populares. Orientada por esse novo eixo e forçando os limites do convencionado, a experimentação avançada com as formas tornava-se parte e metáfora da transformação social iminente, que entretanto viria pela direita e não pela esquerda.

Durante alguns anos, antes e depois de 1964, a invenção artística radical sintonizou com a hipótese da revolução e fez dela o seu critério. A ligação polêmica e o enriquecimento mútuo entre inovação estética, escolhas políticas e sociedade em movimento conferiam à vida cultural uma luz nova. Como a realidade parecia encaminhar alternativas, o partidarismo da vida artística desvestia o seu aspecto esotérico e mostrava ser o que é de fato, uma tentativa imaginária de intervenção. Passado o tempo, é possível que o saldo do período, avaliado nas suas obras, não sobressaia particularmente, o que entretanto não diminui o acerto das questões levantadas. Explicitado naquela oportunidade, o relacionamento conflitante e produtivo entre as formas estéticas, as deformidades sociais do país e as grandes linhas do presente internacional tornou-se uma pedra de toque durável, que mal ou bem sobreviveu à derrota da esquerda. Escrito trinta anos depois, *Verdade tropical* deve muito de seu tino histórico à fidelidade que Caetano guardou àquele momento, "que só é considerado remoto e datado por aqueles que temiam os desafios surgidos então, e que ainda os temem justamente por os saberem presentes demais em sua nova latência".[5]

Dito isso, a altura da visão de Caetano não é estável, sempre ameaçada por descaídas regressivas. Volta e meia a lucidez cede o passo a superstições baratas, à mitificação despropositada do Brasil, à autoindulgência desmedida, ao confusionismo calculado. Em passagens tortuosas e difíceis de tragar, a ditadura que pôs na cadeia o próprio artista, os seus melhores amigos e professores, sem falar no estrago geral causado, é tratada com complacência, por ser ela também parte do Brasil — o que é uma verdade óbvia, mas não uma justificação. O sentimento muito vivo dos conflitos, que confere ao livro a envergadura excepcional, coexiste com o desejo acrítico de conciliação, que empurra para o conformismo e para o kitsch. Entretanto, como num romance realista, o acerto das grandes linhas recupera os maus passos do narrador e os transforma em elementos representativos, aumentando a complexidade da constelação.

Muito brilhante e felliniana, a crônica da juventude do autor em Santo Amaro — uma cidade pequena, próxima de Salvador — tem como pano de fundo a tendência à americanização, que imprime a seu atraso o selo contemporâneo. A mistura do recesso familiar e da cidade provinciana à corrente geral do mundo moderno é um achado com revelações próprias: nem a província e a infância são tão apartadas da atualidade quanto se supõe, nem esta última é tão estereotipada quanto as generalidades a seu respeito. De entrada assistimos à comédia dos "meninos e meninas que se sentiam fascinados pela vida americana da era do rock 'n' roll e tentavam imitar as suas aparências", com jeans e botas, rabos de cavalo e chiclete. O autor não fazia parte dessa turma nova, em que via, do alto de seus quinze anos, um modelo pouco inteligente e pouco interessante: "embora fossem exóticos, eram medíocres". Partilhava "com os santamarenses razoáveis uma atitude crítica condescendente em relação ao que naqueles garotos parecia tão obviamente inautêntico".[6] Note-se que os motivos de seu desdém não estão onde se espera. Apesar da coincidência com os "santamarenses razoáveis", o que o incomodava não era o espalhafato da diferença, atraente para ele desde sempre, mas a sua "nítida marca de conformismo":[7] "[...] o que mais me afastava dessa tendência de americanização era o fato de não ter chegado a mim com nenhum traço de rebeldia".[8] A importação acrítica mas escandalosa da moda internacional, a nota de pseudorrevolta combinada à abdicação da experiência própria, foram sentidas como um problema desde cedo.

Embora usasse um pé de meia de cada cor, o extravagante Caetano se aliava aos santamarenses sensatos — uma categoria pouco sociológica, mas possivelmente real —, para juntos criticarem a moçada que estreava o rock na cidade. A trinca dos protagonistas forma um quadro cheio de ironia, distante dos esquemas batidos em que a consciência pátria dá combate ao imperialismo americano. Em plano imprevisto, são aspectos divertidos e verdadeiros da modernização, ou da americanização, noções que na prática eram difíceis de distinguir. Noutros passos, contudo, a questão da influência dos Estados Unidos aparecerá em variantes menos risonhas, causando discussões acesas sobre a identidade e a subserviência nacionais, bem como sobre o próprio golpe de Estado que instalou a ditadura, aliás modernizante por sua vez. Entre as escaramuças de gosto na província e o americanismo dos generais golpistas vai uma grande diferença, mas ambos formam parte de um mesmo processo, cuja unidade complexa e cheia de instâncias percorre o livro, dando-lhe consistência literária, amplitude de registro e especificidade histórica.

Desde o começo a posição de Caetano é diferenciada, fugindo às limitações do nacionalismo simplista. A imitação das novidades americanas não lhe parece inautêntica em si, pois pode ser portadora de inconformismo, quando então adquire autenticidade. O que conta não é a procedência dos modelos culturais, mas a sua funcionalidade para a rebeldia, esta sim indispensável ao país atrasado. Muito esclarecidamente, o autêntico se define por oposição ao conformismo, e não à cópia ou ao estrangeiro. Nem por isso a influência americana deixa de ser um problema, pelo que representa de monopólio e imposição. Como situar-se diante dela sem perder a liberdade, inclusive a liberdade, segundo a circunstância, de aproveitar um modelo interessante e mais adiantado? Retomada sob muitos ângulos, a pergunta — que é vital — reaparece a todo momento, politizando e tornando mais complexa a crônica, cerradamente entretecida com as relações de força do século americano. Assim, evitar a xenofobia não impede de enfrentar as pressões exercidas pelo carro-chefe do imperialismo. São ângulos que coexistem, e trata-se de desautomatizar o juízo a respeito, para torná-lo judicioso e suficientemente complexo ou esperto. Caetano foi precoce na compreensão da política internacional da cultura, em que o influxo estrangeiro — inevitável — tanto pode abafar como trazer liberdade, segundo o seu significado para o jogo estético-político interno, que é o nervo da questão.

Nas grandes linhas, digamos que o capítulo sobre Santo Amaro contrapõe duas atitudes perante a americanização. De um lado, a aceitação açodada e subalterna, que pode caracterizar tanto um roqueiro como um ministro das Relações Exteriores;[9] de outro, a rebeldia embebida no contexto local, mas aberta para o mundo. Esta última, que é receptiva sem perder o pé ou sem deixar de ser situada, valoriza a experiência santamarense na hora de avaliar as novidades de fora, assim como recorre às novidades estrangeiras para fazer frente às estreitezas da província. A liberdade descomplexada dessa atitude, que resiste à precedência das metrópoles mas não desconhece as limitações da cidadezinha interiorana, da qual não se envergonha e a qual não quer rifar, é uma proeza intelectual. Em parte, ela se deve à independência de espírito do menino inconformado, que ambiciona tudo e nem por isso abdica de seu primeiro universo. "Eu, no entanto, atava-me à convicção de que, se queria ver a vida mudada, era preciso vê-la mudada *em Santo Amaro* — na verdade, *a partir de Santo Amaro.*"[10] A disposição enraizada desse desejo de mudança, que não aceita jogar fora os preteridos pelo progresso, mais adiante irá contrastar com o progressismo abstrato de parte da esquerda, que fazia tábua rasa da realidade imediata e de seus impulsos em nome de um remoto esquema revolucionário.

A Santo Amaro a ser sacudida — opressiva e amada ao mesmo tempo — é patriarcal, católica, mestiça, conservadora sem fanatismo e com traços de ex-colônia. O menino diferente, que não acredita em Deus, que acha errados os tabus sexuais e as prerrogativas masculinas, que veste meias desemparelhadas, que não se conforma com a pobreza à sua volta, que tem dúvidas metafísicas, que quer interferir na educação de sua irmã menor, que não vê por que as meninas pretas devam espichar o cabelo, que gosta de subir ao palco e cantar fados cheios de arabescos vocais etc. etc., é um portador de inquietação. A rebeldia, ainda que pontual, questiona a ordem no seu todo: as insatisfações formam corpo umas com as outras — questões de raça, gosto, sexo, classe, família, atraso —, ligando-se por dentro e remetendo ao conjunto da formação social. Este o papel de guarda avançada da crítica e da mudança que Caetano desde cedo vê como apropriado à sua pessoa. Era natural portanto que o aspirante a reformador, inicialmente da família, depois da cidade e logo da cultura brasileira, não se quisesse confundir com a garotada cujo desejo maior era participar de concursos de rock e se parecer aos estudantes americanos de *high school*. A oposição fica mais interessante se lembrarmos que pouco tempo depois o mesmo Caetano faria época em programas de auditório, introduzindo a guitarra elétrica, a palavra coca-cola e a parafernália roqueira no terreno resguardado da MPB. Não se tratava de uma inconsistência, ao contrário do que podia parecer. No seu caso, a incorporação da coisa estrangeira vinha em benefício do foco nacional, puxado para a atualidade pelas transgressões bem meditadas, que o questionavam e lhe aumentavam o valor problemático. À maneira da antropofagia oswaldiana, que estava sendo redescoberta por conta própria, a importação das inovações internacionais favorecia o desbloqueio e a ativação histórica das realidades e dos impulsos de um quintal do mundo.

Do ângulo da rebeldia, Santo Amaro parece parada e passada. Vista no conjunto, entretanto, também ela se move e as inquietações de Caetano fazem parte de sua atualização. No dia em que terminou a Segunda Guerra Mundial, por exemplo, o pai do garoto saiu à rua agitando uma bandeira da União Soviética, para indicar simpatias socialistas, compensadas por um retrato de Roosevelt na sala de jantar. Participando também do mundo moderno, uma prima mais velha, cansada da vida tacanha em Santo Amaro, sonha com as liberdades prometidas pelo existencialismo francês. Nos programas de rádio, quem manda é a concorrência internacional, outra figura do presente: "a música popular americana encontrou sempre por aqui a competição não apenas da rumba cubana, do tango argentino e do fado português, mas também e sobretudo da música brasileira, que nunca foi vencida no consumo nacional por nenhum produto de importação".[11] Já nas salas de projeção, Hollywood disputava com fitas francesas, italianas e mexicanas (o cinema nacional não existia), às vezes de grande qualidade. Assim, a política e a cultura estrangeiras faziam parte normal do cotidiano da província e de seu mercado, que nunca foram exclusivamente nacionais, ao contrário do que afirmava a ilusão nacionalista. A oposição efetiva não estava entre o nacional e o de fora, como se fossem entidades estanques, mas entre apropriações vivas e consumo alienador, seja do externo, seja do interno. As boas páginas que descrevem a coexistência da produção americana e europeia nos cinemas de Santo Amaro são instrutivas a esse respeito. A seriedade social dos italianos e a franqueza sexual dos franceses, notadas por alguns santamarenses que se reconheciam nelas, punham em relevo o convencionalismo empobrecedor dos norte-americanos, cujos musicais eram no entanto deslumbrantes. Com simplicidade memorável, a ruminação juvenil sobre a beleza, o valor dos cachês e a força emblemática de Brigitte Bardot, Gina Lollobrigida e Marilyn Monroe, tão diferentes entre si, captava em movimento algo da equação social-estética do período, incluída aí a dimensão de rivalidade geopolítica, de que a cinefilia santamarense fazia uma parte pequena mas real. A graça das comparações depende de certo equilíbrio entre os diferentes Olimpos nacionais, que permitia ao público de Santo Amaro escolher segundo a sua preferência no cardápio do mundo contemporâneo. Sob o signo da diversidade, quer dizer, sem as injunções da hegemonia, a presença de modelos externos tornava-se um fator de autoconhecimento, e não de alienação. "Seu Agnelo Rato Grosso, um mulato atarracado e ignorante que era açougueiro e tocava trombone na Lira dos Artistas (uma das duas bandas de música da cidade — a outra se chamava Filhos de Apolo), foi surpreendido por mim, Chico Motta e Dasinho, chorando à saída de I *vitelloni*, também de Fellini, e, um pouco embaraçado, justificou-se, limpando o nariz na gola da camisa: 'Esse filme é a vida da gente!'."[12]

A busca de um presente mais livre e em dia com os tempos se repete logo adiante em novo patamar. Quando mudam de Santo Amaro para Salvador, a fim de prosseguir nos estudos, Caetano e a irmã têm a sorte de encontrar em marcha um momento histórico de desprovincianização, quase se diria de emancipação. Graças à iniciativa de Edgar Santos, um reitor esclarecido, a Universidade Federal da Bahia acrescentara ao corpo de suas faculdades as escolas de música, dança e teatro, bem como um museu de arte moderna, trazendo para a sua direção "os mais arrojados experimentalistas em todas estas áreas, oferecendo aos jovens da cidade um amplo repertório erudito".[13] A descrição que o livro dá da ebulição característica do pré-64 é notável. Sem que esteja propriamente discutido, o encontro explosivo — e formador — de experimentalismo artístico sem fronteiras nacionais, subdesenvolvimento, radicalização política, cultura popular onipresente e província, além da hipótese socialista no horizonte, é o contexto de tudo. Com os ajustes do caso, era um microcosmo do Brasil em véspera de mudanças. O que o rádio, os discos e algum cinema haviam feito para abrir a cabeça de Caetano em Santo Amaro agora seria continuado noutra escala. Propiciado pela universidade que se abria, o contato com as obras revolucionárias da arte moderna de Stravinski, Eisenstein e Brecht até Antonioni e Godard combinava-se à agitação estudantil, ao caráter não burguês das festas populares da Bahia, às esperanças ligadas ao governo popular de Miguel Arraes em Pernambuco, à experimentação esquerdista dos Centros Populares de Cultura. Paralelamente, a vida a ser mudada já não era apenas a da família e da cidadezinha, mas a do país, com sua configuração de classes indefensável, sua desatualização cultural paralisante e sua submissão ao imperialismo.

> Falávamos de literatura, cinema, música popular; falávamos de Salvador, da vida na província, da vida das pessoas que conhecíamos; falávamos de política. [...] éramos levados a falar frequentemente de política: o país parecia à beira de realizar reformas que transformariam a sua face profundamente injusta — e de alçar-se acima do imperialismo americano. Vimos depois que não estava sequer aproximando-se disso. E hoje nos dão bons motivos para pensar que talvez nada disso fosse propriamente desejável. Mas a ilusão foi vivida com intensidade — e essa intensidade apressou a reação que resultou no golpe.[14]

Mais adiante voltaremos ao ceticismo, ou ao realinhamento, em que a citação termina. Fiquemos por agora com a convergência entre revolução estética e emancipação social, que animou aquele período e é uma das linhas de força — partidas — do livro.

A certa altura, ainda criança, Caetano decide comunicar à família católica praticante que não acredita em Deus nem nos padres. "Não o fiz em tom oficial — nem mesmo com tanta clareza — por ouvir de meus irmãos que isso representaria um desgosto terrível para Minha (tia) Ju."[15] Essa mescla peculiar de ruptura radical com respeito ou apego reaparecerá muitas vezes no livro. Mesmo em momentos de agressividade e escândalo intencionais, já depois de 1964, Caetano confia que tudo terminará bem, que os próprios adversários reconhecerão que nada foi por mal e que no fim de contas a divergência aproveitará a todos. "Muitos dos que eram íntimos tinham se afastado por causa da revolta que lhes inspirava o tropicalismo. [...] Ouvíamos histórias, mas não nos preocupávamos demasiadamente. Tínhamos certeza de que ninguém sairia diminuído desse episódio. E que, com o tempo, todos perceberiam vantagens gerais advindas do nosso gesto."[16] Note-se de passagem a tranquilidade, literariamente muito boa, com que o autor concede que as suas iniciativas causavam repulsa. Pois bem, visto o grau das discórdias que figuram no livro, por que supor que em última instância as partes opostas estejam no mesmo campo? Por que a surpresa e a decepção de Caetano quando seus ataques são mal recebidos? O exemplo mais desconcertante dessa sua reação é o tom queixoso que adota quando é preso pela ditadura depois de uma série impressionante de provocações — como se a divisão social não fosse para valer. Seja como for, o seu traço de personalidade muito à vontade no atrito mas avesso ao antagonismo propriamente dito combinava com o momento brasileiro do pré-golpe, quando durante algum tempo pareceu que as contradições do país poderiam avançar até o limite e ainda assim encontrar uma superação harmoniosa, sem trauma, que tiraria o Brasil do atraso e seria a admiração de todos.

Há algo em comum entre a) a família decorosa, que aceita bem as suas crianças excêntricas; b) a Santo Amaro um tanto antiga, respeitadora das tradições, mas também ela simpática aos meninos entusiasmados por causas doidas — e modernas — como a música de João Gilberto, a pintura abstracionista e a ficção de Clarice Lispector; e c) a universidade de província que importa núcleos de vanguardismo artístico para ativar o clima cultural da cidade. Em todas essas esferas, a despeito da componente de ordem, o salto progressista a uma forma social mais livre e menos injusta ou absurda representava antes uma aspiração que um transtorno. O golpe de Estado em seguida iria demonstrar que esse provincianismo tolerante com a inovação e a reforma, mesmo onde elas tocavam a questão da propriedade, não era a regra geral no país, o que não quer dizer que não existisse. Tomando distância, digamos que naqueles casos anteriores a licença de experimentar vinha de cima: a família Veloso, Santo Amaro, a Reitoria e, mais longe, o próprio Estado desenvolvimentista não se identificavam mais à ordem retardatária, que mal ou bem estava com a data vencida. A cor política dessa inesperada abertura para a modernização, que não via com maus olhos o espírito crítico das crianças e as tentativas vanguardistas dos universitários e adjacências, era definidamente anticapitalista, numa veia de pequena classe média, talvez mais moral do que política. "No ambiente familiar e nas relações de amizade nada parecia indicar a possibilidade de alguém, em sã consciência, discordar do ideário socializante. A direita só existia por causa de interesses escusos e inconfessáveis."[17] Esse clima de opinião provinciano e esclarecido, para o qual o socialismo seria razoável e o capitalismo um erro, clima que hoje a muitos parecerá de outro planeta, não chegava a ser majoritário. A sua amplitude entretanto era suficiente para dar a ilusão de que ele representava a tendência real das coisas, enquanto o campo oposto seria um triste anacronismo, em vias de ser superado. Daí certa euforia, que em seguida se provou ingênua, quanto ao rumo do progresso. Daí também a atmosfera quase utópica do capítulo sobre Salvador, em que os estudantes reinventam a vida livremente, segundo os seus contatos com a vida popular e a cultura erudita, entre botecos pobres e instalações públicas modernas, à sombra de autoridades, professores e intelectuais progressistas, e, sobretudo, à distância das pressões do capital. Por razões históricas em que o livro não entra, as quais tinham a ver com o auge e a crise do nacionalismo desenvolvimentista no pré-64, havia simpatias de esquerda espalhadas por todos os níveis da sociedade, inclusive no governo. Graças a esses apoios, que tinham alcance não só moral como também prático, estava em curso uma recombinação extramercado de forças intelectuais, políticas e institucionais, mal ou bem ensaiando possibilidades socialistas, quase como se o capital não existisse. A hipótese mostrou ser fantasiosa, mas a beleza desses capítulos deve-se a ela e à plenitude de vida que ela prometia e em certa medida facultava.

Os primeiros passos da profissionalização artística de Caetano — a expressão é dele — são ilustrativos nesse sentido. Longe das alienações do show business, eles obedecem a estímulos diversos, todos estimáveis, curiosamente desprovidos de carga negadora maior. Aí estão as inspirações populares de sua imaginação, as amizades juvenis intensas, a inteligência estética notável, a ânsia de apropriar-se do espírito moderno, o culto à voz da irmã mais moça, a insatisfação — carinhosa — com o estado em que se encontravam a província e o país, o desejo de puxar a arte da canção para o presente, sem romper entretanto com a linha central da música popular brasileira, e, para concluir, a conjunção talvez sartriana de "responsabilidade intelectual e comprometimento existencial".[18] Seriam passos de profissionalização, mas num sentido pouco escolar e nada comercial, diverso do corrente. Digamos que se tratava das tentativas de um estudante talentoso, que juntamente com a sua geração procurava participar de um momento iluminado de transformação nacional, que a todos permitiria a realização. Algo parecido valeu para boa parte do movimento artístico dos anos 1960, que era jovem e mais próximo da agitação estudantil que das especializações profissionais. A diferença notável do caso é que o clima amador e enturmado não se traduzia pela desambição intelectual, muito pelo contrário. O exemplo característico, verdade que com mais carga de radicalismo e negatividade, seria Glauber Rocha. A dinâmica histórica e a força das discussões revolucionavam por dentro as figuras que logo mais seriam de ponta, as quais passavam por um processo acelerado e intensivo de acumulação e formação em áreas diversas, incluindo o debate internacional, com resultado impressionante. Entravam em liga a cultura especializada do fã, o ambiente cultural movimentado, o engajamento maior ou menor na luta social, tinturas acadêmicas, fidelidade à experiência de vida prévia, além do domínio precário do ofício, que aliás não impedia o experimentalismo e de certo modo até o favorecia. O conjunto sintonizava com a revolução brasileira em esboço, e também, visto em retrospecto, com os prenúncios do que seria 1968 no mundo, tudo num grau de afinidade com que as preparações mais propriamente profissionais não sonhavam. Caetano, que tinha consciência aguda desses paradoxos, observa que a originalidade de seu primeiro disco "muitas vezes provinha mais de nossas limitações que de nossa inventividade".[19] No mesmo espírito, a propósito do trabalho de um grupo amigo: "O disco, como de hábito, não é bom. Mas em compensação é ótimo".[20] A precariedade da fatura artística mudava de conotação, ou adquiria outra impregnação. Passava a ter parte com um hipotético salto nacional à frente, de dimensão histórica, e tinha valor nessa condição, em relação à qual as considerações convencionais de métier eram secundárias. Assim, a propósito de *Deus e o diabo na terra do sol*, Caetano escreve — memoravelmente — que "Não era o Brasil tentando fazer direito (e provando que o podia), mas errando e acertando num nível que propunha, a partir de seu próprio ponto de vista, novos critérios para julgar erros e acertos".[21]

Lembrando o início de sua educação estética, diz Caetano que se "sentia num país homogêneo cujos aspectos de inautenticidade — e as versões de rock sem dúvida representavam um deles — resultavam da injustiça social que distribuía a ignorância, e de sua macromanifestação, o imperialismo, que impunha estilos e produtos".[22] Mesmo que sumariamente, a ordem mundial inaceitável, a desigualdade brasileira e as questões de arte estão interligadas, fixando um patamar dialético para a reflexão. Grosso modo, era a posição do nacionalismo de esquerda da época, ou dos comunistas, com seus méritos e limitações: o latifúndio e o imperialismo causavam inautenticidade cultural (o que certamente era verdade), ao mesmo tempo que permaneciam como que externos ao país, formando corpos estranhos numa nação essencialmente boa e fraterna (o que era uma ingenuidade). Afinado com essa ordem de sentimentos e prolongando-a no plano artístico, o menino Caetano sonhava uma decantação do som, uma recusa da vulgaridade e do tosco: o saxofone, por exemplo, lhe soava grosseiro e a bateria era "uma atração de circo", sem falar no mau gosto do acordeão.[23] No ponto de fuga dessa reforma dos timbres, que era mais que meramente musical, estaria um Brasil verdadeiro, liberto das imposições de fora e da ignorância nativa. "Apenas radicalizava dentro de mim — como João Gilberto finalmente radicalizou para todos — uma tendência de definição de estilo brasileiro nuclear, predominante."[24] A radicalização, se ouvirmos bem, nada tinha de esteticismo, do desejo de voltar as costas à realidade degradante ou de romper com ela. Pelo contrário, tratava-se de uma espécie de aperfeiçoamento, de condensação e estilização do país na sua melhor parte, que com sorte puxaria o resto. "Eu ouvia e aprendia tudo no rádio, mas à medida que, ainda na infância, ia formando um critério, ia deixando de fora uma tralha cuja existência eu mais perdoava que admitia."[25] Mais outro exemplo da combinação caetanista de ruptura e apego, esse critério que mais perdoa que recusa a tralha das rádios comercial-populares faz parte de um sentimento das coisas ou do país, com prós e contras, que mais adiante e noutros termos será importante para o tropicalismo.

As passagens sobre a bossa nova e João Gilberto são pontos altos do livro, não só pela qualidade da análise, como pela correspondência de fundo com o painel biográfico-social. Não custa notar que essa dialética entre a invenção artística e o seu momento histórico, além de um raro espetáculo, foi desde sempre o objetivo da crítica de esquerda, aqui realizado por um adversário. A seu modo, a reciprocidade viva entre reflexão estética e crônica dos tempos, ou, ainda, entre prosa de ensaio e prosa narrativa, que vão alternando, é um arranjo formal com feição própria, que solicita a interpretação, como o andamento de um romance. A dialética desdobra-se em vários planos, dando ideia do que seja uma revolução artística, ou, por analogia, uma revolução sem mais. Na boa exposição de Caetano, a inovação técnica da bossa nova responde a um conjunto de impasses, tanto musicais como sociais, achando novas saídas para o presente, abrindo perspectivas para o futuro e redefinindo o próprio passado, que também muda. A nova batida de violão inventada por João Gilberto apoia-se na sua "interpretação muito pessoal e muito penetrante do espírito do samba", articulada "ao domínio dos procedimentos do *cool jazz*, então ponta de lança da invenção nos Estados Unidos". Assim, o artista associava uma tradição brasileira, marcada social e racialmente, a um desenvolvimento de vanguarda, com projeção internacional, que a desprovincianizava, além de viabilizá-la no mercado estrangeiro e junto a novos públicos no país. O resultado é "um processo radical de mudança de estágio cultural que nos levou a rever o nosso gosto, o nosso acervo e — o que é mais importante — as nossas possibilidades". Noutras palavras, a viravolta formal, fruto da ruminação simultânea do samba e do jazz, tem tanto lógica interna como consequências que vão além da forma, rearrumando o campo da música popular brasileira e ensaiando um novo arranjo entre as classes sociais e as raças, além de alcançar um relacionamento mais produtivo com a cultura dominante do tempo. Caetano toma conhecimento da transformação aos dezessete anos, como "uma sucessão de delícias para a minha inteligência".[26] A versão mais audaciosa, meditada e reivindicativa do elogio vem nas páginas finais, em que o grande cantor popular, pela originalidade da dicção musical que desenvolveu, é dito "um redentor da língua portuguesa, como violador da imobilidade social brasileira — da sua desumana e deselegante estratificação —, como desenhador das formas refinadas e escarnecedor das elitizações tolas que apequenam essas formas".[27] Como poucas vezes, a invenção artística e sua força estão ligadas a uma análise de classe sob medida para o país.

No centro da exposição está uma frase de 32 linhas, um verdadeiro olé dialético (e como tal um pouco forçado), em que a sintaxe procura sugerir, ou captar, a complexidade do processo real.[28] Pela abrangência da visão, pela sua potência organizadora, pelo teor de paradoxo e pela capacidade de enxergar o presente no tempo, como história, é uma façanha. Assim, a revolução que João Gilberto operou nas relações entre a fala, a linha melódica e a batida de violão 1) tornou possível o desenvolvimento pleno do trabalho de seus companheiros de geração; 2) "abriu um caminho para os mais novos que vinham chegando"; 3) deu sentido às buscas de seus predecessores imediatos, que "vinham tentando uma modernização através da imitação da música americana"; 4) superou-os todos pelo uso que soube fazer do *cool jazz,* "que lhe permitiu melhor religar-se ao que sabia ser grande na tradição brasileira", *da qual justamente os modernizadores queriam fugir*; e 5) "marcou, assim, uma posição em face da feitura e fruição de música popular no Brasil que sugeria programas para o futuro e punha o passado em nova perspectiva — o que chamou a atenção de músicos eruditos, poetas de vanguarda e mestres de bateria de escolas de samba". Como é próprio da escrita dialética, o mesmo sujeito de frase — no caso a revolução musical trazida por João Gilberto — comanda verbos muito díspares, que por sua vez comandam objetos (sujeitos) também eles desiguais, pertencentes a domínios separados e às vezes opostos da realidade, que assim ficam articulados por dentro. Tanto sujeitos como verbos atuam em várias dimensões ao mesmo tempo, as quais refluem sobre o seu ponto de partida, que existe através delas e adquire uma unidade ampliada e imprevista, que é o selo da dialética. Na realidade e na prosa, figuras apartadas pela especialização e pelo abismo das classes sociais, como os músicos eruditos, os poetas de vanguarda e os mestres de bateria de escolas de samba, na bela enumeração de Caetano, são colocadas em movimento associado e produtivo, saindo de seu isolamento. A fluidez se torna vertiginosa quando a inovação não afeta apenas o presente e o futuro, como quer o senso comum, mas abala também o passado, que deixa de ser imutável e se recompõe sob nossos olhos. A viravolta é um micromodelo do alcance total que tem uma revolução, mesmo restrita.

Caetano possui como poucos a capacidade de caracterizar artistas e obras. Espalhados pelo livro e apimentados pela rivalidade, os retratos de Maria Bethânia, Nara Leão, Elis Regina, Glauber Rocha, Chico Buarque, Raul Seixas, Erasmo Carlos, Gilberto Gil, Augusto Boal, Augusto de Campos, Geraldo Vandré e outros formam uma excelente galeria contemporânea. Deliberadamente ou não, as feições individuais somam, ressoando umas nas outras e configurando com densidade a problemática de uma geração. Noutro plano, o mesmo golpe de vista estético-social, aberto para a individualidade das obras e para a sua substância coletiva, faz de Caetano um crítico de arte de primeira qualidade. As suas páginas sobre *Terra em transe* e *Alegria, alegria* estão entre as boas peças da crítica brasileira, particularmente pela inteligência com que integram descrição formal e circunstância histórica. Dito isso, as caracterizações devem o seu relevo a mais outro elemento de visão, também ele dialético, ligado à confiança sem reservas no valor histórico da individualização complexa. Com efeito, para Caetano as obras e os artistas não são epifenômenos, mas *acontecimentos*, pontos de acumulação real, que fazem diferença e têm consequências no campo estético e fora dele. São momentos salientes e significativos de uma história em curso, que não se reduz à dinâmica do mercado, com as suas modas que se sucedem indiferente e indefinidamente, nem aos esquemas prefixados do marxismo vulgar. Por outro lado, sobretudo numa área tão comercial como a música popular e pensando num momento como aquele, de indústria cultural nascente, o risco de agigantar e mitificar diferenças meramente funcionais para o mercado é grande. O cacoete de transformar divas em deusas — sem ironia — tem o mérito eventual de sublinhar o aspecto extraordinário que o trabalho artístico pode ter, ao mesmo tempo que contribui talvez para emprestar transcendência a ilusões triviais do estrelato. Até onde vejo, as duas coisas estão presentes no ensaísmo de Caetano. "Ter tido o rock 'n' roll como algo relativamente desprezível durante os anos decisivos da nossa formação — e, em contrapartida, ter tido a bossa nova como trilha sonora de nossa rebeldia — significa, para nós, brasileiros da minha geração, o direito de imaginar uma interferência ambiciosa no futuro do mundo. Direito que passa imediatamente a ser vivido como um dever."[29] Noutras palavras, a invenção bossa-novista, que reelaborou a hegemonia norte-americana em termos não destrutivos, compatíveis com a nossa linha evolutiva própria, criou um patamar melhor para a geração seguinte, que graças à densidade do ambiente musical-intelectual interno não precisou sofrer a entrada do rock como um esmagamento cultural. A observação é aguda e aliás resume a aura de revolução benigna ou incruenta que cercou a bossa nova. Nos passos seguintes, contudo, saltando as mediações indispensáveis e o senso das proporções, a relativa autonomia cultural alcançada num lance artístico feliz abre as portas à possibilidade e ao dever de uma geração de brasileiros de influir no futuro do mundo. A satisfação legítima de sair do estado de segregação de uma cultura semicolonial se converte, sem mais aquela, na ambição de fazer e acontecer na arena internacional — em lugar de questionar essas aspirações elas mesmas.

O jogo de progressões e retomadas entre Santo Amaro, Salvador, a cultura internacional e a bossa nova, com o Brasil ao fundo, sugeria um percurso democrático de modernização. É como se por um momento (inverossímil) o progresso e a internacionalização se fizessem para o bem de todos, num toma lá dá cá harmonioso, e não à custa dos fracos e atrasados. A vida popular e a província pareciam ter algo de especial a dizer, que não seria posto de lado pelas transformações que se aproximavam. Retomando o velho desejo de Caetano, a mudança iria se dever *também* a Santo Amaro. Para uma ideia dessa miragem de modernização feliz e abrangente, veja-se um começo de frase que capta o deslumbramento da época: "O Caravelle da Cruzeiro do Sul — aeronave cuja modernidade de linhas me encantava como um samba de Jobim ou um prédio de Niemeyer [...]".[30] Associadas na mesma aspiração de elegância, aí estavam a tecnologia francesa, a música popular brasileira e a arquitetura vanguardista de Brasília, como se o país inteiro estivesse a ponto de decolar. A euforia foi desmanchada em 1964 pelo golpe, um momento estelar da Guerra Fria, quando se uniram contra o ascenso popular e a esquerda, quase sem encontrar resistência, os militares pró-americanos, o capital e o imenso fundo de conservadorismo do país, tudo com ajuda dos próprios americanos. Como a posição de Caetano iria mudar pouco depois, é interessante citar a sua primeira reação, perfeitamente afinada com a esquerda da época: "[...] víamos no golpe a decisão de sustar o processo de superação das horríveis desigualdades sociais brasileiras e, ao mesmo tempo, de manter a dominação norte-americana no hemisfério".[31] Noutras palavras, ficava interrompido um vasto movimento de democratização, que vinha de longe, agora substituído pelo país antissocial, temeroso de mudanças, partidário da repressão, sócio tradicional da opressão e da exploração, que saía da sombra e fora bisonhamente subestimado. As desigualdades internas e a sujeição externa deixavam de ser resíduos anacrônicos, em vias de desaparecimento, para se tornarem a forma deliberada, garantida pela ditadura, do presente e do futuro. No mesmo passo, para uma parte dos brasileiros a realidade acabava de tomar uma feição inaceitável e absurda.

As consequências estéticas tiradas por Caetano, que fizeram dele uma figura incontornável, custaram a aparecer. Conforme explica ele mesmo, o catalisador foi uma passagem crucial de *Terra em transe*, o grande filme de Glauber Rocha que lida com o confronto de 64 e com o papel dos intelectuais na ocasião. O protagonista, Paulo Martins, é um poeta e jornalista originário da oligarquia, agora convertido à revolução social e aliado ao Partido Comunista e ao populismo de esquerda. Exasperado pela duplicidade dos líderes populistas, e também pela passividade pré-política da massa popular, que não é capaz de confrontar os dirigentes que a enganam, Paulo Martins tem uma recaída na truculência oligárquica (verdade que com propósito brechtiano, de distanciamento e provocação). Tapando com a mão a boca de um líder sindical, que o trata de doutor, ele se dirige diretamente ao público: "Estão vendo quem é o povo? Um analfabeto, um imbecil, um despolitizado!". Meio sádico, meio autoflagelador, o episódio sublinha entre outras coisas a dubiedade do intelectual que se engaja na causa popular ao mesmo tempo que mantém as avaliações conservadoras — raramente explicitadas como aqui — a respeito do povo. Ditada pela evidência de que não haveria revolução, a desqualificação dos trabalhadores é um desabafo histórico, que no passo seguinte leva à aventura da luta armada sem apoio social. Do ponto de vista da esquerda, a cena — uma invenção artística de primeira força — era um compêndio de sacrilégios, fazendo uma espécie de chacota dolorosa das certezas ideológicas do período. Os trabalhadores estavam longe de ser revolucionários, a sua relação com os dirigentes pautava-se pelo paternalismo, os políticos populistas se acertavam com o campo adversário, a distância entre as teses marxistas e a realidade social era desanimadora, e os intelectuais confundiam as razões da revolução política e as urgências da realização pessoal. Nem por isso se atenuavam as feições grotescas das camadas dirigentes e da dominação de classe, que continuavam em pé, esplendidamente acentuadas. A revolução não se tornara supérflua, muito pelo contrário: encontrava-se num beco histórico e não dera o necessário passo à frente. A nota geral era de desespero.[32]

Tão desconcertantes quanto a própria cena, as conclusões de Caetano entravam por um rumo oposto, quase se diria eufórico, dando sequência à recomposição ideológica pós-golpe. Enxergavam *oportunidades* e *saídas* onde o filme de Glauber desembocava em frustração nacional, autoexame político e morte. Digamos que elas acatavam sem mais as palavras devastadoras de Paulo

Martins, passando por alto os traços problemáticos da personagem, que são essenciais à complexidade artística da situação. "Vivi essa cena — e as cenas de reação indignada que ela suscitou em rodas de bar — como o núcleo de um grande acontecimento cujo nome breve que hoje lhe posso dar não me ocorrera com tanta facilidade então (e por isso eu buscava mil maneiras de dizê-lo para mim mesmo e para os outros): a morte do populismo. [...] era a própria fé nas forças populares — e o próprio respeito que os melhores sentiam pelos homens do povo — o que aqui era descartado como arma política ou valor ético em si. Essa hecatombe eu estava preparado para enfrentá-la. E excitado para examinar-lhe os fenômenos íntimos e antever-lhe as consequências. Nada do que veio a se chamar de 'tropicalismo' teria tido lugar sem esse momento traumático."[33] "Portanto, quando o poeta de *Terra em transe* decretou a falência da crença nas energias libertadoras do 'povo', eu, na plateia, vi, não o fim das possibilidades, mas o anúncio de novas tarefas para mim."[34]

Convém notar que "populismo" aqui não está na acepção sociológica usual, latino-americana, de liderança personalista exercida sobre massas urbanas pouco integradas. No sentido que lhe dá Caetano, o termo designa algo de outra ordem. Trata-se do papel especial reservado ao povo trabalhador nas concepções e esperanças da esquerda, que reconhecem nele a vítima da injustiça social e, por isso mesmo, o sujeito e aliado necessário a uma política libertadora. O respeito que "os melhores" sentiam — e já não sentem? — pelos homens do povo, semiexcluídos e excluídos, em quem contemplavam a dura verdade de nossa sociedade de classes, liga-se a essa convicção. "Ou talvez seja eu próprio que me desprezo a seus olhos", escrevia Drummond em 1940, pensando no operário.[35] Assim, quando Caetano faz suas as palavras de Paulo Martins, constatando e saudando através delas a "morte do populismo", do "próprio respeito que os melhores sentiam pelos homens do povo", é o começo de um novo tempo que ele deseja marcar, um tempo em que a dívida histórico-social com os de baixo — talvez o motor principal do pensamento crítico brasileiro desde o Abolicionismo — deixou de existir. Dissociava-se dos recém-derrotados de 64, que nessa acepção eram todos populistas. A mudança era considerável e o opunha a seu próprio campo anterior, a socialistas, nacionalistas e cristãos de esquerda, à tradição progressista da literatura brasileira desde as últimas décadas do século XIX, e, também, às pessoas simplesmente esclarecidas, para as quais há muito tempo a ligação interna, para não dizer dialética, entre riqueza e pobreza é um dado da consciência moderna. A desilusão de Paulo Martins transformara-se em desobrigação. Esta a ruptura, salvo engano, que está na origem da nova liberdade trazida pelo tropicalismo. Se o povo, como antípoda do privilégio, não é portador virtual de uma nova ordem, esta desaparece do horizonte, o qual se encurta notavelmente.

Faz parte do vigor literário do livro uma certa naturalidade com o atrito ideológico, por momentos azedo e turbulento. Aos olhos da esquerda, que mal ou bem centralizava a resistência à ditadura, descrer da "energia libertadora do povo" era o mesmo que alienar-se e entregar os pontos. Aos olhos de Caetano, era livrar-se de um mito subitamente velho, que cerceava a sua liberdade pessoal, intelectual e artística. Já do ângulo da evolução ulterior das coisas, que num livro escrito décadas depois é importante, digamos que o artista havia pressentido a inversão da maré histórica no mundo, a qual até segunda ordem deixava sem chão a luta pelo socialismo, como a própria esquerda aos poucos iria notar. Aliás, conforme sugere Nicholas Brown, um estudioso americano do Brasil, da globalização, da bossa nova e do tropicalismo, a vitória da contrarrevolução em 1964-70, com a decorrente supressão das alternativas socialistas, havia propiciado a passagem precoce da situação moderna à pós-moderna no país, entendida esta última como aquela em que o capitalismo não é mais relativizado por um possível horizonte de superação. Em linha com esse esquema, a bossa nova seria um Modernismo tardio, e a tropicália, um pós-Modernismo de primeira hora, nascido já no chão da derrota do socialismo.[36]

Seja como for, a mudança não fizera de Caetano um conformista. O impulso radicalizador do pré-64 continuava atuando dentro dele e logo em seguida iria se acentuar, através da adoção do figurino ultrarrebelde e polêmico da contracultura e do pop, em diálogo vivo com o momento estético e político nacional. A oposição à ordem estabelecida agora era completa, incluída aí a esquerda convencional — entenda-se o Partido Comunista e os estudantes nacionalistas que frequentavam festivais de música —, a qual falava em anti-imperialismo e socialismo mas era bem-pensante e "nunca discutia temas como sexo e raça, elegância e gosto, amor ou forma".[37] Ambígua ao extremo, a nova posição se queria "à esquerda da esquerda", simpatizando discretamente com a luta armada de Guevara e Marighella, sem prejuízo de defender a "liberdade econômica" e a "saúde do mercado". Cultuando divindades antagônicas, Caetano interessava e chocava — outra maneira de interessar — as diversas religiões de seu público, tornando-se uma referência controversa mas obrigatória para todos. O descaso pela coerência era ostensivo e tinha algo de bravata: "Uma política unívoca, palatável e simples não era o que podia sair daí".[38] Paralelamente, o abandono da fé "populista" se traduzia por um notável aumento da irreverência, de certa disposição de pôr para quebrar, que entrava em choque com o já mencionado bom-mocismo dos progressistas e, certamente, com os mínimos de disciplina exigidos pela ação política. Assim, a posição libertária e transgressora postulada por Caetano rechaçava igualmente — ou quase — os establishments da esquerda e da direita, os quais tratava de abalar ao máximo no plano do escândalo cênico, ressalvando entretanto o mercado. Somando-se à "anarquia comportamental",[39] às roupas e cabeleiras acintosas, concebidas para passar da conta, a provocação chegava ao extremo, em plena ditadura, de exibir no palco a bandeira com que Hélio Oiticica homenageava um bandido morto pela polícia: "Seja marginal, seja herói". Como era de prever, embora a ideia não fosse essa, terminou tudo em meses de cadeia, por iniciativa de um juiz de direito que assistia ao espetáculo com a namorada.[40] Talvez fizesse parte desse quadro uma competição deslocada e suicida com os companheiros de geração que estavam optando pela luta armada, também eles contrários à ditadura e à esclerose histórica do Partido Comunista.[41] Sem esconder a satisfação de amor-próprio, Caetano relata a sua cumplicidade com o major que o interrogara na prisão, o qual denunciava "o insidioso poder subversivo de nosso trabalho" e reconhecia "que o que Gil e eu fazíamos era muito mais perigoso [para o regime] do que o que faziam os artistas de protesto explícito e engajamento ostensivo".[42] O atestado de periculosidade passado pelos militares vinha compensar os remoques dos adversários de esquerda, para os quais o tropicalismo dos cabeludos não passava de alienação. Dito isso, e a despeito do custo alto que muitos pagaram, além da acrimônia, a rivalidade entre contracultura e arte engajada tinha algo de comédia de desencontros, sobretudo porque ela era desnecessária, pois nada obrigava a esquerda (na verdade só uma parte dela) a ser convencional em matéria de estética e costumes, assim como era evidente o impulso antiburguês da contracultura. Por outro lado, a simetria na recusa dos dois establishments não era perfeita, como explica Caetano com sinceridade desarmante. Habituado à hostilização pública por parte da esquerda, que o chamava de alienado e americanizado, além de vaiá-lo em cena, julgava-se por isso mesmo a salvo da repressão policial-militar, que não o veria como inimigo e o deixaria em paz.[43] [O movimento tropicalista] "Era também uma tentativa de encarar a coincidência (mera?), nesse país tropical, da onda da contracultura com a voga dos regimes autoritários."[44] Que pensar desse cálculo espinhoso e secreto — um imaginário alvará informal, que aliás se provou errado —, vindo de alguém que se queria perigoso para o regime? O fato é que Caetano se sentia duplamente injustiçado, uma vez por ser preso pela direita sem ter feito grande coisa (o juízo é dele, apesar dos juízos contrários noutros momentos)[45] e outra por não ser reconhecido como revolucionário pela esquerda.

Geraldo Vandré, uma figura de proa da canção de protesto, a certa altura pede aos tropicalistas que não compitam com ele, pois o mercado só comporta um nome forte de cada vez, e o Brasil da ditadura, para não dizer o socialismo, precisava de conscientização das massas. Com perspicácia, Caetano observa que talvez se tratasse de um embrião daquele mesmo oficialismo que matava a cultura dos países socialistas em nome da história. Veja-se a ironia duvidosa de seu comentário, que jogava com chavões da Guerra Fria e confluências inaceitáveis para dar forma literária ao caráter envenenado da situação: "Livres do perigo vermelho desde que nossos inimigos militares tomaram o poder, nós não víamos a mais remota possibilidade de realizar-se esse desejo de Vandré".[46] Com a irrisão do caso, inclusive autoirrisão, ainda aqui os inimigos de direita pareciam garantir, contra os semicompanheiros de esquerda e de ofício, um certo espaço de liberdade — isso até prova em contrário, que não tardaria. Contra alguns da esquerda, que sonhavam assegurar-se do mercado por meio de alegações políticas, os tropicalistas apostavam "numa pluralidade de estilos concorrendo nas mentes e nas caixas registradoras".[47] O cinismo alegre dessas últimas, funcionando por assim dizer como agentes da democracia e da cultura, em certo plano era menos hipócrita que o enquadramento proposto pelos adversários; noutro plano, entretanto, era pior, pois a ideia de concorrência "nas mentes" calava a presença do Estado policial, que no fim das contas era o fato relevante. Escolhidas a dedo para vexar os socialistas, as "caixas registradoras" explicitavam o aspecto *comercial* do enfrentamento ideológico-musical nos programas de TV, aspecto que os artistas engajados, por serem anticapitalistas, preferiam passar por alto.[48] Isso posto, mesmo que manipulado e explorado pelo show business, o fla-flu artístico-ideológico era um verdadeiro fenômeno social. Transpunha para o espetáculo a nova etapa do confronto com a ditadura, confronto que estava em preparação e pouco adiante terminaria em novo massacre da esquerda. Digamos que a rivalidade exaltada nas plateias, uma disputa simbólica pela liderança do processo, aludia à luta nas ruas e à realidade do regime, ainda que de maneira indireta e distorcida. Faria parte de um discernimento intelectual mais exigente distinguir entre antagonismos secundários e principais, adversários próximos e inimigos propriamente ditos.

A confusão nessa matéria era grande. A devastação causada pela ditadura, que suspendeu as liberdades civis e desbaratou as organizações populares, seria de mesma ordem que as desfeitas e mesmo agressões do público estudantil ou dos colegas de ofício? A simples comparação não seria uma falta de juízo? Veja-se a respeito um amigo libertário de Caetano, que não lamentava o incêndio da União Nacional dos Estudantes logo em seguida ao golpe. "Tremi ao ouvi-lo dizer que o prédio da União Nacional dos Estudantes devia mesmo ter sido queimado. O incêndio da UNE, um ato violento de grupos de direita que se seguiu imediatamente ao golpe de abril de 64, era motivo de revolta para toda a esquerda, para os liberais assustados e para as boas almas em geral [por que a ironia?]. Rogério [o amigo] expunha com veemência razões pessoais para não afinar com esse coro: a intolerância que a complexidade de suas ideias encontrara entre os membros da UNE fazia destes uma ameaça à sua liberdade. O estranho júbilo de entender com clareza suas razões, e mesmo de identificar-me com elas, foi maior em mim do que o choque inicial produzido pela afirmação herética. Não tardei a descobrir que Rogério exibiria ainda maior violência contra os reacionários que apoiassem em primeira instância a agressão à UNE. Isso, que para muitos parecia absurda incoerência, era para mim prova de firmeza e rigor: ele detectava embriões de estruturas opressivas no seio mesmo dos grupos que lutavam contra a opressão, mas nem por isso iria confundir-se com os atuais opressores destes."[49]

Em perspectiva histórica, tratava-se da reavaliação do passado recente. O ascenso socializante do pré-64, cujo impulso superador e democrático fazia a beleza dos capítulos sobre Santo Amaro e Salvador, agora era revisto sob luz contrária, como um período incubador de intolerância e ameaça à liberdade. Depois de serem motivo de orgulho, os grupos que se erguiam contra o imperialismo e a injustiça social passavam a ser portadores de "embriões de estruturas opressivas", contra os quais mesmo um incêndio não seria uma providência descabida. Ainda que imaginemos que o incêndio tenha sido aqui uma flor de retórica, a mudança de posição era radical. Veja-se um exemplo do novo tom, que não ficaria mal em editoriais da imprensa conservadora: "Hoje são muitas as evidências de que [...] qualquer tentativa de não alinhamento com os interesses do Ocidente capitalista resultaria em monstruosas agressões às liberdades fundamentais [...]".[50] Que pensar dessa viravolta, referida a um momento em que as liberdades fundamentais de fato haviam sido canceladas, mas pela direita? Agora é a luta por uma sociedade melhor que é posta sob suspeição. Em termos de consistência literária, de coerência entre as partes da narrativa, que numa autobiografia quase-romance têm valor estético-político, o novo ponto de vista antiesquerda destoa e não encontra apoio na apresentação — tão notável — do período anterior a 64. Conforme o próprio livro, foram anos justamente em que a liberdade de experimentação social e artística brilhou em toda linha, com força talvez inédita no país. Seja dito de passagem que a vitalidade desse experimentalismo se devia em parte ao fato de que o próprio capitalismo estava em jogo, e, com ele, as coordenadas da realidade, num grau que não se repetiria mais. Assim, quando aparece, a insistência no caráter antidemocrático da luta pela democracia é um corpo estranho no relato, de cuja dinâmica interna não parece resultar. Sem maior base no passado, pode entretanto refletir a correlação de forças *pós-golpe*, que depois de derrubar e proibir as aspirações sociais da fase prévia as pintou com as cores do terror stalinista. É certo que a sombra da União Soviética pesaria sobre qualquer tentativa socializante, mas transformá-la em impedimento absoluto à insatisfação com o capitalismo era e é outra forma de terror ou de paralisação da história. Em plano mais comezinho, o novo antiesquerdismo magnificava desentendimentos antigos, em questões de arte e estilo de vida, que até onde conta Caetano não chegavam a ser incontornáveis. "Se eu me identifiquei com Rogério logo ao conhecê-lo, foi porque minha situação entre meus colegas de esquerda na Universidade da Bahia fora semelhante à dele entre seus amigos da UNE no Rio. Sem que desse motivos para confrontos do tipo que ele teve que enfrentar, minha atitude reticente em face das certezas políticas de meus amigos suscitava neles uma irônica desconfiança. Eu era um desses temperamentos artísticos a que os mais responsáveis gostam de chamar de 'alienados'. Minhas relações com os colegas de esquerda eram até mesmo ternas."[51]

O júbilo ante o incêndio da UNE, uma emoção "estranha" e "herética", meio inconfessável e meio perversa, é parente do entusiasmo pela cena traumática de *Terra em transe*. Também esta foi uma "hecatombe" bem-vinda, que punha abaixo as aspirações da esquerda e, com elas, a crer no novo Caetano, uma prisão mental. Nos dois casos, sob o manto de reações tabu, que requerem certa coragem para se afirmar — embora o campo vencedor as aprove —, assistimos a uma *conversão histórica*, ou, melhor dizendo, à *revelação* de que a esquerda, até então estimada, é opressiva e não vale mais que a direita. Adiante veremos em funcionamento essa equidistância. Seja dito de passagem que *iluminações* tanto podem esclarecer como obscurecer e que às vezes fazem as duas coisas. Por agora, notemos algumas das razões que fizeram que Caetano festejasse a derrocada da esquerda — mas não a vitória da ditadura — como um momento de libertação. Mal ou bem, é o depoimento de um artista incomum sobre o mal-estar que a própria existência da esquerda, com sua terminologia, suas teses e posições, lhe passara a causar.

O incômodo começava pela linguagem. Por que chamar de proletários os trabalhadores pobres e "miseravelmente desorganizados" do Recôncavo, a quem esse nome não ocorreria e que aliás gostariam muito de usar capacete e de ser assalariados? Na mesma ordem de objeções, não soava descabido e pouco "estimulante", dadas as circunstâncias, falar em ditadura do proletariado?[52] Noutro plano, o socialismo seria mesmo a solução para todos os problemas, como uma panaceia? "A solução única já era conhecida e chegara aqui pronta: alcançar o socialismo."[53] Com sentido comum, Caetano havia notado o desajuste entre a vulgata marxista e a realidade local, bem como certa cegueira correspondente. A pobreza entretanto existia sim, e o desconforto com as palavras não a fazia desaparecer. "Claro que as ideias gerais a respeito da necessidade de justiça social me interessavam e eu sentia o entusiasmo de pertencer a uma geração que parecia ter diante de si a oportunidade de mudar profundamente a ordem das coisas."[54] Afastada a camisa de força do jargão, a sociedade de classes voltava pela janela dos fundos e impunha os seus problemas, cujo horizonte é coletivo. Acresce que a alergia aos esquemas do marxismo tinha ela mesma um viés de classe, passível de crítica — marxista? — por sua vez. "Eu sinceramente não achava que os operários da construção civil em Salvador [...] — tampouco as massas operárias vistas em filmes e fotografias — pudessem ou devessem decidir quanto ao futuro de minha vida."[55] Como não ver a parte do desdém e da exclusão política nessa formulação, sem falar na fantasia ideológica de um futuro pessoal incondicionado? Acaso as classes dirigentes que nós intelectuais e artistas costumamos tolerar ou adular não influem na nossa vida? E a restrição aos operários seria feita igualmente a empresários, banqueiros, políticos profissionais ou donos de estações de TV?

Depois de haver sido o partido da transformação social, da crítica à ordem burguesa e ao atraso, a esquerda passava a ser considerada, talvez por força da derrota, como um obstáculo à inteligência. Sem ser uma refutação no plano das ideias, a vitória do capital sobre o movimento popular afetava as cotações intelectuais e estimulava a substituição das agendas, com vantagem discutível. "O golpe no populismo de esquerda [Caetano refere-se à cena central de *Terra em transe*] libertava a mente para enquadrar o Brasil de uma perspectiva ampla, permitindo miradas críticas de natureza antropológica, mítica, mística, formalista e moral com que nem se sonhava."[56] As ausências conspícuas nessa lista de *perspectivas amplas* são a análise de classes, a crítica ao capital e o anti-

-imperialismo, sem falar no prisma da desmistificação. Assim, salvo engano, a nova liberdade de vistas consistia em deixar de lado os ângulos propriamente modernos ou totalizantes que haviam conquistado o primeiro plano no pré-64, quando teriam sido causa — mas será verdade? — de acanhamento mental. Repitamos que não é o que o livro conta nos capítulos dedicados ao período, nos quais, ao contrário, se vê um momento inteligente e aberto da vida nacional, notável pelo ascenso popular e muito mais livre do que o que veio depois. Noutras palavras, voltando ao argumento de Caetano, o abalo causado pela viravolta militar e política teria tido também o seu aspecto positivo, abrindo perspectivas intelectuais novas, antes inacessíveis (mas alguém as vedava?), que "procuravam revelar como somos e perguntavam pelo nosso destino".[57] Já um materialista dirá que, longe de ser novidade, a consideração "antropológica, mítica, mística, formalista e moral" do país, bem como a pergunta pelo "nosso destino", marcava uma volta ao passado, às definições estáticas pelo caráter nacional, pela raça, pela herança religiosa, pelas origens portuguesas, que justamente a visão histórico-social vinha redimensionar e traduzir em termos da complexidade contemporânea. É claro por outro lado que a reconfiguração geral do capitalismo, de que 64 fez parte, exige uma resposta que os socialistas continuam devendo.

A caracterização da esquerda como um bloco maciço, antidemocrático em política e retrógrado em estética não correspondia à realidade. Embora minoritária, a fina flor da reflexão crítica do período era, além de socializante, antistalinista com conhecimento de causa e amiga do experimentalismo em arte. Basta lembrar Mario Pedrosa, Anatol Rosenfeld, Paulo Emilio Salles Gomes e Antonio Candido. Com as diferenças de cada caso, algo parecido valia para os artistas de ponta, como Glauber e seus companheiros do Cinema Novo, o grupo da Poesia

Concreta, os signatários do manifesto da Música Nova, o pessoal do Teatro de Arena e Oficina, incluindo o próprio Caetano antes da virada.[58] Por que então a pressa em abandonar o barco, em que não faltavam aliados? Arriscando um pouco, digamos que Caetano generalizou para a esquerda o nacionalismo superficial dos estudantes que o vaiavam, bem como a idealização atrasada da vida popular que o Partido Comunista propagava. A generalização errava o alvo e não deixava de surpreender, pois muito do êxito do artista se deveu a setores mais radicalizados da mesma esquerda, que se sentiam representados na linguagem pop, no comportamento transgressivo, nos acordes atonais e, de modo mais geral, na experimentação vanguardista e na atualização internacional. Assim, até onde vejo, não foi a limitação intelectual da esquerda o que levou Caetano a fazer dela o seu adversário. A razão da hostilidade terá estado simplesmente nas reservas gerais dela ao capitalismo vencedor, na negatividade estraga-prazeres diante da voragem da mercantilização que se anunciava.

Numa passagem inesquecível do livro — também ela um júbilo duvidoso — Caetano desce à rua para ver de perto uma passeata estudantil e sua repressão pelos militares.[59] À maneira dos hippies, que então era nova, o artista ostentava uma cabeleira enorme, vestia um capote de general sobre o torso nu e usava jeans e sandálias, além de "um colar índio feito de dentes grandes de animal". Caminhando na contracorrente da manifestação, enquanto os estudantes fugiam e eram espancados, a estranha figura se toma de uma "ira santa", com alguma coisa talvez de beato, e interpela os passantes, "protestando contra sua indiferença medrosa (e, quem sabe?, seu apoio íntimo) em face da brutalidade policial". A cena é intrincada e vale uma discussão. Os protagonistas centrais naturalmente eram os estudantes e os militares, que disputavam o domínio da rua e o ser ou não ser da ditadura. Caetano não toma partido direto no conflito, não se alinhando com os manifestantes nem falando a eles, afinal de contas a sua gente, nem tampouco se dirigindo aos soldados. Em vez disso inventa para si uma figura de possesso, ou de profeta, e passa a dizer desaforos — "desaforos foi o que ouviram" — às pessoas da rua que não querem saber de nada e só pensam em cair fora o mais rápido possível. "Homens e mulheres apressados tinham medo dos manifestantes, dos soldados e de mim. Eu estava seguro de que, naquela situação, ninguém me tocaria um dedo." Entre parênteses, seria interessante, para aprofundar o episódio, conhecer o teor das recriminações. Seja como for, a participação a que o profeta incita os passantes não vale para ele próprio, vestido a caráter, que quer mesmo é invectivar, mais do que ser ouvido. A própria "ira santa" tinha um quê relativo, pois vinha acompanhada de cálculos de segurança pouco irados, que faziam dela um teatro para uso sobretudo particular. "Por outro lado, os soldados dificilmente focariam a sua atenção em mim: eu andava em sentido contrário aos estudantes fugitivos, na verdade tangenciando o olho do furacão, e minha aparência não seria computada como sendo a de um dos manifestantes. Eu falava alto e exaltadamente, mas nenhum soldado se aproximaria de mim o suficiente para me ouvir." Com ar de doido, desses que as situações de caos e a religiosidade popular fazem aparecer, a personagem sentia-se a salvo da repressão, que não a veria como adversário. Em suma, uma intervenção arriscada mas nem tanto, que no fundo não é uma intervenção, embora criando uma posição fora de concurso, possível na circunstância (para quê?). De inegável interesse, devido sobretudo à complicação dos motivos, o episódio é difícil de classificar. Caetano o tem em alta conta, como happening, teatro político e poesia.

Tão esquisitas quanto a cena são as considerações a seu respeito. No principal, trata-se de valorizá-la como um lance de arte de vanguarda, ou neovanguarda dos anos 1960. As marcas distintivas estão aí: a recusa da separação entre arte e vida prática, a performance improvisada à luz do dia, com dimensão política, envolvendo o cidadão comum, a proposta de um fazer artístico sem obra durável, a poesia totalmente desconvencionalizada, que não se limita ao espaço do poema, e, por fim, a inspiração libertária geral. "Mas nessa estranha descida à rua, eu me sabia um artista realizando uma peça improvisada de teatro político. De, com licença da palavra, poesia. Eu era o tropicalista, aquele que está livre de amarras políticas tradicionais e por isso pode reagir contra a opressão e a estreiteza com gestos límpidos e criadores. Narciso? Eu me achava nesse momento necessariamente acima de Chico Buarque ou Edu Lobo, de qualquer um dos meus colegas tidos como grandes e profundos." O autoenaltecimento algo cômico desse final, que combina aspirações à genialidade com a vontade meio infantil de estar à frente de colegas muito aplaudidos, dá o tom. É certo que o episódio preenche os requisitos do vanguardismo, com os quais está em dia, mas isso não é tudo, pois há também as suas dissonâncias internas, que o caracterizam noutra linha. A ira santa fingida, o profeta que assusta os assustados, em lugar de esclarecê-los e persuadi-los, a encenação de um happening enquanto os companheiros de geração e resistentes à ditadura apanham, a dúvida — alimentada ao longo do livro inteiro — quanto ao que sejam e de que lado estão a opressão e a estreiteza, a posição superior porém indefinida do tropicalista "livre de amarras políticas tradicionais" (quais?), os dividendos puramente subjetivos da operação vanguardista, despida do sentido transitivo ou explosivo que lhe é próprio, nada disso enfim é límpido, embora haja invenção. Digamos que a verdade dessa página extraordinária, talvez a culminação do livro, não está onde o seu autor supõe. A riqueza da cena não decorre da integridade de seu gesto central — um ato de poesia? —, mas da afinidade deste com a desagregação que se processa à sua volta, representativa do momento, como num romance realista. No começo do capítulo, Gilberto Gil experimenta um chá de auasca e descobre que pode "amar, acima do temor e de suas convicções ou inclinações políticas, o mundo em suas manifestações todas, inclusive os militares opressores".[60] O caráter regressivo do amor aos homens da ditadura dispensa comentários, e aliás não deixa de ser um documento do que pode a droga segundo as circunstâncias. Logo em seguida, confirmando o clima de instabilidade e conversões vertiginosas, a narrativa retoma os dias anteriores ao golpe, quando Caetano ainda era simpático à transformação social, ao método Paulo Freire de alfabetização de adultos e ao CPC, que pouco depois iria abominar a ponto de aplaudir o incêndio da UNE. Voltando enfim ao presente pós-golpe, tão exaltantes quanto a droga há as situações de multidão nos concursos de auditório e nas manifestações de rua, quando "Deus está solto",[61] com os correspondentes convites à ego trip e ao messianismo, ao heroísmo e ao medo, que são outras tantas viagens. "Nesse clima de ânimos exaltados e ruas conflagradas é que a auasca [...] fez sua aparição."[62] No que se refere ao valor literário, que é real, tudo está em perceber a totalidade turbulenta, historicamente particular, composta destas referências tão diversas — planos de conquista da primazia artística, ditadura militar, agitação e militância revolucionária, indiferença dos passantes, clima psicodélico, arte de vanguarda, pancadarias de rua e auditório, celebridade midiática, medo, coordenadas da Guerra Fria etc. —, em que se objetiva com força memorável, sem paralelo talvez na literatura brasileira recente, o custo espiritual da instalação do novo regime.

De maneira metódica, o tropicalismo justapunha traços formais ultramodernos, tomados à linha de frente da moda internacional, e aspectos característicos do subdesenvolvimento do país. A natureza desencontrada e humorística da combinação, com algo de realismo mágico, salta aos olhos. No episódio da passeata, por exemplo, estão reunidos o visual hippie e a exaltação religiosa do pregador popular, o figurino do happening e o colar índio com seus grandes dentes de fera. São elementos com data e proveniência heterogêneas, cujo acoplamento compõe um disparate ostensivo, que reitera descompassos da história real. A incongruência, no entanto — aí a surpresa —, é um achado estético, e não uma deficiência da composição. O contraste estridente entre as partes descombinadas agride o bom gosto, mas ainda assim, ou por isso mesmo, o seu *absurdo* se mostra funcional como representação da atualidade do Brasil, de cujo desconjuntamento interno, ou modernização precária, passa a ser uma alegoria das mais eficazes. Vinda do campo da arte de consumo, a ambição do projeto, que visava alto, era surpreendente. Em tese, a canção tropicalista programada por Caetano queria conjugar superioridades com órbita diversa: a revolução do canto trazida por João Gilberto, o nível literário dos melhores escritores modernos da língua (João Cabral e Guimarães Rosa), a vasta audiência dos sucessos comerciais, sofisticados ou vulgares (Beatles, Roberto Carlos e Chacrinha), a força de intervenção do pop star, cujas posturas públicas podem fazer diferença (em especial num momento de ditadura), atuando "sobre o significado das palavras" — tudo de modo a influenciar "imediatamente a arte e a vida diária dos brasileiros". Em suma, "nós outros tentávamos descobrir uma nova instância para a poesia".[63] A intenção revolucionária desse programa, que buscava aliar primazias que as especializações artísticas e as realidades da ordem burguesa mantinham separadas, só não era evidente porque o escândalo a encobria. Estão aí, convincentes ou não, o desconfinamento da poesia, liberta dos "ritos tradicionais do ofício" e interferindo na vida real; a entrada da canção comercial, até então plebeia, para o clube da grande arte; a derrubada das divisórias entre arte exigente e indústria cultural, experimentalismo e tradição popular, que deixariam — mas será certo? — de se repelir; o trânsito livre entre a excelência artística e a vida diária da nação, viabilizado aqui pelos bons serviços do mercado, como se vivêssemos no melhor dos mundos e os mecanismos alienadores do capital não existissem. Por outro lado, tomando distância, notemos que o desejo de eficácia transformadora e a desenvoltura diante das divisões correntes davam prosseguimento, noutra chave, a tendências sociais e artísticas anteriores a 64. Embora oculta, essa continuidade configurava e problematizava a passagem de um período ao outro, sendo um fator de fundo da força romanesca que o livro tem. Também nos anos de pré-revolução — basta lembrar o capítulo de Caetano sobre Salvador — estiveram na ordem do dia a invenção de novas formas de militância cultural, a exposição das formas artísticas a um debate politizado, a redefinição subversiva das relações entre cultura exigente e cultura popular, a incorporação do repertório erudito e vanguardista, nacional e internacional, às condições peculiares da luta social no país etc. Não obstante, a diferença entre os dois momentos não podia ser maior. Sob o signo do ascenso popular, a convergência entre inovação artística e dessegregação social antecipava, ilusória ou não, alguma forma de superação socialista, que colocava a experimentação estética no campo da busca de uma sociedade nova e melhor. Já sob o signo contrário, da derrota do campo popular, os mesmos impulsos adquiriam uma nítida nota *escarninha*, inclusive de autoderrisão, aliás indispensável à verdade do novo quadro. Também este é um resultado artístico forte, que dá figura crítica a um momento da história contemporânea, a saber, o truncamento da revolução social no Brasil. De maneira enviesada, a carnavalização tropicalista aludia à autotransformação que o país ficara devendo.

"A palavra-chave para se entender o tropicalismo é *sincretismo*", com as suas implicações antipuristas de heterogeneidade e mistura, ou de integração deficitária.[64] Com efeito, a colagem de elementos que não casam, dissonantes pelos respectivos contextos de origem, é o traço formal distintivo da arte tropicalista, contrária em tudo ao padrão da forma orgânica. A agressão às separações estabelecidas tinha significado ambíguo, expressando tanto o anterior impulso revolucionário quanto a vitória subsequente da comercialização, também ela destradicionalizadora. O procedimento dava figura à mixórdia dos novos tempos em que o país entrava, a que as formas populares tradicionais, com seu universo convencional e circunscrito, não tinham acesso. O passo à frente, em termos de modernização da música popular, de aproximação dela ao vanguardismo estético, era indubitável. As discrepâncias — ou montagens — ocorriam no interior das canções, ou também entre as canções de um mesmo disco. Assim, por exemplo, comentando os planos para um dos primeiros trabalhos de Gal Costa, Caetano observa que se tratava de superar "tanto a oposição MPB/ Jovem Guarda quanto aquela outra oposição, mais profunda, que se dava entre bossa nova e samba tradicional, ou ainda entre música sofisticada moderna (fosse bossa nova, samba-jazz, canção neorregional ou de protesto) e música comercial vulgar de qualquer extração ("versões de tangos argentinos, boleros de prostíbulos, sambas-canções sentimentais etc.").[65] Observe-se o sentido inesperado que tem aqui a ideia de superação. Em todos os casos, ela envolvia algum grau de afronta ("escândalos que eu próprio queria desencadear"),[66] pois mesclava gêneros ou rubricas rivais, alfinetando as razões e os preconceitos envolvidos na sua diferença. Em cada uma das oposições lembradas estavam em pauta, como é fácil ver, hostilidades de linha política, ou também de classe ou geração, as quais apimentavam as divergências artísticas. Ao agitar e transformar em tema esse substrato de animosidades estético-sociais, altamente representativas, o tropicalismo inovava e aprofundava o debate. Estava em jogo também o rumo que as coisas iriam tomar: a bossa nova colocava-se adiante do samba tradicional, a vulgaridade comercial ficava aquém da música sofisticada, e a MPB, segundo o ponto de vista, estava à frente ou atrás da Jovem Guarda do iê-iê-iê, questão que por um momento pareceu ter implicações para o futuro do país. Acentuando o paradoxo, digamos então que as oposições que o tropicalismo projetava superar eram elas mesmas portadoras de ambição superadora, e que nesse sentido era a própria superação que estava sendo superada, ou, ainda, a própria noção de progresso que estava sendo desativada por uma modalidade diferente de modernização.

Assim, a superação tropicalista deixava e não deixava para trás as oposições acima das quais queria planar. A distância tomada era suficiente para permitir que os termos em conflito coexistissem e colaborassem na mesma canção, no mesmo disco e sobretudo num mesmo gosto, mas não tanta que se perdesse a chispa antagônica, sem a qual iria embora o escândalo da mistura, que também era indispensável e devia ser conservado. A seu modo, era uma distância que, embora mudando a paisagem, deixava tudo como antes, com a dinâmica superadora a menos. A mais, havia um ponto de vista superiormente atualizado, acima do bem e do mal, um novo sentimento do Brasil e do presente, que se recusava a tomar partido e que encontrava no impasse o seu elemento vital, reconhecendo valor tanto ao polo adiantado como ao retrógrado, inclusive o mais inconsistente e kitsch. O que se instalava, a despeito do alarido carnavalesco, era a estática, ou, noutras palavras, uma instância literal de revolução conservadora. Veremos que esta não é a palavra final sobre o tropicalismo, ainda que contenha muitas de suas intenções principais.

A figuração do país através de seus contrastes estereotipados, em estado de ready-made, torna-se uma fórmula sarcástica, de conotação vanguardista. Aí estão o mato virgem e a capital hipermoderna, a revolução social e o povo abestalhado, o iê-iê-iê dos roqueiros e a família patriarcal rezando à mesa, o mais que ultrapassado Vicente Celestino e o avançadíssimo João Gilberto, o mau gosto superlativo de d. Iolanda, a mulher do general-ditador, quando comparada à dignidade de Indira Gandhi, a grande dama terceiro-mundista que nos visitava etc. etc., tudo realçado pelo envoltório pop de última moda. Longe de ser um defeito, a facilidade da receita era uma força produtiva ao alcance de muitos, que permitiu a uma geração falar de maneira engenhosa e reveladora "da tragicomédia Brasil, da aventura a um tempo frustra e reluzente de ser brasileiro".[67] Com alta dose de ambivalência, a funcionalidade por assim dizer patriótica dessas oposições estacionárias, que não tendiam à resolução, fazia que elas trocassem de sinal. De descompassos e vexames, passavam a retrato assumido e engraçado da nacionalidade, verdadeiros logotipos com toque ufanista, em suma, à revelação festiva, ainda que embaraçosa, do que "somos".[68] Uma ideologia carnavalesca da identidade nacional harmonizava e caucionava os desencontros de nossa formação social, desvestindo-os da negatividade que haviam tido no período anterior, de luta contra o subdesenvolvimento. Os termos opostos agora existiam alegremente lado a lado, igualmente simpáticos, sem perspectiva de superação. Saltando a outro plano, distante mas correlato, essa acomodação do presente a si mesmo, em todos os seus níveis, sem exclusivas, era a imitação ou assimilação subjetiva — mais satírica do que complacente? — do ponto de vista da programação comercial da cultura. Também as estações de rádio ou de TV trabalham com todas as faixas de interesse do público, do regressivo ao avançado, desde que sejam rentáveis. O mundo cheio de diferenças e sem antagonismos toma a feição de um grande mercado.

Para sugerir algo das diferentes possibilidades envolvidas numa conjuntura como essa, vejam-se duas indicações curiosas sobre "Alegria, alegria", o primeiro grande êxito de Caetano. Conforme aponta o autor, a canção retoma no título um refrão do Chacrinha e inclui na letra uma formulação de J.-P. Sartre — "nada no bolso e nas mãos" —, colocando juntos o animador clownesco de TV, autoritário e comercial, ídolo das empregadas domésticas, e o filósofo da liberdade, ídolo dos intelectuais.[69] A piada passaria despercebida se Caetano, interessado em exemplificar o espírito misturador do tropicalismo, não chamasse atenção para ela. A sua irreverência se pode ler de muitas maneiras, o que só lhe aumenta o interesse. Por um lado, o artista deixa claro que a imaginação tropicalista é libérrima e se alimenta onde bem entende, sem respeito à hierarquia (elitista? preconceituosa?) que coloca o grande escritor acima da popularidade televisiva. Por outro, a inspiração igualitária não convence, pois na associação de Chacrinha e Sartre há também a alegria debochada de nivelar por baixo, sob o signo do poder emergente da indústria cultural, que rebaixa tanto a gente pobre quanto a filosofia, substituindo por outra, não menos opressiva, a hierarquia da fase anterior. Seria o abismo histórico entre cultura erudita e popular que se estaria tornando coisa do passado? Seria a desqualificação do pensamento crítico pelas novas formas de capitalismo que estaria em andamento? Ou seria a força "saneadora" da "imunda" indústria do entretenimento que se fazia sentir?[70] O gosto duvidoso que a brincadeira deixa na boca é um sabor do nosso tempo.

Dito isso, a visão 1997 que Caetano propõe do tropicalismo, como um movimento mais positivo que negativo, antes a favor do que do contra, não deixa de surpreender. A despeito do autor, não é isso o que o livro mostra ao fazer a crônica de uma radicalização artística e social vertiginosa, talvez mal calculada, com ponto de fuga na provocação e na morte. Na última série de programas de TV que antecedeu a prisão, que tinha como título *Divino, maravilhoso*, a exacerbação já chegava ao limite: o palco estava atrás de grades, os artistas cantavam em jaulas e assistiam ao enterro do movimento, ao passo que Caetano apontava um revólver para a cabeça.[71] A afinidade sempre negada com a arte de protesto não podia ser maior. Assim, uma apreciação equilibrada do conjunto deveria ressaltar linhas de força contraditórias. A justaposição crua e estridente de elementos disparatados, inspirada em certo sentimento do Brasil, dava espaço a leituras divergentes. Colocados lado a lado, em estado de inocência mas referidos à pátria, os termos da oposição podem significar um momento favorável, de descompartimentação nacional, de destemor diante da diversidade extravagante e caótica do que somos, a qual por fim começaria a ser assumida num patamar superior de conciliação. Difícil de compaginar com a ditadura, esse aspecto eufórico existia, embora recoberto por uma ironia que hoje não se adivinha mais. A frequente atitude de orientador cultural adotada por Caetano, voltada para a regeneração da música popular brasileira, liga-se a essa perspectiva. Se entretanto atentarmos para a dimensão temporal que no fim das contas organiza e anima as justaposições, em que o ultranovo e o obsoleto compõem uma aberração constante e inelutável, algo como um destino, o referente passa a ser outro, historicamente mais específico e francamente negativo. Em lugar do Brasil-terra-de-contrastes, amável e pitoresco, entra o Brasil marcado a ferro pela contrarrevolução, com sua combinação esdrúxula e sistemática de modernização capitalista e reposição do atraso social — a oposição atrás das demais oposições —, de que a fórmula tropicalista é a notável transposição estrutural e crítica. Nesse sentido, sem prejuízo das convicções políticas contrárias do autor, o absurdo tropicalista formaliza e encapsula a experiência histórica da esquerda derrotada em 1964 e sua verdade. Nem sempre as formas dizem o que os artistas pensam.

O paralelo entre o tropicalismo e a poesia antropófaga de Oswald de Andrade, quarenta anos mais velha, é evidente. Esta última canibalizava soluções poéticas do vanguardismo europeu e as combinava a realidades sociais da ex-colônia, cuja data e espírito eram de ordem muito diversa. O resultado, incrivelmente original, era como que uma piada euforizante, que deixava entrever uma saída utópica para o nosso atraso meio delicioso, meio incurável. Nessa hipótese do antropófago risonho, o Brasil saberia casar o seu fundo primitivo à técnica moderna, de modo a saltar por cima do presente burguês, queimando uma etapa triste da história da humanidade. Analogamente, o tropicalismo conjugava as formas da moda pop internacional a matérias características de nosso subdesenvolvimento, mas agora com efeito contrário, em que predominava a nota grotesca. Esta apontava para a eternização de nosso absurdo desconjuntamento histórico, que acabava de ser reconfirmado pela ditadura militar. Digamos que em sua própria ideia a antropofagia e o tropicalismo tinham como pressupostos o atraso nacional e o desejo de superá-lo, ou seja, em termos de hoje, o quadro da modernização retardatária. Num caso, plantado no início do ciclo, a perspectiva é cheia de promessas ("A alegria é a prova dos nove").[72] No outro, suscitado pela derrota do avanço popular, a tônica recaía na persistência ou na renovação da malformação antiga, que portanto não estava em vias de superação como se supunha. "Assim, digam o que disserem, nós, os tropicalistas, éramos pessimistas, ou pelo menos namoramos o mais sombrio pessimismo."[73] "[...] de fato, nunca canções disseram tão mal do Brasil quanto as canções tropicalistas, nem antes nem depois."[74] Com sentidos diferentes, sempre com força e inserção histórica, digamos que tanto a antropofagia quanto o tropicalismo foram programas estéticos do Terceiro Mundo.

Depois de capítulos sobre a prisão, a liberdade vigiada em Salvador e dois anos e meio de exílio em Londres — um conjunto de punições que não é pequeno —, há a volta ao Brasil. São páginas cheias de interesse, cujo caráter deliberadamente apolítico, entretanto, chama a atenção. Afinal de contas, não se tratava aqui de um anônimo, mas de uma figura saliente da oposição cultural à ditadura, "com poder sobre a opinião pública" e, por que não dizer, com as responsabilidades correspondentes.[75] Em especial a parte sobre a cadeia desconcerta. Muito literária, atravessada por exercícios proustianos, ela se concentra nas perturbações do sono, da libido, dos humores e da razão causadas pela perda da liberdade. A resposta ao castigo político infligido pela ditadura vem na forma de um longo queixume analítico sobre os sofrimentos da prisão — o que aliás não deixa de ser uma denúncia em registro inesperado. Nenhuma vontade de resistência, nenhuma ideia sobre a continuidade do movimento oposicionista de que, mal ou bem, mesmo involuntariamente, o artista continuava a ser parte. É claro que a preferência pelo ângulo intimista, às expensas da dimensão coletiva da situação, pode ser um afã de originalidade do escritor. Onde a tradição do gênero manda o prisioneiro político dar um balanço dos acontecimentos passados e das perspectivas futuras, o artista adota o papel anticonvencional de anti-herói e anota outras coisas, não menos importantes, como a incapacidade de chorar ou de se masturbar — lágrimas e sêmen são parentes — acarretada pelo cárcere; ou a precedência invencível da superstição sobre o bom senso quando se trata de especular sobre a eventual libertação. Em seu momento, três décadas depois, a opção narrativa pela confissão de fraqueza, pela incapacidade de opor resistência, pode ser um heroísmo ao contrário (uma superioridade sobre a estreiteza dos militantes? uma rebeldia em segundo grau?), e penso que é assim que ela se apresenta. Entretanto, é possível também que a longa descida aos infernos não funcione só como depoimento, ou leal rememoração, mas também como desconversa, dispensando o autor de reatar o fio com a posição avançada e guerreira em que se encontrava no momento em que a direita política o atingiu. Comentando o acerto da canção com que Gil se despedia do Brasil, depois da prisão e antes do exílio, "sem sombra de rancor", "amor e perdão impondo-se sobre a mágoa", Caetano louva a sua sabedoria: "'Aquele abraço' era, nesse sentido, o oposto de meu estado de espírito, e eu entendia comovido, do fundo do poço da depressão, que aquele era o único modo de assumir um tom 'bola para a frente' sem forçar nenhuma barra".[76] A lição aplicada pelos militares havia surtido efeito.

A recomposição se completa depois da volta ao país em 1972 — auge da ditadura —, no primeiro carnaval passado na Bahia. Em matéria de melodrama, coincidências mágicas e apoteose, o episódio chega ao grandioso. "Chuva, suor e cerveja", um frevo composto por Caetano ainda no exílio, estava tendo grande aceitação popular, deixando o artista entre o riso e as lágrimas. A atmosfera de pansexualismo nas ruas, onde se confundiam os foliões fantasiados e os hippies autênticos, os travestis carnavalescos e os gays da revolução sexual em curso, era como que a realização popular do programa tropicalista, que também ele tornava fluidas as fronteiras entre tradicional e moderno, local e cosmopolita, masculino e feminino. Respirava-se "uma sensação de liberdade muito grande".[77] Por coincidência com o título do frevo, a chuva começa a cair assim que o trio elétrico o começa a tocar, enquanto a multidão continua cantando e dançando. "[...] tudo compunha uma festa completa de recepção para mim por parte do Brasil que me falava direto ao fundo do imaginário."[78] Sobre o caminhão do trio elétrico vinha montado um foguete espacial que trazia a inscrição "Caetanave". O músico sobe para agradecer a homenagem. "Senti alguma coisa bater em meu rosto que não era uma gota de chuva. Aproximei a mão para descobrir o que era. A coisa voou para o meu peito e só aí é que Roberto [um amigo] e eu percebemos que se tratava de uma esperança. Apesar da chuva grossa, essa esperança verde voou na direção das luzes do caminhão e veio pousar em mim. Eu então disse para Roberto: 'Quer dizer que há esperança?'. Ele respondeu com a alegria tranquila de quem não esperaria por nada menos: 'Claro!'." A Caetanave segue em direção da casa em que Gil estava dormindo. Este, que acreditava em disco voador, leva um momento para se recompor e perceber o que se passava. "Quando me viu descer do objeto estranho do qual o som trepidante provinha, entendeu antes de tudo que a magia e o ordinário se reafirmavam mutuamente, que o simbólico e o empírico não precisavam ser distinguidos um do outro — que, naquele momento forte, o mito vinha fecundar a realidade. A rejeição que o exílio significara não apenas se dissipava: dava lugar a uma carinhosa compensação."[79]

Como num conto de fadas ou numa alegoria carnavalesca, a chuva, os bichinhos alados e o povo da Bahia se unem para dar boas-vindas, em nome do Brasil, ao artista que fora rejeitado e agora volta. O apelo ao maravilhoso é compreensível como expressão de desejo, embora kitsch. Como explicação do curso das coisas, é regressivo, uma verdadeira abdicação. A personificação mítica do país, que acolhe e repara depois de haver mandado embora, toma o lugar da discriminação sóbria dos fatos, com evidente prejuízo intelectual. Apagam-se por exemplo a fragilidade e o medo do perseguido político, as consultas aflitas do exilado, que gostaria de voltar mas não de ser preso, os cálculos sórdidos da ditadura, necessitada de alguma legitimidade cultural, enfim, um mundo de negociações inglórias mas reais, que compunha os bastidores de congraçamentos dessa ordem. Sobretudo desaparece o jogo dos conflitos e das alianças de classe que subjazem à invenção estética e à consagração artística, sem o qual a beleza não se compreende socialmente. Como Caetano é mestre na percepção e análise dessas relações, fica mais decepcionante a sua conversão ao mito. Dito isso, o livro seria menos representativo se faltassem esses parágrafos.

Muito estranhas e cheias de fintas, as primeiras páginas de *Verdade tropical* se comprazem num show de inteligência propositalmente barata, que procura desnortear o leitor esclarecido. Aliás, o uso do mal-estar como um recurso literário problematizador é uma originalidade do livro. Ao tomar posições que não cabem no consenso civilizado (que manda, por exemplo, não aplaudir o incêndio da casa do adversário, não fazer pouco da capacidade política dos trabalhadores, não apresentar-se a si mesmo como personagem de um mito), Caetano faz da relação de leitura um campo de provocações, conflituoso e inseguro, um cabo de guerra característico do vale-tudo dos novos tempos, em que não há por que dar crédito aos autores, mesmo quando são interessantes. A incerteza prende e incomoda, em especial porque não se trata de ficção, mas de um depoimento. Interessante ela própria, essa relação para-artística talvez seja mais verdadeira ou contemporânea que as certezas cediças que asseguram o acordo literário entre os bem-pensantes. Assim, o livro começa tecendo considerações duvidosas sobre a nossa singularidade nacional. "No ano 2000 o Brasil comemora, além da passagem do século e do milênio, quinhentos anos do seu descobrimento. [...] É um acúmulo de significados para a data não compartilhado com nenhum outro país do mundo." Que pensar dessa nossa exclusividade cheia de promessas? A banalidade meio oficialista da observação, à beira do risível, deixa perplexo o leitor que não tenha a superstição dos números redondos. É claro que já na frase seguinte Caetano vai tomar distância de sua pérola — mas não inteiramente —, atribuindo a superstição aos compatriotas. "A sobrecarga de presságios desencadeada por uma tal conjunção combina bem com a psicologia de uma nação falhada que encontra razões para envergonhar-se de um dia ter sido chamada de 'país do futuro'." Ainda aqui, entretanto, se prestarmos atenção, o movimento é dúbio. Presságios combinam bem com a psicologia de nações falhadas, mas não, como seria de esperar, porque estas faltassem com o realismo, mas porque não tiveram a força de acreditar noutros presságios mais favoráveis. "[M]as a magnitude dessas decepções antevividas revela que — feliz *e* infelizmente — estamos muito longe de um realismo sensato."[80] Em suma, a credulidade do narrador não é dele, mas do país, embora seja dele também, com muita honra.

As idas e vindas são conduzidas com malabarismo e, se não chegam a exaltar a superstição da nacionalidade, simpatizam com ela e rebaixam um pouco o bom senso na matéria. A relativização das vantagens e desvantagens respectivas vai se repetindo a propósito de outras polaridades análogas, num procedimento bem dominado, que diz respeito a alternativas abstratas entre imaginação (ou mito, ou sonho, ou superstição) e realismo, Brasil e Estados Unidos, o nome e a coisa, todas mais ou menos paralelas. Dependendo do ponto de vista, são fla-flus bem achados e sugestivos, ou questões passavelmente ocas. "Os Estados Unidos são um país sem nome [...], o Brasil é um nome sem país." O Brasil é o "Outro" dos Estados Unidos: "O duplo, a sombra, o negativo da grande aventura do Novo Mundo", "[...] esse enorme lugar-nenhum cujo nome arde".[81] Seja como for, são colocações de um patriotismo fantasioso, meio poético e meio mítico, que convida a assumir as nossas debilidades como uma riqueza própria. Em seguida, contudo, o leitor notará que o elogio da insensatez e a licença de ser inconsequente têm função retórica, estabelecendo a ambiência intelectual complacente e furta-cor de que Caetano precisa para falar do golpe de 64, o nervo sensível do capítulo. Depois de dizer que na adolescência a sua geração sonhara reverter o "legado brutal" das desigualdades brasileiras, vem uma das frases características do livro: "Em 64, executando um gesto exigido pela necessidade de perpetuar essas desigualdades que têm se mostrado o único modo de a economia brasileira funcionar (mal, naturalmente) — e, no plano internacional, pela defesa da liberdade de mercado contra a ameaça do bloco comunista (guerra fria) —, os militares tomaram o poder".[82] É preciso ler devagar, para assimilar os solavancos ideológicos dessa passagem que procura captar — com distanciamento? com sarcasmo? com ânimo justificatório? — o ângulo da direita vencedora. A sucessão de imperativos contraditórios, alguns claramente injustificados, carrega de tensão social a escrita, além de acender a controvérsia. A tarefa histórica gloriosa de transformar um país deformado pela desigualdade cede o passo à necessidade de... perpetuar a desigualdade. Necessidade por quê? de quem? O uso indevido da palavra, propriamente ideológico, fala por si. O que aconteceu entre o desejo de superar o "legado brutal" e a decisão contrária de reafirmá-lo? Qual foi o ensinamento assimilado? Acresce que executar "um gesto exigido pela necessidade" parece apontar para alguma grandeza trágica, logo desmentida pela baixeza do objetivo. A razão última, também ela um sofisma, embora com tintura materialista, diz que foi tudo por amor da pátria, que sem a desigualdade não funcionaria. Como saber, se o Brasil menos desigual nunca foi experimentado? Seja como for, a pátria aqui é a pátria dos beneficiários da desigualdade. Completando o movimento, a ditadura é necessária, no plano internacional da Guerra Fria, para defender a liberdade do mercado contra a ameaça do bloco comunista. Com algo de verdade, que não deixa de ser uma incriminação da liberdade de mercado, as frases dão forma literária — aí o seu mérito — ao horizonte rebaixado e "mau" da contrarrevolução. A hesitação inicial e algo frívola entre mito e realidade — qual seria melhor? — prolonga-se no vaivém quanto às razões da esquerda e da ditadura. As escaramuças prosseguem nos parágrafos seguintes, os quais sugerem que a esquerda, ao contrário do que pensava, não tinha o monopólio dos bons sentimentos, ao passo que a direita era menos má do que se dizia. São retificações morais discutíveis, de uma equidistância obviamente enviesada, que em todo caso passavam longe das realidades brutas da ditadura, ou, no momento anterior, das questões que dividiam o país e diziam respeito à reforma agrária, à reivindicação popular, à incorporação sociopolítica da população rural, ao desenvolvimentismo, à política externa independente, ao combate à pobreza, em suma, ao aprofundamento da democracia.

Escrito com distância de três décadas, em plena normalização capitalista do mundo nos anos 1990, *Verdade tropical* recapitula a memorável efervescência dos anos 1960, em que o tropicalismo figurava com destaque. Bem vistas as coisas, a guerra de atrito com a esquerda não impediu que o movimento fizesse parte do vagalhão estudantil, anticapitalista e internacional que culminou em 1968. Leal ao valor estético de sua rebeldia naquele período, Caetano o valoriza ao máximo. Por outro lado, comprometido também com a vitória da nova situação, para a qual o capitalismo é inquestionável, o memorialista compartilha os pontos de vista e o discurso dos vencedores da Guerra Fria. Constrangedora, a renúncia à negatividade tem ela mesma valor de documento de época. Assim, a melhor maneira de aproveitar esse livro incomum talvez inclua uma boa dose de leitura a contrapelo, de modo a fazer dele uma dramatização histórica: de um lado o interesse e a verdade, as promessas e as deficiências do impulso derrotado; do outro, o horizonte rebaixado e inglório do capital vitorioso.

Acumulação literária e nação periférica

[...] *o aparecimento do* Brás Cubas *modificou a ordem estabelecida: as posições de José de Alencar, de Manuel Antônio de Almeida, de Taunay, de Macedo — até então os grandes nomes da nossa ficção — tiveram que ser sensivelmente alteradas.*
Lúcia Miguel Pereira, *Prosa de ficção*

Se voltarmos porém as vistas para Machado de Assis, veremos que esse mestre admirável se embebeu meticulosamente da obra dos predecessores. A sua linha evolutiva mostra o escritor altamente consciente, que compreendeu o que havia de certo, de definitivo, na orientação de Macedo para a descrição de costumes, no realismo sadio e colorido de Manuel Antônio, na vocação analítica de José de Alencar. Ele pressupõe a existência dos predecessores, e esta é uma das razões da sua grandeza: numa literatura em que, a cada geração, os melhores recomeçam da capo e só os medíocres continuam o passado, ele aplicou o seu gênio em assimilar, aprofundar, fecundar o legado positivo das experiências anteriores. Este é o segredo da sua independência em relação aos contemporâneos europeus, do seu alheamento às modas literárias de Portugal e França. Esta, a razão de não terem muitos críticos sabido onde classificá-lo.
Antonio Candido, *Formação da literatura brasileira*

A descontinuidade entre as *Memórias póstumas* e a literatura apagada da primeira fase machadiana é irrecusável, sob pena de desconhecermos o fato qualitativo, afinal de contas a razão de ser da crítica. Mas há também a continuidade rigorosa, aliás mais difícil de estabelecer. Os dois aspectos foram assinalados ainda em vida do autor, e desde então se costumam comentar, cada qual por seu lado, no âmbito ilusório da biografia: a crise dos quarenta anos, a doença da vista, o encontro com a morte ou o estalo do gênio explicam a ruptura; ao passo que o amadurecimento pessoal e o esforço constante dão conta do progresso ininterrupto. Levada ao terreno objetivo, da comparação dos romances, a questão muda de figura e os dois pontos de vista deixam de se excluir. Em lugar do percurso de um indivíduo, em particular a sua evolução psicológica e doutrinária, observamos as alterações mediante as quais uma obra de primeira linha surgiu de um conjunto de narrativas médias e provincianas. Em que termos conceber a diferença? Para situar o interesse da pergunta, digamos que ela manda refletir sobre os aprofundamentos de forma, conteúdo e perspectiva que se mostraram capazes de corrigir a irrelevância de uma parte de nossa cultura, ou de lhe vencer o acanhamento histórico. Tudo estará em especificar o que muda e o que fica, sempre em função de um impasse literário anteriormente constituído e a superar, o qual subjaz à transformação e lhe empresta pertinência e verdade.

A novidade dos romances da segunda fase está no seu narrador. A vários críticos o humor inglês e a inspiração literária sem fronteiras pareceram sugerir, para mal ou para bem, um espaço alheio a balizas nacionais. Nos capítulos anteriores* argumentamos em sentido contrário,

---

* Refere-se ao livro *Um mestre na periferia do capitalismo* (São Paulo: Duas Cidades, 1990), onde foi originalmente publicado. (N. E.)

tratando de salientar o funcionamento realista do universalismo, impregnado de particularidade e atualidade pela refração na estrutura de classes própria ao país. Analogamente, o parentesco entre o autor tão metafísico das *Memórias* e o mundo estreito e edificante dos romances iniciais não salta à vista, mas se pode demonstrar.

Vimos que o procedimento literário de Brás Cubas — a sua volubilidade — consiste em desdizer e descumprir a todo instante as regras que ele próprio acaba de estipular. Ora, com a velocidade a menos, a mesma conduta já figurava nos romances do primeiro período, *sob forma de assunto*. De *Ressurreição* (1872) a *Iaiá Garcia* (1878), as narrativas têm como objeto o estrago causado pela vontade imprevisível e caprichosa de um proprietário. A partir de *A mão e a luva* (1874), a travação de classe do tema vem à frente e o passa a determinar. A questão está encarada do ângulo da moça de muitos méritos, mas pobre e dependente, a quem as decisões arbitrárias de um filho-família ou de uma viúva rica, aparentemente liberais, reservam seja humilhações e desgraças, seja o possível prêmio de uma cooptação. Os aspectos morais esmiuçados pela análise são sobretudo dois, rigorosamente complementares, um em cada polo da relação: a) visto o desequilíbrio de meios entre o proprietário e os seus protegidos, qual a margem de manobra dos segundos, caso não aceitem cometer indignidades ou ser destratados, mas queiram, ainda assim, ter acesso aos bens da vida contemporânea? e b) como não será ignóbil a nossa gente de bem, além de *louca*, se a promiscuidade entre desejo escuso e autoridade social, impeditiva para qualquer espécie de objetividade, decorre estruturalmente da falta de direito dos demais? A perspectiva dos romances é civilizatória, pois cuida de tornar estas relações menos bárbaras para os dependentes e menos estéreis para os abastados, isto mediante a compreensão esclarecida do interesse dos dois campos, ambos desorientados pelos efeitos da arbitrariedade, o verdadeiro ponto a corrigir.[1]

No conjunto, os romances da primeira fase exploram os dilemas do homem livre e pobre numa sociedade escravista, onde os bens têm forma mercantil, os senhores aspiram à civilização contemporânea, a ideologia é romântico-liberal, mas o mercado de trabalho não passa ainda de uma hipótese no horizonte. Se não há como escapar às relações de dependência e favor, ainda conhecendo o seu anacronismo histórico, existiria algum modo de lhes evitar o efeito humilhante e destrutivo? Conduzidos pela autocrítica muito consequente, os progressos de um livro a outro são notáveis. O período culmina em *Iaiá Garcia*. Aqui o sistema do liberal-clientelismo está exposto com amplitude, expresso na sua terminologia própria, sustentado por uma galeria de personagens pertinentes e diferenciadas, organizado pelos conflitos práticos e morais que lhe são específicos, e ajudado, enfim, por uma dramaturgia inventada sob medida. O ajustamento à peculiaridade nacional resulta de um vasto trabalho de absorção da empiria, e, não menos importante, do deslocamento e cancelamento dos esquemas românticos, folhetinescos ou liberais, percebidos como ilusão. Nesta altura, a quantidade das observações sociais e psicológicas, das reflexões críticas e das soluções formais encontradas já representa uma acumulação realista muito respeitável — neutralizada, apesar de tudo, pelo enquadramento conformista.

Na sua versão mais complexa, carregada de ressonância moral, ideológica e estética, o impasse fixado em *Iaiá Garcia* se prende à exigência de dignidade dos dependentes. Estes já não querem dever favores a ninguém, pois "a sua taça de gratidão estava cheia".[2] Nem por isso deixam de prestar e receber obséquios, uma vez que o seu espaço social não lhes faculta outro modo de sobreviver. Contudo, desincumbem-se de sua parte a frio, sem envolvimento pessoal, buscando inibir o jogo de simpatia e reciprocidade, e também de endividamento, inseparável da prática do favor. Esta atitude cerceadora de si e dos outros não se deve tomar apenas como psicologia, pois representa o resultado de uma experiência de classe, uma espécie de heroísmo na renúncia, refletido e peculiar, adequado à circunstância histórica. A frieza paradoxalmente responde à hipótese mais favorável ao dependente, aquela em que, embora desamparado de qualquer direito, ele seria tratado como igual — porque a parte mais afortunada quis assim. Condicionada por um inaceitável ingrediente de capricho, esta hipótese feliz constituiria o obséquio maior de todos, e por isso mesmo a maior indecência e humilhação. *A sujeição da dignidade, dos valores românticos e liberais à desfaçatez de um proprietário é o pesadelo característico a que a reserva dos pobres deveria pôr um paradeiro, mesmo ao preço de ficar tudo como está.*

A prosa que não verbaliza com liberdade o conflito exposto na intriga constitui a principal limitação artística de *Iaiá Garcia*. A deficiência não decorre de falta de recursos, mas da restrição ideológica imposta pelo propósito de civilizar sem faltar ao respeito. Por outro lado, a restrição tem fundamento prático na posição dos inferiores, que não dispõem da independência necessária à crítica, o que empresta uma nota situada e realista ao convencionalismo dos termos. Ainda assim, a injustiça das relações como que pressiona o padrão comportado da escrita, cuja insuficiência é objetiva e faz desejar um narrador menos coibido em face dos proprietários. Tanto mais que o romance termina com a heroína procurando no trabalho assalariado o remédio para a "vida de dependência e servilidade"[3] a que o paternalismo obriga o pobre. Estava alcançada a posição a partir da qual o desplante tranquilo dos abastados se podia encarar sem subserviência, fixado em seu arcaísmo e no vínculo inconfessável com a escravidão. Assim, o último romance da primeira fase trazia inscrito em negativo um outro livro — o seguinte? —, onde a superação da dependência pessoal pelo trabalho livre, um avanço histórico, permitiria expor sem rebuços o caráter inaceitável e destrutivo das relações de dominação próprias ao período *anterior*. Sabemos contudo que Machado não escreveu tal obra e que o caminho do país tampouco seria este.

Passados os anos, é notório que o fim do cativeiro não transformou escravos e dependentes em cidadãos, e que a tônica do processo, pelo contrário, esteve na articulação de modos precários de assalariamento com as antigas relações de propriedade e mando, que entravam para a nova era sem grandes abalos. Nalguma altura anterior às *Memórias* e posterior a *Iaiá*, faltando um decênio para a Abolição, o romancista se terá compenetrado deste movimento decepcionante e capital. O arranjo civilizado das relações entre proprietários e pobres, que estivera no foco do trabalho literário da primeira fase, ficava adiado sine die. De agora em diante Machado insistiria nas virtualidades retrógradas da modernização como sendo o traço dominante e grotesco do progresso na sua configuração brasileira. Voltando a *Iaiá Garcia*, o esquema europeu embutido na sua intriga, ligado à dinâmica moralizadora do trabalho livre, estava fora de combate.

Se estivermos certos, este quadro permite apreciar a genialidade da viravolta operada nas *Memórias*. Já não se trata de buscar um freio — irreal — à irresponsabilidade dos ricos, mas de saliente-la, de emprestar latitude total a seu movimento, incontrastado e nem por isso aceitável. O tipo social do proprietário, antes tratado como assunto entre outros e como origem de ultrajes variados, passava agora à posição (fidedigna?) de narrador. Ou, por outra, as condutas reprováveis (mas não reprovadas) do primeiro reapareciam transformadas em procedimento narrativo, onde o vaivém entre arbítrio e discurso esclarecido, causa do mal-estar moral e prático dos pobres, se encontrava universalizado, afetando a totalidade da matéria romanesca. Ajustando melhor o foco, digamos que a volubilidade narrativa confere a generalidade da forma e o primeiro plano absoluto ao passo propriamente intolerável dos relacionamentos de favor, aquele em que segundo a conveniência ou veneta do instante a gente de bem se pauta ou não pela norma civilizada, decidindo "entre duas xícaras de chá"[4] sobre a sorte de um dependente. Sai de cena o narrador constrangido dos primeiros romances, cujo decoro obedecia às precauções da posição subalterna, e entra a desenvoltura característica da segunda fase, a "forma livre de um Sterne ou de um Xavier de Maistre",[5] cujo ingrediente de contravenção sistemática reproduz um dado estrutural da situação de nossa elite. No caso há vínculo evidente, embora complicado, entre as questões de forma literária e classe social: o ponto de vista troca de lugar, deixa a posição de baixo e respeitosa pela de cima e senhorial, mas para instruir o processo contra esta última. Noutros termos, Machado se apropriava da figura do adversário de classe para deixá-lo mal, documentando com exemplos na primeira pessoa do singular as mais graves acusações que os dependentes lhe pudessem fazer, seja do ângulo tradicional da obrigação paternalista, seja do ângulo moderno da norma burguesa. Depois do proprietário visto da perspectiva ressabiada do dependente, temos o dependente visto da perspectiva escarninha do proprietário, *que se dá em espetáculo*.[6] Em âmbito biográfico, talvez se pudesse imaginar que Machado havia completado a sua ascensão social, mas não alimentava ilusões a respeito, nem esquecia os vexames da situação anterior. Esta reorganização do universo literário é profunda e carregada de consequências, das quais veremos algumas.

A volubilidade narrativa torna rotineira a ambiguidade ideológico-moral dos proprietários, diferentemente dos romances iniciais, onde esta tivera estatuto de momento excepcional e revelação, com lugar crucial na progressão dramática. A reversibilidade metódica entre as posturas normativa e transgressiva agora veio a ser a ambiência geral da vida. Ficam inviabilizados os desdobramentos contraditórios longos, dotados de travejamento ideológico e crise objetiva, próprios ao Realismo europeu, substituídos por um movimento global sui generis, com fundamento histórico não menor: em lugar da dialética, o desgaste das vontades. A normalização literária de um dado estrutural da sociedade brasileira não significava entretanto justificação. Pelo contrário, o caráter insustentável da volubilidade ressalta a todo instante, ao passo que nos romances anteriores, por prudência, ele não fora frisado. Estes últimos queriam remediá-lo, enquanto nas *Memórias*, onde não há saída à vista, o objetivo é enxergá-lo na sua extensão e na envergadura dos danos causados.

Em que consiste a reserva autoimposta do narrador dos romances iniciais? No que toca à relação entre proprietários e dependentes, o comedimento está em não glosar com verve os prolongamentos mais perversos da dominação pessoal direta; e no que toca ao significado contemporâneo daquela relação, em não expor a gente de bem ao critério burguês que a condenaria. Contudo, ao esquivar o ponto de vista moderno em deferência aos abastados, cuja dignidade, muito sublinhada, parece independer dos abusos que praticam, Machado plantava o seu romance em terreno apologético e provinciano: construía um espaço à parte, a salvo do julgamento da atualidade, este último como que localmente desativado. Ora, o narrador volúvel põe fim à segregação protetora. Ao faltar com estardalhaço às regras de equidade e razão, ele as reconhece e torna efetivas, patenteando em toda linha, enquanto dado presente, a discrepância entre as nossas formas sociais e o padrão da civilização burguesa.

Do mesmo modo, os romances da primeira fase têm pouco espaço para as manifestações mais espetaculares da nova era, tais como a política parlamentar, o cultivo da ciência, a empresa capitalista, a filosofia da evolução, o progresso material. A quase ausência não decorre de desinteresse, mas da evidência do caráter precário destas atividades no país, difíceis de conciliar sem ridículo com as formas de dominação vigentes. Por outro lado, não podiam também faltar completamente, uma vez que eram indispensáveis à verossimilhança oitocentista e à presunção civilizada da gente fina. Com o tino realista necessário à idealização, Machado tratava o interesse pelas matemáticas, pelos versos, pela construção de pontes, pela pesquisa histórica ou pela Câmara de Deputados como simples complementos da elegância senhorial. A posição secundária dos índices de modernidade permitia passar por alto o aspecto atrasado de nossos adiantados, embora ao preço de certa nota de irrelevância e falta de atualidade gerais, que matam estes romances no conjunto. A partir das *Memórias*, entretanto, quando a dignidade dos senhores vem à berlinda e deixa de ser tabu, haverá inversão de sinais e também de proporções. Conforme tivemos ocasião de ver, as novidades da civilização burguesa agora ocupam a cena. Aí estão em primeiro plano filosofias recentes, teorias científicas, invenções farmacêuticas, projetos de colonização e vias férreas, bem como o liberalismo, o parlamento, a imprensa política etc., ainda que sempre desfigurados pela subordinação a uma certa desfaçatez de classe, a qual é a verdade crítica da dignidade proprietária pretendida nos romances do primeiro período. *A desprovincianização literária ocorre em grande escala, seja degradando a figura das relações sociais locais, confrontadas ou expostas à norma e ao progresso da civilização burguesa, nunca sem vexame, seja desmoralizando a reputação incondicional destes mesmos progressos e normas, levados, no contexto, a desempenhar papéis deslocados e contrários ao seu conceito.*

As liberdades narrativas peculiares à segunda fase começam sob o signo de Sterne, conforme a conhecida indicação de Machado. Observe-se contudo que na ocasião a prosa borboleteante era velha conhecida não só do romancista, como de muitos outros literatos brasileiros, que a praticavam nos folhetins semanais da imprensa, imitando modelos franceses.[7] A miscelânea de crônica parlamentar, resenha de espetáculos, notícia de livros, coluna mundana e anedotas variadas, com intuito de recreio, compunha um gênero bem estabelecido — e de estatuto "pouco sério". Devido talvez a esta conotação duvidosa, várias de suas propriedades formais acabaram entrando para a feição do novo período machadiano, por razões que veremos.

A notação política, por exemplo, solicitava o registro conciso das posições, mais apimentado quando estas se mostram absurdas, risíveis, deletérias etc. Por sua vez, a disparidade tão *moderna* dos problemas surgidos no âmbito do parlamento, paralela à indiferença recíproca e à incongruência de matérias procedentes do mundo inteiro, acomodadas ao acaso numa página de jornal, ou no espaço de uma crônica, incitava ao ponto de vista de Sirius. A disposição sumária sobre os diferentes assuntos, o grande número deles, a passagem inevitavelmente arbitrária de um a outro, introduziam o elemento de bazar e capricho. Expressivo da situação aleatória e spleenética do indivíduo contemporâneo, este mesmo capricho se prestava à poetização, e também ao papel de chamariz, atendendo à necessidade comercial de prender o leitor. Com efeito, na ambiência imaginária originada pela imprensa e intensificada no folhetim, o público era induzido a se comportar como consumidor na escala do planeta. E o folhetinista, explorando como atrativos a variedade, a novidade, a vivacidade, o preço, o exclusivismo etc., transpunha para a técnica da prosa os mandamentos práticos da mercadoria.

A lista de traços comuns à crônica hebdomadária e às *Memórias póstumas* pode ser encompridada à vontade.

Com funções diversas, o amálgama de atualismo e futilidade está presente nos dois casos. Entretanto, se desde a juventude Machado dominava esta técnica, à qual se prende, como vimos, a superioridade da "segunda maneira", por que só agora ele a trazia para a esfera do romance? A questão é interessante, pois leva a especificar de maneira imprevista os passos de um indiscutível *progresso literário*. Nos anos 1870, quando escrevia os seus quatro romances fracos, quase privados de atmosfera contemporânea, Machado já era forte nas piruetas petulantes e cosmopolitas do folhetim semanal. O que faltava, para completar a configuração artística da maturidade, não era, portanto, o procedimento narrativo. A viravolta pendente, que permitiria incorporar à elaboração romanesca uma técnica disponível e comum a muitos, era de ordem ideológica. De modo genérico, pode-se imaginar que a literatura de jornal, *frívola e algo cínica*, parecesse incompatível com ambições artísticas sérias. Mais decisivamente, aqueles *defeitos* representavam o oposto da *fidelidade* e *retidão* que seria preciso quase exigir dos proprietários, como única segurança para o desamparo dos dependentes. Assim, a saída história buscada nos romances da primeira fase supunha lealdades morais e compromisso com a promoção social dos pobres, sobretudo os mais dotados, lealdade e compromisso que deveriam primar sem mistura sobre a definição *burguesa* do interesse, à qual no entanto os proprietários não podiam também deixar de estar submetidos. Quando percebe o infundado daquela expectativa, Machado se capacita da pertinência literária das modalidades de rebaixamento a que o folhetim emprestava o brilho, e as transforma em ambiente espiritual. Os novos tipos de consumo e propriedade, em face dos quais o dependente pobre, pela força das coisas, se encontra desvalido, saem da sombra e passam a dar a nota. Sob o patrocínio prestigioso de Sterne, e também das condutas antissociais cultivadas e estetizadas na prosa de folhetim, a volubilidade narrativa irmana e faz alternarem os arrancos da impunidade patriarcal e o pouco se me dá do proprietário moderno, o arbítrio da velha oligarquia escravista e a irresponsabilidade da nova forma de riqueza. Reencenava e apontava à execração dos bons entendedores a ambiguidade característica da classe dominante brasileira.[8] Assim, o princípio formal desenvolvido nas *Memórias* soluciona e ergue a novo patamar os impasses apurados no romance machadiano da primeira fase. A dialética de conteúdo, experiência social e forma é rigorosa, com ganho verdadeiramente imenso em qualidade artística, justeza histórica, profundidade e amplitude de visão. Para apreciar o alcance deste processo, cujas faces crítica e cumulativa dependem uma da outra, convém tomar distância.

Do ponto de vista da evolução literária local, a estreiteza dos romances do primeiro período não constituiu apenas um defeito, como as nossas observações poderiam fazer crer. Noutra parte mostramos que estas obras respondiam com discernimento a certa falha do realismo praticado por Alencar, à qual escapavam, ainda que ao preço de engendrar deficiências de outra ordem, talvez menos simpáticas. Com efeito, estudando *Senhora* pudemos constatar um verdadeiro sistema de desajustes ideológicos e estéticos. Se não erramos, este decorre da adoção acrítica de uma fórmula da ficção realista europeia, ligada à concepção romântica e liberal do indivíduo, pouco própria, por isto, para refletir a lógica das relações paternalistas. A conjunção inocente de matéria local e forma europeia nova atendia ao desejo de atualidade dos leitores mais informados, mas desconhecia a química própria a esta mistura. Em consequência, as notações sociais, ou seja, a sociedade efetivamente observada, pouco interagem com a linha mestra da intriga, permanecendo estranhas uma à outra, o que não as impede, no plano geral da composição, de se desacreditarem reciprocamente. Resulta um universo literário fraturado, onde as reivindicações românticas — a mola da fábula — têm sempre algo de afetação risível, postiça e *importada*.[9] Assim, quando o primeiro Machado recuava do terreno dito contemporâneo e praticamente excluía de seus romances o discurso das liberdades individuais e do direito à autorrealização, discurso novo e crítico, ele estava fugindo à posição falseada em que se encontravam a ideologia liberal e as ostentações de progresso nas condições brasileiras. Uma vez firmado, este mesmo discernimento lhe permitirá, a partir das *Memórias*, reintroduzir em massa as presunções de modernidade, só que agora explicitamente marcadas de diminuição e deslocamento, como convinha à circunstância, solucionando o problema artístico armado na ficção urbana de Alencar e evitado, ao preço do confinamento à esfera da dominação intrafamiliar, em seus próprios trabalhos da primeira fase.

Por sua vez, sem prejuízo da ingenuidade, o realismo alencarino dos "perfis de mulher" se pode ver como resposta refletida a romances anteriores de Joaquim Manuel de Macedo, em relação aos quais progredia. Como termo de comparação, sirva de exemplo o capítulo IV de *O moço loiro* (1845), onde duas formosas sinhazinhas estão postadas à janela de uma chácara, contemplando a lua e o mar. Dissertam sobre os horrores da situação de herdeira: como poderiam crer nas declarações de amor dos pretendentes, se inevitavelmente essas serão devidas ao dinheiro dos pais e a outros pensamentos ainda mais cínicos? O autor de *A Moreninha* fixara a ressonância poética, maior do que parece, da conjunção de ambiente patriarcal, paisagem fluminense e chavões ultrarromânticos, bem aproveitada pelo seu sucessor. A graça da cena está na artificialidade das ideias, gritante ainda em se tratando de mocinhas com "o dobro da instrução que soem ter nossas patrícias".[10] A função dos discursos desiludidos das meninas não é crítica, mas lisonjeira, ou, por outra, não é desenvolver as grandes linhas da situação em que se encaixam, mas lhe atestar o vínculo com a civilização contemporânea. Com menos complacência, ou complacência de outra ordem, a mesma atmosfera e um assunto comparável foram expostos em *Senhora*, onde se desdobram as etapas da compra e ulterior redenção de um marido. O leitor estará lembrado da organização muito estridente do livro, dividido em quatro partes — "O preço", "Quitação", "Posse" e "Resgate" — conforme a terminologia das transações comerciais. Assim, Alencar trazia o rigor analítico (um tanto disparatado) e a seriedade da indignação moral (também um pouco fora de foco) ao universo sobretudo faceiro e amigo de novidades de seu predecessor. Nem por isto a razão e a dignidade muito enfáticas deixavam por seu turno de ser faceirices, provas de adiantamento e europeísmo antes que esforços efetivos de lucidez — repetindo, em nível mais elaborado, a constelação a superar. Os funcionamentos especiosos da vibração moralista e da verve analítica, enfeiadas pelo fundo de elitismo, funcionamentos tão incômodos em Alencar, adiante formariam entre os grandes achados críticos das *Memórias*, de cuja matéria literária fazem parte sistemática. Ao lhes sublinhar o motivo imediatista e compensatório, em desacordo com a gesticulação ilustrada, Machado reconstituía em novo plano, eletrizado pelo discernimento moral e pelo empenho da inteligência, ambos girando em falso, a inconsequência amena que movimenta a prosa de Macedo.

Uma corrente de comicidade muito mais franca e popular é formada por França Júnior, Manuel Antônio de Almeida e Martins Pena. O traço distintivo está na sem-cerimônia extraordinária com que são tratadas ou desconhecidas as ideias capitais da burguesia oitocentista. Os autores dão de barato a posição precária da normatividade nova no país, e aliás enxergam aí um elemento alegre, de desafogo. Veja-se, no caso dos *Folhetins* de França Júnior, a promiscuidade pitoresca entre as presunções europeístas e as realidades de escravidão, clientelismo e antiga família patriarcal, promiscuidade que já é a mesma de Machado de Assis, descontada a consciência crítica.

No *Inglês maquinista*, de Martins Pena, anterior ainda à cessação do tráfico, tudo está na deliberada falta de decoro das combinações temáticas. Assim, os três pretendentes de Mariquinha são um primo pobre, honesto e patriota, um contrabandista de africanos, com barba até dentro dos olhos, e um *English* vigarista, tão desonesto como o outro; a mãe da moça bate em negros para desafogar o peito, faz vestidos de seda com as modistas francesas, de chita com a Merenciana, é mestra em usar empenhos para se apropriar de escravos da Casa de Correção, e naturalmente prefere os namorados com dinheiro. E, embora não pairem dúvidas no que respeita ao bem e ao mal, o primeiro não goza de tratamento literário distinto, convivendo em igualdade de condições e dentro de toda a intimidade com a barbárie e contravenções de toda ordem. Esta equanimidade, embutida no andamento lépido, se poderia atribuir ao gênero farsesco, o que no entanto seria desconhecer o senso histórico do autor. Digamos então que o clima de farsa permitia fixar artisticamente algumas das constelações escandalosas da normalidade nacional.[11]

A solução encontrada por Manuel Antônio de Almeida nas *Memórias de um sargento de milícias* é menos palpável, mas aparentada. Antonio Candido assinalou o convívio de bonomia e cinismo em sua prosa, cujo balanço abre espaço para os dois lados de todas as questões, encaradas ora do ângulo da ordem social, ora do ângulo da transgressão. Daí uma certa suspensão do juízo moral, e também da ótica de classe, em contraste benfazejo com a entonação *crítica* desenvolvida pelos românticos, sobretudo por Alencar, impregnada de indignação um pouco farisaica e presunções de superioridade pessoal. Antonio

Candido nota ainda a ressonância "brandamente fabulosa" daquele ritmo, que sugere um mítico "mundo sem culpa", "um universo que parece liberto do peso do erro e do pecado".[12] Para ligar ao nosso esquema estas observações — em que nos inspiramos largamente —, acrescentemos que a narrativa se passa num Ancien Régime meio fantasioso, contrastante com a nossa época *normalizada*. "Era no tempo do rei", quando os meirinhos e demais funcionários se vestiam e conduziam de acordo com a majestade de seu cargo, não como os de hoje, que "nada têm de imponentes, nem no seu semblante nem no seu trajar".[13] É claro que o encanto dos outros tempos não decorre só da vestimenta e dos costumes coloridos, mas sobretudo da ausência tangível do sentido moral moderno, a qual, para os súditos deste último, adquire conotação utópica. Assim, não deixa de haver tensão entre a consciência moral, de que a condução da prosa tacitamente tem e dá notícia, ainda que apenas para a passar por alto, e o mundo de arranjos pessoais, propiciado pelo clientelismo. A comicidade sutilmente moderna do livro depende deste distanciamento.

Digamos então que, sem prejuízo da acentuação diversa, as vertentes que indicamos exploram e desdobram uma mesma problemática, de origem extraliterária, proposta pelas grandes linhas da realidade nacional e de sua inserção no mundo contemporâneo. A matriz prática se havia formado com a Independência, quando se articularam perversamente as finalidades de um Estado moderno, ligado ao progresso mundial, e a permanência da estrutura social engendrada na colônia. Entre esta configuração e a das nações capitalistas adiantadas havia uma diferença de fundo. Inscrita no quadro da nova divisão internacional do trabalho, e do correspondente sistema de prestígios, a diferença adquiria sinal negativo: significava atraso, particularidade pitoresca, alheamento das questões novas, atolamento em problemas sem relevância contemporânea. Enredados nesta trama, alienante em sentido próprio, caberia ao trabalho artístico e à reflexão histórico-social desfazer a compartimentação e descobrir, ou construir, a atualidade universal de imensos blocos de experiência coletiva, estigmatizados e anulados como periféricos.

Recapitulando, o nosso percurso tem como ponto de partida a polarização sui generis e desconcertante a que a vida nacional submetia um conjunto de categorias pertencentes à experiência moderna. A peculiaridade social terá sido notada e refletida de inúmeras maneiras, desde as cotidianas, que ficaram sem registro, até as conservadas em jornal ou livro. No campo artístico, alinhada com os modos de reação mais imediata e popular, observamos uma pequena tradição de literatura cômica, despretensiosa mas de irreverência notável. Orientados pelo senso romântico da peculiaridade histórica, e cientes da impostura que, nas circunstâncias locais, aderia ao modelo de personalidade próprio ao mesmo Romantismo, esses escritores tratam sem deferência o ponto de vista e os costumes ditos *adiantados*, e sobretudo não lhes conferem privilégio sobre o dia a dia pouco prestigioso e não burguês do Rio de Janeiro. A relevância crítica deste humorismo, o seu vínculo com a colônia bem como o seu prolongamento moderno em *Macunaíma* e no *Serafim Ponte Grande* foram assinalados por Antonio Candido.[14] Em contraste, a linha Macedo-Alencar adaptava à boa sociedade fluminense as complicações da aspiração subjetiva, do foro íntimo, do sentimento liberal, ou, mais geralmente, da individualidade que se quer autônoma — donde os desencontros que já estudamos e que, nos romances da sua primeira fase, Machado trataria de abafar. Nas *Memórias póstumas*, por fim, o movimento alcança uma síntese superior, que lhe recupera os momentos ruins e bons, e os transforma em acertos máximos. A interioridade funciona a todo vapor, cheia de desvãos e revelações, mas despegada do chique, da superioridade e do potencial reformista que em graus diferentes Macedo e Alencar lhe tinham atribuído. Tratado como caixa de compensações imaginárias, em sintonia com avanços decisivos na concepção científica do homem, o universo interior não pressiona em direção de progresso algum. Ajusta-se à ciranda viva e sem tendência à autorreforma que a literatura de inspiração popular soube inventar, calcada em dinamismos reais da sociedade brasileira. O ritmo de Martins Pena e Manuel Antônio de Almeida está retomado no *Brás Cubas*, só que agora trazido às alturas alencarinas do sentimento de si mais exigente e contemporâneo, que o condena enfaticamente e nem por isso deixa de se acumpliciar com ele, passando a integrá-lo e sendo condenado por sua vez.[15]

Assim, a técnica narrativa das *Memórias póstumas* resolvia questões armadas por quarenta anos de ficção nacional e, sobretudo, encontrava movimentos adequados ao destino ideológico-moral implicado na organização da sociedade brasileira. Como se vê, os problemas estéticos têm objetividade, engendrada pela História intra e extra-artística. Ao enfrentá-los, ainda que sob a feição depurada de uma equação formal, o escritor trabalha sobre um substrato que excede a literatura, substrato ao qual as soluções alcançadas devem a força e a felicidade eventuais. As questões de forma não se reduzem a questões de linguagem, ou são questões de linguagem só na medida em que estas últimas vieram a implicar outras do domínio prático. Pelo simples diagrama, a célula elementar do andamento machadiano supõe, em nível de abrangência máxima, uma apreciação da cultura burguesa contemporânea e outra da situação específica da camada dominante nacional, articuladas na disciplina inexorável e em parte automatizada de um procedimento, a que o significado histórico deste atrito empresta a vibração singular.

A inspiração materialista de nosso trabalho não terá escapado ao leitor. O caminho que tomamos, entretanto, vai na direção contrária do habitual. Ao invés do artista aprisionado em constrangimentos sociais, a que não pode fugir, mostramos o seu esforço metódico e inteligente para captá-los, chegar-se a eles, lhes perceber a implicação e os assimilar como condicionantes da escrita, à qual conferem ossatura e peso *reais*. A prosa disciplinada pela história contemporânea é o ponto de chegada do grande escritor, e não o ponto de partida, este sempre desfibrado, na sociedade moderna, pela contingência e o isolamento do indivíduo.

Voltando a Machado de Assis, vimos que a sua fórmula narrativa atende meticulosamente às questões ideológicas e artísticas do Oitocentos brasileiro, ligadas à posição periférica do país. Acertos, impasses, estreitezas, ridículos, dos predecessores e dos contemporâneos, nada se perdeu, tudo se recompôs e transfigurou em elemento de verdade. Por outro lado, longe de representar um confinamento, a formalização das relações de classe locais fornece a base verossímil ao universalismo caricato das *Memórias*, um dos aspectos da sua universalidade efetiva. Os imperativos da volubilidade, com feição nacional e de classe bem definida, imprimem movimento e significado histórico próprios ao repertório ostensivamente antilocalista de formas, referências, tópicos etc., cujo interesse artístico reside nesta mesma deformação. A notável independência e amplitude de Machado no trato literário com a tradição do Ocidente depende da solução justa que ele elaborou para imitar a sua experiência histórica.

Lembremos por fim a nota perplexa que acompanha as intermináveis manobras, ou infrações, do "defunto autor": a norma afrontada vale deveras (sob pena de o atritamento buscado não se produzir), e não deixa contudo de ser a regra dos tolos. Postos em situação, como reagimos? Entramos para a escola de baixeza deste movimento, ou nos distanciamos dele e o transformamos num conteúdo cujo contexto cabe a nós construir? Com perfil realçado mas enigmático, à maneira de Baudelaire e Flaubert, Dostoiévski e Henry James, o procedimento artístico se coloca deliberadamente a descoberto, como parte, ele próprio, do que esteja em questão. Não porque a literatura deva tratar de si mesma, segundo hoje se costuma afirmar, mas porque, na arena inaugurada em meados do século XIX, cuja instância última é o antagonismo social, toda representação passava a comportar, pelas implicações de sua forma, um ingrediente político, e a ousadia literária consistia em salientar isso mesmo, agredindo as condições da leitura confiada e passiva, ou melhor, chamando o leitor à vida desperta.[16] Como é sabido, a dívida técnica mais patente das *Memórias* é setecentista, e não será ela o essencial da novidade de um autor do último quartel do século XIX. A imitação fiel da desfaçatez da classe dominante brasileira; o sentido agudo de seu significado contemporâneo e efeito deletério; a incerteza completa quanto a seu prazo no tempo e — ousadia suprema — quanto à superioridade da civilização que lhe servia de modelo inalcançado: a este conjunto complexo, de alta maturidade, deve-se a saliência especificamente moderna da forma machadiana, tão nítida e desnorteante. O método narrativo purgava de complacência patriótica e beletrística (isto quando não funcionasse ao contrário...) o sentimento amável e cediço que a nossa elite tinha de si mesma, o qual se via mudado numa cifra — implacável entre as implacáveis — do destino da civilização burguesa. Ao contrário do que faz supor a voga atual do antirrealismo, a mimese histórica, devidamente instruída de senso crítico, não conduzia ao provincianismo, nem ao nacionalismo, nem ao atraso. E se uma parte de nossos estudiosos imaginou que o mais avançado e universal dos escritores brasileiros passava ao largo da iniquidade sistemática mercê da qual o país se inseria na cena contemporânea, terá sido por uma cegueira também ela histórica, parente mais ou menos longínqua da desfaçatez que Machado *imitava*.

Um seminário de Marx

A história mundial não existiu sempre; a história, como história mundial, é um resultado.
Karl Marx, "Introdução",
Fundamentos da crítica à economia política

O marxismo está em baixa e passa por ser uma ladainha. Entretanto, acho difícil não reconhecer que alguns dos argumentos mais inovadores e menos ideológicos do debate brasileiro dependem dele, com a sua ênfase no interesse material e nas divisões da sociedade. Será mesmo o caso de esquecer — ou calar — o nexo entre lógica econômica, alienação, antagonismos de classe e desigualdades internacionais? E será certo que a vida do espírito fica mais relevante sem essas referências?

Como tive a sorte de participar de um momento de marxismo crítico, me pareceu que seria interessante contar alguma coisa a respeito. Me refiro a um grupo que se organizou em São Paulo, a partir de 1958, na Faculdade de Filosofia, para estudar *O capital*. O grupo deu vários professores bons, que escreveram livros de qualidade, e agora viu um de seus membros virar presidente da República. Naturalmente não imagino que o marxismo nem muito menos o nosso seminário tenham chegado ao poder. Mas mal ou bem é possível reconstituir um caminho que levou da Faculdade de Filosofia da rua Maria Antônia e daquele grupo de estudos à projeção nacional e ao governo do país. Embora propício a deduções amalucadas, é um tema que merece reflexão.

Qual a origem do seminário? Como tudo que é antediluviano, ela é nebulosa e há mais de uma versão a respeito. Giannotti conta que na França, quando bolsista, frequentou o grupo Socialisme ou Barbarie, onde ouviu as exposições de Claude Lefort sobre a burocratização da União Soviética. De volta ao Brasil, em 1958, propôs à sua roda de amigos, jovens assistentes de esquerda, que estudassem o assunto. Fernando Novais achou que era melhor dispensar intermediários e ler *O capital* de uma vez. A anedota mostra a combinação heterodoxa e adiantada, em formação na época, de interesse universitário pelo marxismo e distância crítica em relação à URSS.

Quando o seminário começou a se reunir, as figuras constantes eram Giannotti, Fernando Novais, Paul Singer, Octavio Ianni, Ruth e Fernando H. Cardoso. Com estatuto de aprendiz, apareciam também alguns estudantes mais metidos: Bento Prado, Weffort, Michael Löwy, Gabriel Bolaffi e eu. A composição era multidisciplinar, de acordo com a natureza do assunto, e estavam representadas a filosofia, a história, a economia, a sociologia e a antropologia. Vivíamos voltados para a universidade, mas nos reuníamos fora dela, para estudar com mais proveito, a salvo da compartimentação e dos estorvos próprios à instituição. O ambiente era de camaradagem, muita animação, e também de rivalidade. Durante um bom tempo a primeira prevaleceu. A discussão e a crítica eram enérgicas, uns metiam o bedelho no trabalho dos outros, havia temas compartilhados e disputados, de sorte que o processo tinha uma certa nota coletiva, com pouca margem para a propriedade privada de ideias. A cada encontro se explicavam e discutiam mais ou menos vinte páginas do livro. As reuniões se faziam de quinze em quinze dias, em tardes de sábado, com rodízio de expositor e casa, e uma comilança no final. Havia bastante desigualdade de posses entre os participantes, patente nas moradas respectivas, que iam do abastado e confortável ao sobradinho geminado e modesto. Não perguntei a opinião dos demais, mas lembro a diferença como um traço de união, a que não faltava alguma coisa poética. Em vez de atrapalhar, contribuía para nos dar o sentimento da primazia do interesse intelectual e político. A fórmula deu certo, e a geração seguinte montou um seminário de composição mais ou menos paralela, em 1963. Depois o costume entrou para o movimento estudantil, já no âmbito da resistência à ditadura de 64. Note-se que na época os círculos de leitura de Marx se multiplicaram em todo o mundo, uma "coincidência" que vale a pena examinar.

Com a morte de Stálin, em 1953, a divulgação das realidades inaceitáveis da União Soviética e da vida interna dos partidos comunistas ganhou em amplitude, também entre adeptos e simpatizantes. A incongruência com as aspirações libertárias e o espírito crítico do socialismo ficara irrecusável. Nesse quadro, a volta a Marx representava um esforço de autorretificação da esquerda, bem como de reinserção na linha de frente da aventura intelectual. Afrontava o direito de exclusividade, o monopólio exegético que os partidos comunistas haviam conferido a si mesmos em relação à obra de seus clássicos, da qual davam uma versão de catecismo, inepta e regressiva. À distância, o seminário paulistano sobre *O capital* fazia parte dessa contestação, como aliás indica a inspiração lefortiana inicial. Com efeito, a crítica ao marxismo vulgar, bem como às barbaridades conceituais do PCB, era um de seus pontos de honra. Mas é fato igualmente que os descalabros da URSS, em fim de contas o desafio essencial para uma esquerda à altura do tempo, não ocupavam o primeiro plano em nossa imaginação. A aposta no rigor e na superioridade intelectual de Marx,

embora suscitada pelo atoleiro histórico do comunismo,
era redefinida nos termos da agenda local, de superação
do atraso por meio da industrialização, o que não deixava
de ser abstrato e acanhado em relação ao curso efetivo do
mundo. Voltaremos ao assunto.

A outra referência internacional foi a Revolução Cubana, em 1959. Também ela desmentia o marxismo oficial,
pois não foi feita por operários, não foi dirigida pelo Partido Comunista e não respeitou a sequência de etapas prevista na teoria. A sua grande repercussão quebrou a redoma localista em que vivia a imaginação latino-americana,
a qual se deu conta, com fervor, de que era parte da cena
contemporânea e de sua transformação, e até portadora
de utopia. A incrível aventura dos revolucionários, em
particular a figura ardente de Guevara, parecia mudar a
noção do possível; emprestava um sentido novo à iniciativa pessoal, à independência de espírito, ao próprio patriotismo, e também à coragem física, que mais adiante
passariam por provações tremendas.

O contexto nacional, esquerda à parte, era formado
pelo desenvolvimentismo de Juscelino, com o seu propósito de avançar cinquenta anos em cinco. Três décadas
depois, lembrando o período, Celso Furtado observa que
naqueles anos pareceu possível uma arrancada recuperadora, que tirasse a diferença que nos separava dos países
adiantados. As indústrias novas em folha, propageandeadas nos semanários ilustrados e noticiários de cinema, os
automóveis nacionais rodando na rua, o imenso canteiro
de obras em Brasília, inspecionado pelo presidente sempre
risonho, que para a ocasião botava na cabeça um capacete operário, o povo pobre e esperançado chegando de
toda parte, uma arquitetura que passava por ser a mais
moderna do mundo, pitadas de anti-imperialismo combinadas a negociatas do arco da velha, isso tudo eram
mudanças portentosas, animadas por uma irresponsabilidade também ela sem limites. O país sacudia o atra-

so, ao menos na sua forma tradicional, mas é claro que nem remotamente se guiava por uma noção exigente de progresso. Era inevitável, nas circunstâncias, que outras acepções mais estritas do interesse nacional, da luta de classes, da probidade administrativa etc. começassem a assombrar o ambiente, para bem e para mal.

Isso posto, o contexto imediato do seminário não era a esquerda nem a nação, mas a Faculdade de Filosofia. Em seus departamentos mais vivos, ajudada pelo impulso inicial dos professores estrangeiros, esta fugia às rotinas atrasadas e buscava um nível que fosse para valer, isto é, referido ao padrão contemporâneo de pesquisa e debate. Nova no ambiente, a natureza organizada e técnica do trabalho universitário tendia a desbancar as formas anteriores de produção intelectual. Tratava-se de um empenho formador, coletivo, patriótico sem patriotada, convergente com o ânimo progressista do país, de que entretanto se distinguia por não viver em contato com o mundo dos negócios nem com as vantagens do oficialismo. Daí uma certa atmosfera provinciana, séria, simpaticamente pequeno-burguesa, bem mais adiantada aliás que o clima de corte que marcava a intelligentsia encostada no desenvolvimentismo governamental (ver *Terra em transe*, de Glauber Rocha). Por outro lado, vinha também daí a consequência nas ideias, já que estas corriam num mundo à parte, que pouco sofria o confronto das correlações de força reais, pelas quais tínhamos franca antipatia.

Quando os jovens professores se puseram a estudar *O capital*, pensavam mexer com a Faculdade. Queriam promover um ponto de vista mais crítico, e também uma concepção científica superior, ainda que meio esotérica. O Brasil entrava por um processo de radicalização, e a reflexão sobre a dialética e a luta de classes parecia sintonizar com a realidade, ao contrário das outras grandes teorias sociais, mais voltadas para a ordem e o equilíbrio do que para a transformação. Entretanto, a consequência principal do seminário pode ter sido a inversa: através dele, a Faculdade é que iria influir de forma decisiva sobre o marxismo local.

Grosso modo, este havia existido como artigo de fé do Partido Comunista e áreas assemelhadas, ou, ainda, como referência filosófica de espíritos esclarecidos, impressionados com a resistência soviética ao nazismo e opostos aos privilégios da oligarquia brasileira. Nesse sentido, aliás muito positivo, o marxismo era uma presença doutrinária à antiga, apoiada no cotidiano e bebida em manuais, sem prejuízo da intenção progressista e das constelações modernas a que se referia. Além da bitola stalinista, contudo, a própria opção revolucionária e popular, bem como a perseguição policial correspondente — fontes naturais de autoridade —, tinham contribuído para confiná-lo num universo intelectual precário, afastado da normalidade dos estudos e desprovido de relações aprofundadas com a cultura do país. Tanto é assim que os seus melhores resultados, até onde enxergo, ocorreram onde menos se espera. Encontram-se esparsos na obra de poetas e ensaístas com outra formação, de inserção cultural e histórica mais densa, como por exemplo Oswald e Mário de Andrade, que lhe sofreram a influência e aos quais o foco materialista no drama das classes, no interesse econômico e nas implicações da técnica sugeriu formulações modernas. O caso de exceção foi Caio Prado Jr., em cuja pessoa inesperada o prisma marxista se articulou criticamente à acumulação intelectual de uma grande família do café e da política, produzindo uma obra superior, alheia ao primarismo e assentada no conhecimento sóbrio das realidades locais. Pois bem, a ligação deliberada da leitura de O *capital* ao motor da pesquisa universitária iria modificar o quadro e deixar a cultura marxista anterior em situação difícil. No essencial, o desnível indicava regimes diferentes de reflexão social, dos quais um se estava tornando anacrônico. Os aspectos modernos da Faculdade, que era uma instituição especializada, de estudiosos profissionais, deixavam patentes os lados arcaicos e amadorísticos das lideranças do campo popular. Como é óbvio, são mudanças históricas objetivas, que nada dizem do valor das pessoas, e aliás é certo que a institucionalização da inteligência tem por sua vez um preço alto em alienação e embotamento. Seja como for, a ideia de uma esquerda marxista sem chavão, à altura da pesquisa universitária contemporânea, aberta para a realidade, sem cadáveres no armário e sem autoritarismos a ocultar, era nova.

A intensidade intelectual do seminário devia muito às intervenções lógico-metodológicas de Giannotti, cujo teor exigente, exaltado e obscuro, além de sempre voltado para o progresso da ciência, causava excitação. A própria ala dos cientistas sociais se tinha compenetrado da missão fiscalizadora do filósofo, de quem esperávamos o esclarecimento decisivo, a observação que nos permitiria subir a outro plano, ou escapar à trivialidade. Superstições à parte, a vontade de dar um grande passo à frente, e o sentimento de que isso seria possível, estavam no ar. Por Giannotti e Bento Prado interpostos, o estudo de Marx tinha extensões filosóficas, que nutriam a nossa insatisfação com a vulgata comunista, além de fazerem contrapeso aos manuais americanos de metodologia empírica, que não deixávamos também de consumir. Apesar de desajeitada, a tensão entre esses extremos foi uma força do grupo, que não abria mão do propósito de explicar alguma coisa de real, e nesse sentido nunca foi apenas doutrinário.

Entretanto, se não me engano, a inovação mais marcante foi outra, também devida a Giannotti, que na sua estada na França havia aprendido que os grandes textos se devem explicar com paciência, palavra por palavra, argumento por argumento, em vista de lhes entender a arquitetura. Paulo Arantes chamou a atenção para a ironia do caso, em que a teoria mais crítica da sociedade contemporânea adquiria autoridade e eficácia entre nós através de sua associação à técnica da *explication de texte*, mais ou menos obrigatória no secundário europeu.[1] Contudo, observe-se que no Brasil, a não ser pela literatura de uns poucos escritores, Machado de Assis à frente, a ideia da consistência integral de um texto não existia, de modo que a militância do filósofo trazia um claro progresso. Além disso, é certo que os escritos de Marx, e em particular as páginas iniciais de *O capital*, exigem um grau excepcional de atenção. Note-se enfim que o aprendizado da leitura cerrada e metódica atendia às necessidades universitárias de iniciação e diferenciação. Tanto que estava em curso um movimento paralelo nos estudos literários, onde também se ensinava a ler "de outra maneira", diferente da comum. Sem alarde e com resultados admiráveis, cada um a seu modo, Augusto Meyer, Anatol Rosenfeld e Antonio Candido praticavam o *close reading* havia algum tempo. Na mesma época, Afrânio Coutinho fazia uma ruidosa campanha pelo New Criticism, ao passo que os concretistas proclamavam a sua "responsabilidade integral perante a linguagem".[2] Em suma, a leitura dos textos e a explicação da sociedade se tecnificavam, de modo ora despropositado, ora esclarecedor, mas sempre aumentando o desnível com os não especialistas. Era a vez dos universitários que chegava.

Enquanto isso no Rio de Janeiro o Iseb (Instituto Superior de Estudos Brasileiros) ligava a dialética e a luta de classes ao desenvolvimentismo. A instituição era oficial, incluía vários antigos integralistas, não se fechava aos comunistas, e entrava num processo de radicalização espetacular. Menos que o insólito da mistura, os nossos olhos estritos notavam o caráter mais nacionalista que socialista da pregação: tratava-se de um quadro claro de inconsequência, para o qual torcíamos o nariz. Não há dúvida de que a falta de rigor existia, e que em 64 foi preciso pagar por ela. Mas é certo também que o Iseb respondia ao acirramento social em curso, por vezes de maneira inventiva e memorável, ao passo que as nossas objeções pouco saíam do plano trancado das posições de princípio. Atrás da antipatia é possível que estivessem, além da oposição teórica, o complexo provinciano dos paulistas e, de modo geral, as diferenças entre Rio e São Paulo. Como é sabido, a vida intelectual carioca evoluía em torno de redações de jornal, editoras, partidos políticos, ministérios, ou seja, organismos com repercussão nacional e saída fluente para o debate público (sem falar em praias, boemia e mundanidades); bem o contrário da nossa escola da rua Maria Antônia, ambiciosa e caipira, sofrendo da falta de eco nacional e tendo como bandeira o padrão científico, por oposição à ideologia. Além disso é possível que a aposta marxista "pura", voltada para a dinâmica autônoma da luta de classes, tivesse mais verossimilhança no quadro do capitalismo paulista. Ao passo que no Rio, com as brechas e verbas oferecidas à esquerda pela promiscuidade do nacional-populismo, não havia como dizer não ao Estado, cuja ambiguidade no conflito em parte era efetiva. No essencial, entretanto, a facilidade com que em 64 a direita iria desbaratar a esquerda, em aparência tão aguerrida, demonstrou o infundado das alianças desta, acabando por dar razão aos paulistas.[3]

Dito isso, a contribuição específica do seminário veio por outro lado. Os jovens professores tinham pela frente o trabalho da tese e o desafio de firmar o bom nome da dialética no terreno da ciência. De modo geral escolheram assunto brasileiro, alinhados com a opção pelos de baixo que era própria à escola, onde se desenvolviam pesquisas sobre o negro, o caipira, o imigrante, o folclore, a religião popular. Comentando o deslocamento ideológico dos anos 1930 e 40, a que a Faculdade se filiava, Antonio Candido apontou a novidade democrática e antioligárquica de um tal elenco de temas.[4] Este o quadro em que a ruminação intensa de *O capital* e do *18 Brumário*, ajudada pela leitura dos recém-publicados *História e consciência de classe*, de Lukács, e *Questão de método*, de Sartre, dois clássicos do marxismo heterodoxo, iria se mostrar produtiva. O fato é que a certa altura despontou no seminário uma ideia que não é exagero chamar uma intuição nova do Brasil, a qual organizou os principais trabalhos do grupo e teve repercussão considerável. Sumariamente, a novidade consistiu em juntar o que andava separado, ou melhor, em articular a peculiaridade sociológica e política do país à história contemporânea do capital, cuja órbita era de outra ordem. Com a parcialidade do estudante que aproveitou apenas uma parte do que ouvia e lia, exponho em seguida os argumentos que mais contaram para mim.

O passo à frente está indicado no título do doutoramento de F. H. Cardoso, *Capitalismo e escravidão no Brasil meridional* (1962). A ousadia do livro, que estuda o Rio Grande do Sul oitocentista, estava no relacionamento complicado entre aqueles dois termos assimétricos, nem opostos nem próximos. Não se tratava de categorias complementares, à maneira da oposição entre casa-grande e senzala, cuja reunião compõe um todo sociológico; nem se tratava da culminação de um antagonismo global, à maneira, imaginemos, de "Escravismo e abolição". O que o livro investiga em pormenor são as conexões efetivas entre capitalismo e escravidão numa área periférica do país, área com certa autonomia, mas dependente do que se passava nos âmbitos centrais e na vizinha Argentina, onde vigorava o trabalho assalariado. Antes que o Senhor, ou a Liberdade, o *outro* da escravidão é o capitalismo, e este de modo muito relativo, já que é também a causa dela. De entrada ficavam relativizadas pela história as polarizações abstratas entre escravidão e liberdade, entre os correspondentes tipos sociológicos, ou a identificação ideológica entre liberdade e capitalismo. Se em última análise o capitalismo é incompatível com a escravidão e acaba por liquidá-la, por momentos ele também precisou, para desenvolver-se, desenvolvê-la e até implantá-la. De sorte que nem ele é tão avançado, nem ela tão atrasada. Assim, *a escravidão podia ter parte com o progresso*, e não era apenas um vexame residual. É claro que não se tratava aqui de elogiá-la, mas de olhar com imparcialidade dialética os paradoxos do movimento histórico, ou, ainda, as ilusões de uma concepção linear do progresso. Sem que a ponta polêmica estivesse explicitada, tratava-se de uma especificação importante e estratégica do curso da história, pois punha em evidência a ingenuidade dos progressismos correntes. No campo da esquerda, em especial, desmentia o itinerário de etapas obrigatórias — com ponto de partida no comunismo primitivo, passando por escravismo, feudalismo e capitalismo, para chegar a bom porto no socialismo — em que o Partido Comunista fundava a sua política "científica".

O caminho fora aberto por Caio Prado Jr., que na esteira aliás de Marx explicara a escravidão colonial como um fenômeno *moderno*, ligado à expansão comercial europeia, estranho portanto àquela sucessão de etapas canônicas. Isso posto, o argumento de Caio tratava ainda de nossa pré-história. Já na monografia de F. H. Cardoso estamos em pleno Brasil independente, cujos movimentos nos dizem respeito direto. Usando terminologia posterior, mas cujo fundamento descritivo já se encontra aqui, o que temos é que o progresso nacional *repõe*, isto é, reproduz e até amplia as inaceitáveis relações sociais da Colônia. E pior ainda, quando enfim suprime a escravidão, não é para integrar o negro como cidadão à sociedade livre, mas para enredá-lo em formas velhas e novas de inferioridade, sujeição pessoal e pobreza, nas quais se reproduzem outros aspectos da herança colonial, que teima em não se dissolver e parece continuar com um grande futuro pela frente, o qual é preciso reconhecer, ainda uma vez, como fundado na evolução *moderna* da economia.

As implicações desses encadeamentos são numerosas. Para o que interessa aqui, retenhamos algumas: a) a história (do capital? da liberdade? da alienação? do país? do Rio Grande?) procede por avanços e recuos combinados; b) contudo ela avança, tanto que o capitalismo acaba obrigando à Abolição; c) ao avançar, ela não cumpre as promessas formadas no âmbito do conflito anterior; d) chegado o momento, o avanço tem a realidade de uma tarefa ineludível, em cujo cumprimento no entanto há espaço para uma certa liberdade e invenção políticas, bem como para o surgimento de desumanidades novas; e) as taras da sociedade brasileira, objetivadas em sua estrutura sociológica ou de classes, não devem ser concebidas como *resquícios* do passado colonial, nem como *desvios* do padrão moderno (coisa que entretanto elas também são), mas como partes integrantes da atualidade em movimento, como *resultados* funcionais ou disfuncionais da economia contemporânea, a qual excede os limites do país. Contra as miragens ideológicas, cabe à crítica elucidar as relações de toda ordem, em especial as regressões, de que se compõe o progresso (aliás progresso de quem?).

A implicação mais inovadora, contudo, refere-se à *aplicação* de categorias sociais europeias (sem exclusão das marxistas) ao Brasil e às demais ex-colônias, um procedimento que leva ao equívoco, ao mesmo tempo que é inevitável e indispensável. Fique de lado a crítica ao uso chapado de receitas, sempre justa, mas tão válida no Velho Mundo quanto entre nós. A dificuldade de que tratamos aqui é mais específica: nos países saídos da colonização, o conjunto de categorias históricas plasmadas pela experiência intraeuropeia passa a funcionar num espaço com travejamento sociológico diferente, *diverso mas não alheio*, em que aquelas categorias nem se aplicam com propriedade, nem podem deixar de se aplicar, ou melhor, giram em falso mas são a referência obrigatória, ou, ainda, tendem a um certo formalismo. Um espaço *diverso*, porque a colonização não criava sociedades semelhantes à metrópole, nem a ulterior divisão internacional do trabalho igualava as nações. Mas um espaço *de mesma ordem*, porque também ele é comandado pela dinâmica abrangente do capital, cujos desdobramentos lhe dão a regra e definem a pauta. À distância, essa meia vigência das coordenadas europeias — uma configuração desconcertante e sui generis, que requer malícia diferencial por parte do observador — é um efeito consistente da gravitação do mundo moderno, ou do desenvolvimento desigual e combinado do capitalismo, para usar a expressão clássica. Já na perspectiva das ex-colônias, mais ou menos melhoristas pela força do ponto de partida, esperançosas e empenhadas na generalização local dos benefícios do progresso, a articulação inevitável de modernidade e desagregação colonial aparece como *anomalia pátria*, uma originalidade nos momentos de otimismo, uma diferença vergonhosa nos demais, mas sempre um desvio do padrão *civilizado*. Um dos melhores capítulos de *Capitalismo e escravidão* estuda os dilemas da racionalização de uma economia escravista. É claro que nesse contexto as ideias de razão e produtividade, discutidas com minúcia, aparecem a uma luz crua. O deslocamento meio macabro entretanto não as desqualifica, nem ele é sem relevância. Muito pelo contrário, então como hoje, as inadequações desse tipo abrem janelas para o lado escuro mas decisivo da história contemporânea, o lado global, dos resultados involuntários, crescidos "atrás das costas" dos principais interessados. Às apalpadelas, havia consciência no seminário de que sem crítica e invenção categorial — ou seja, sem a superação da condição mental passiva, de consumidores crédulos do progresso das nações adiantadas (e também das atrasadas) — não seria possível dar boa conta da tarefa histórico-sociológica posta em nossos países. Noutras palavras, faria parte de uma inspiração marxista consequente um certo deslocamento da própria problemática clássica do marxismo, obrigando a pensar a experiência histórica com a própria cabeça, sem sujeição às construções consagradas que nos serviam de modelo, incluídas aí as de Marx.

Essa ordem de questões iria encontrar o seu tratamento maduro na tese de Fernando Novais sobre *Portugal e Brasil na crise do Antigo Sistema Colonial (1777-1808)*. O livro, concebido nos anos do seminário e terminado muito tempo depois, é a obra-prima do grupo. Como indica o título, a exposição vai do todo à parte e vice-versa, com domínio notável sobre a matéria nos dois planos. Contra o preceito corrente, que manda situar a história local no seu contexto mais amplo, cuja compreensão entretanto não está em jogo por sua vez, Novais busca ver os âmbitos um no outro e em movimento. Assim, as reformas portuguesas no Brasil, que naturalmente visavam preservar a posição da Metrópole, são observadas também como outros tantos passos involuntários na direção da crise e da destruição do Antigo Sistema Colonial no seu conjunto, a bem da Revolução Industrial na Inglaterra. Um encadeamento propriamente dialético. A exposição em vários planos, muito precisa e concatenada, é um trabalho de alta relojoaria, sem nenhum favor. Também aqui o marxismo rigoroso mas não dogmático punha em dificuldade as ideias feitas, dos outros e as suas próprias. Entre estas, como se sabe, está a que afirma o primado da produção sobre a circulação, ou, por outra, que manda fundar a compreensão histórica nas relações de produção locais. Pois bem, acompanhando a dinâmica de conjunto do capitalismo mercantil, Novais chega à conclusão heterodoxa, além de contraintuitiva, de que a escravidão moderna é uma imposição do tráfico negreiro, e não o contrário. Digamos por fim que a interpenetração da história local e global alcançada nesse livro não descreve apenas a gravitação daquele tempo, como também responde a uma intuição do nosso.

Uma das melhores contribuições do seminário não veio de dentro dele senão indiretamente. Espero não forçar a realidade achando que *Homens livres na ordem escravocrata* (1964), de Maria Sylvia de Carvalho Franco, embora elaborado fora do grupo, respira o seu mesmo clima crítico, ideológico e bibliográfico. Passando por alto as diferenças, há complementaridade de fundo com *Capitalismo e escravidão*. Este último livro surpreendia ao integrar o trabalho escravo aos cálculos e à reprodução da sociedade moderna. Analogamente, Maria Sylvia salientava o vínculo de estrutura entre a categoria mais relegada e confinada do país — os homens pobres do interior — e a configuração da riqueza e do poder mais avançados, tal como se haviam desenvolvido na civilização do café. Embora *Capitalismo e escravidão* pesquisasse a economia do charque no Rio Grande do Sul e *Homens livres* tivesse como documentação de base os processos-crime da comarca de Guaratinguetá, as grandes linhas argumentativas das duas monografias pedem uma leitura de síntese, pois se referem a dimensões interligadas, gerais e decisivas da sociedade brasileira no conjunto. A sujeição violenta em que se encontra o escravo, bem como a relação de dependência à qual o homem livre e pobre na ordem escravista não pode fugir, ambas têm como antagonista, no polo oposto, a camada de homens que a propriedade insere no mundo do cálculo econômico. Fernando Henrique havia analisado os impasses cruéis da racionalização produtiva no escravismo. Em espírito similar, Maria Sylvia observa que os donos da terra tratam os seus moradores e dependentes ora como apadrinhados, com os quais têm obrigações morais, ora como estranhos, sem direito a morada ou proteção (ou seja, a terra em que moram de favor pode ser vendida). Essa última mudança de atitude, em que o mundo vem abaixo para um dos lados, ocorre arbitrariamente, sem satisfações a dar, conforme a variação dos interesses econômicos ou outros da outra parte. Assim, ainda que nas duas monografias a simpatia dos autores fique com os oprimidos, cujas chances analisam, o resultado substantivo vai na direção contrária, sublinhando a margem de manobra que a peculiar estrutura do processo brasileiro faculta à propriedade, a qual segundo a conveniência toca os seus negócios por meio de escravidão, trabalho livre, relações paternalistas ou indiferença moderna. Longe de ser apenas um emparedamento no passado, esse leque de "opções" mostrava-se uma bem explorada prerrogativa social no interior da cena contemporânea. Noutras palavras, ao aprofundar a análise de classe, o seminário especificava a imensa e desconcertante liberdade de movimentos da riqueza em face dos oprimidos no país (o que não deixava de ser um resultado paradoxal para um grupo de estudos marxistas).

Como se sabe, as perguntas que dirigimos ao passado têm fundamento no presente. Se fizermos abstração da matéria específica que as três teses pesquisaram (a qual entretanto lhes conferia a nova seriedade universitária), o seu conjunto como que indica a mão invisível da história contemporânea, ou melhor, indica a obra que se estava esboçando através de nós todos e que até agora não chegou ao papel com a plenitude desejável. Tratava-se de entender a funcionalidade e a crise das formas "atrasadas" de trabalho, das relações "arcaicas" de clientelismo, das condutas "irracionais" da classe dominante, bem como da inserção global e subordinada de nossa economia, tudo em nossos dias. O estímulo vinha da radicalização desenvolvimentista, a que a universidade respondia de modo oblíquo: por que a Abolição, além de não levar à Liberdade, não criou um operariado à maneira clássica? como imaginar a passagem da estreiteza das relações de dependência pessoal à abertura nacional e internacional da consciência de classe? como se processam internamente, no bojo das aspirações emancipatórias e dentro da correlação de forças local, as grandes transformações da atualidade, que de emancipatórias podem não ter muito? Embora fosse a inspiração de todos, é preciso convir que o horizonte socialista não se desenhava com firmeza nos fatos, nem ganhava corpo na figura que esses trabalhos isentos de demagogia compunham. Passando por cima da convicção dos autores, a pesquisa acadêmica radical ia delineando um quadro irresolvido, de difícil interpretação, que ainda vale a pena interrogar.

A relevância contemporânea e extra-acadêmica desses pontos de vista apareceu no livro seguinte de F. H. Cardoso, *Empresário industrial e desenvolvimento econômico*, sempre uma tese universitária, mas já a meio caminho da intervenção política. O parágrafo final, redigido às vésperas e sob a pressão do desfecho de 64, concluía por uma alternativa inesperada para a esquerda. No que dependesse da burguesia industrial, que era quem pesava mais na balança, o rumo estava tomado: "satisfeita já com a condição de sócio menor do capitalismo ocidental e de guarda avançada da agricultura", ela renunciara a tentar "a hegemonia plena da sociedade". A incógnita, se houvesse, vinha do campo oposto. Qual seria "a reação das massas urbanas e dos grupos populares"? Teriam capacidade de organização e decisão "para levar mais adiante a modernização política e o processo de desenvolvimento econômico do país"? "No limite a pergunta será então, subcapitalismo ou socialismo?" Só Deus sabe o que teria sido esse socialismo, mas o prognóstico, no que diz respeito ao subcapitalismo, não só fugia à voz corrente como se mostrou exato. A alternativa contrariava de frente as formulações do Partido Comunista, que se haviam transformado no clima geral da esquerda e justificavam as alianças em que esta acreditava. Sempre aplicando definições remotas, o PC afiançava — no jargão do tempo — o interesse anti-imperialista da burguesia nacional, que por isso mesmo seria aliada da classe operária na luta pela industrialização do país, ao passo que o latifúndio e os americanos formavam o bloco oposto ao progresso. Nessa perspectiva, não haveria industrialização sem vitória sobre o imperialismo, ou, por outra, a vitória deste confinaria o país em sua feição agrícola. Ora, como se sabe, esse conjunto de teses foi duramente desmentido pela história. No aperto, a burguesia nacional preferiu a direita e os americanos ao operariado nacionalista, que por sua vez, em parte ao menos, também preferia as firmas estrangeiras. E o mais importante: contrariando a previsão dos progressistas, ao golpe conservador seguiu-se um poderoso surto industrial — que entretanto não cumpriu nenhuma das promessas políticas e civilizatórias que se costuma associar ao desenvolvimento econômico. Fernando Henrique acertara em toda linha, também neste ponto: tratava-se de um "subcapitalismo", ávido de avanços econômicos e sem compromisso com a integração social do país. A impopularidade da tese não impedia que a sua justeza fosse reconhecida à boca pequena, e suponho que a ascendência intelectual e política de seu autor no interior da esquerda tenha crescido a partir daí.

Outro fator de autoridade esteve na crítica frontal às concepções despolitizadas do subdesenvolvimento então propagadas pelo establishment americano. Contra os esquemas abstratos em voga nos Estados Unidos, que propunham a questão em termos *inocentes*, de *variáveis econômicas* bem ou mal combinadas, tratava-se de identificar os *interesses* envolvidos, sem os quais aquelas variáveis permaneciam letra morta. Em lugar do rearranjo de fatores econômicos isolados, operado de preferência no vácuo, ou das genéricas escalas de transição do *tradicional* ao *moderno*, entrava em foco, com evidente vantagem intelectual, o campo efetivo da luta pelo desenvolvimento. Um campo histórico, pautado pelas grandes coordenadas do tempo: capitalismo dos monopólios, imperialismo, competição internacional, descolonização, enfrentamento entre capitalismo e socialismo, configurações específicas da luta de classes. Talvez se possa dizer que naqueles anos tumultuosos, de culminação e crise do nacionalismo desenvolvimentista, o qual trouxe à cena a massa dos excluídos e os prometia integrar (ilusão ou não), a experiência da história empurrou uma parte da intelectualidade a se desapequenar. A teoria social desenvolvida nas universidades dos países hegemônicos passava a ser examinada com olhos críticos, a validade geral de seus consensos sociológicos e econômicos deixara de ser ponto pacífico, e mesmo o seu lado mediocremente apologético foi notado. Com isso, a discussão do subdesenvolvimento adquiriu uma representatividade contemporânea inédita, que abria perspectivas ao pensamento de oposição também no mundo desenvolvido. A circulação mundial da obra de Celso Furtado e da Teoria da Dependência, sem falar no destaque alcançado por artistas latino-americanos no período, dá testemunho desse interesse acrescido. Com altos e baixos, a floração do marxismo e da dialética no continente expressava e formulava esta repolarização dos pontos de vista, que impregnou de história e contradição a questão dita técnica da luta contra o atraso.

Do ângulo acadêmico, mas também político, a novidade estava em associar a visão marxista da industrialização brasileira a uma enquete sobre o que pensavam e faziam os empresários. O marxismo defrontava-se com fatos que lhe dizem respeito, ao passo que os industriais eram postos diante de sua responsabilidade histórica, vista esta no quadro vasto da industrialização retardatária, do progresso e da integração (ou desintegração) nacionais, do confronto entre capitalismo e socialismo — sem esquecer a opção pelo golpe militar iminente, uma data destacada no calendário da Guerra Fria. Sem favor, a pesquisa universitária deixava de ser remota. A busca da ligação viva e contraditória entre as contingências locais e o andamento global da história contemporânea atendia a um ideal de dialética. Noutro plano, respondia também a uma aspiração peculiar do debate brasileiro, sempre isolado da atualidade pelas feições singulares e "arcaicas" do país, e sempre necessitado, por isso mesmo, de um trabalho crítico de *desprovincianização*, que permita entendê-lo no presente.

O percurso e a conclusão do *Empresário industrial* formavam a síntese atualista dos resultados do seminário. Conforme o livro trata de mostrar, o trajeto em direção ao desenvolvimento não é o mesmo nos países desenvolvidos e nos subdesenvolvidos, embora aqueles sirvam de modelo para estes. O que não quer dizer que os últimos não se desenvolvam, mas que o seu desenvolvimento corre noutros trilhos, encontra problemas diferentes e é levado adiante por categorias sociais que tampouco são as mesmas. Assim, a sua burguesia nacional não corresponde ao conceito de burguesia nacional, idem para a sua classe trabalhadora. A própria noção de racionalidade econômica não coincide, e só os doutrinários ou os sociólogos não sabiam que um empresário weberiano estrito no Brasil se daria mal e seria um exemplo de irracionalidade. Segundo os espíritos ofuscados pelo modelo canônico, essas diferenças inviabilizariam o desenvolvimento. Não assim o espírito dialético, afeito a ver o mesmo no outro. Na verdade, é no interior daquelas diferenças tão heterodoxas que o desenvolvimento vai se dando, até que em 64 a crise chame à ordem do dia a redefinição da sociedade, que deveria dar substância social e civilizadora às promessas do crescimento, quando então — chegada a hora da verdade — a classe dominante atalha as aspirações populares e sai pela brecha do subcapitalismo, que a nova configuração da economia internacional lhe abria. Em suma, com o progresso as anomalias da sociedade brasileira se reproduziam noutro patamar, em lugar de se dissolverem. De outro ângulo, essas anomalias são o arranjo sociológico-político em cima do qual se processa a inserção do país na economia internacional, e nada mais *normal* do que elas, portanto. Noutros termos ainda, o desenvolvimento dos países subdesenvolvidos não leva ao desenvolvimento senão em aparência, pois assim como, chegado o momento, estes repõem o seu travejamento social "arcaico", o capitalismo visto no todo e em plena ação modernizante também repõe a situação subdesenvolvida, que nesse sentido faz parte do travejamento arcaico da própria sociedade contemporânea, de cujo *desenvolvimento* então seria o caso de duvidar. Noutras palavras, estavam errados tanto os descrentes como os crédulos. O pioneirismo do quadro — em cujas cores paradoxais carreguei um pouco — era grande, levando Florestan Fernandes a escrever na orelha do livro que, "de fato, só os cientistas sociais dos 'países subdesenvolvidos' possuem condições para resolver problemas metodológicos ou teóricos mal formulados pelos autores clássicos". O próprio autor da monografia terá sentido a novidade e o risco de sua posição, pois termina a nota introdutória lembrando o Galileu de Brecht, que a certa altura, pensando em si mesmo, na ciência e na Inquisição, faz o elogio dos copernicanos: "O mundo inteiro estava contra eles, e eles tinham razão". Quando um pouco adiante Giannotti redigiu a sua crítica ao marxismo tão influente de Althusser, na qual se opunha, com notável independência, ao esvaziamento positivista das categorias sociais, suponho que obedecesse a um sentimento dessa mesma ordem, de valia da experiência histórica feita.[5]

Dependência e desenvolvimento na América Latina foi escrito depois do golpe, no Chile, e já não pertence à época do seminário. Não tenho os conhecimentos para um bom comentário de suas relações com a teoria econômica cepalina, nem da repercussão que alcançou, evidentemente muito grande. Seu programa de especificações históricas, sociológicas e econômicas, assim como o sistema das variações de país a país, que aponta para um todo em movimento, fazem a novidade e a força do livro. Espero não errar, contudo, notando que em parte se trata da generalização e do ajuste, para o continente, dos pontos de vista do *Empresário industrial*. Lá estão as singularidades dos arranjos sociológicos nacionais, sempre subdesenvolvidos e carregados de história, funcionando como suportes da inserção contemporânea da economia. São eles a travação do caráter dependente, ou "sub", de seus países, que nem por isso ficam excluídos do desenvolvimento capitalista, que se processa de forma sui generis através daqueles mesmos arranjos (a reposição do atraso), ou de sua reformulação (o atraso reposto de modo novo). Ainda uma vez tratava-se de mostrar que as categorias econômicas não andam sozinhas e que a subordinação dos subdesenvolvidos não dispensava uma correia de transmissão interna, acessível à luta política (este o momento combativo). E que as transformações do capitalismo central mudam os termos do enfrentamento de classes nos países periféricos, abrindo saídas imprevistas no quadro do conflito cristalizado anteriormente, que passa a girar em falso, enquanto a nova solução recria outra modalidade de atraso (este o momento de dura constatação).

Para concluir com um pouco de pimenta, saltando mais de vinte anos, acho possível enxergar uma configuração análoga na eleição presidencial de 1994. Para Lula e o Partido dos Trabalhadores a disputa dava-se em termos nacionais *internos*, tendo de um lado o Brasil carcomido e conservador, enfeitado pela conversa fiada tecnocrática, e do outro o Brasil social, do progresso e da integração dos excluídos. Ao passo que FHC apostava na incidência da mutação econômica global, que valorizava a estabilidade doméstica, convidava o eleitorado a participar das novidades materiais e organizativas do mundo contemporâneo, e declarava matéria vencida os conflitos sociais armados no período anterior. À vista do resultado, mais uma vez a evolução geral do capitalismo desarmava o enfrentamento interno, de conteúdo sociológico claro, e dava espaço à recondução, ainda que relativa, do bloco do poder. Tudo em linha com as análises já clássicas do próprio sociólogo, as quais entretanto, em ocasiões prévias, se haviam destinado a abrir os olhos da esquerda, ao passo que agora levavam à presidência o seu autor em pessoa, à frente de uma coligação partidária de centro-direita.[6] O significado histórico dessa vitória está em aberto e não é o assunto de meu depoimento — a não ser muito indiretamente, pelo viés de sua ligação com as conclusões do grupo, armadas no estudo do Brasil escravista. Com efeito, a constatação da margem de liberdade absurda e antissocial de que a classe dominante — fortalecida pelo seu canal com o *progresso* do mundo externo — dispõe no país foi um dos resultados a que a contragosto chegavam os nossos estudos marxistas.

Agora, com trinta anos de distância, como fica o seminário? Já disse o bem que penso de suas contribuições para a interpretação do Brasil. Não obstante, visto de meu ângulo de hoje, o marxismo do grupo deixava a desejar nalguns aspectos, que talvez sejam sempre os mesmos. *Não houve muito interesse pela crítica de Marx ao fetichismo da mercadoria.* Como correspondia àqueles anos de desenvolvimentismo, o foco estava nos impasses da industrialização brasileira, que podiam até empurrar na direção de uma ruptura socialista, mas não levavam à crítica aprofundada da sociedade que o capitalismo criou e de que aqueles impasses formam parte. Era lógico aliás que houvesse uma dose de conformismo embutida no projeto basicamente nacional, ou até continental, de tirar a diferença e superar o atraso, já que no caso os países adiantados (embora não as suas teorias sociológicas) tinham de ser dados como parâmetro e como bons. A parte da lógica da mercadoria na própria produção e normalização da barbárie pouco entrava em linha de conta e ficou como o bloco menos oportuno da obra de Marx. Pelas mesmas razões faltou ao seminário compreensão para a importância dos frankfurtianos, cujo marxismo sombrio, mais impregnado de realidade que os demais, havia assimilado e articulado uma apreciação plena das experiências do nazismo, do comunismo stalinista e do *American way of life*, encarado sem complacências. Daí também uma possível inocência do grupo em relação ao lado degradante da mercantilização e industrialização da cultura, consideradas sem maiores restrições. E daí, finalmente, uma certa indiferença em relação ao valor de conhecimento da arte moderna, incluída a brasileira, a cuja visão negativa e problematizadora do mundo atual não se atribuía importância. O preço literário e cultural pago por esse último descaso, aliás um subproduto perverso da luta pela afirmação da universidade, foi alto, pois fez que os achados fortes do seminário não se aliassem produtivamente ao potencial crítico espalhado nas letras e na cultura ambiente, ficando confinados ao código e ao território acadêmico, dizendo e rendendo menos do que poderiam. Para contraste basta pensar nas relações da prosa de Gilberto Freyre e Sérgio Buarque com a cultura modernista, às quais se prende o estatuto tão especial de suas obras. Penso não exagerar achando que no essencial a intuição histórico-sociológica do seminário não fica devendo à desses mestres, embora seja evidente que, pela falta da elaboração de um instrumento literário à altura, entroncado nas Letras contemporâneas, as obras respectivas não ocupem um lugar de mesma ordem. Visando mais alto, por fim, me parece certo que a clara visualização do subdesenvolvimento e de suas articulações tem alcance histórico-mundial, capaz de sustentar, suponhamos, algo como as *Minima moralia* referentes ao que é sem dúvida uma das feições-chave do destino contemporâneo. Fica a sugestão, mas a ideia talvez não pudesse mesmo se realizar em nosso meio, já que em última análise estávamos — e estamos — engajados em encontrar a solução para o país, *pois o Brasil tem que ter saída*. Ora, alguém imagina Marx escrevendo O *capital* para salvar a Alemanha? Assim, o nosso seminário em fim de contas permanecia pautado pela estreiteza da *problemática nacional*, ou seja, pela tarefa de superar o nosso atraso relativo, sempre anteposta à atualidade. Ficava devendo outro passo, que enfrentasse — na plenitude complicada e contraditória de suas dimensões presentes, que são transnacionais — as relações de definição e implicação recíproca entre atraso, progresso e produção de mercadorias, termos e realidades que se têm de entender como a precariedade e a crítica uns dos outros, sem o que a ratoeira não se desarma.

Os sete fôlegos de um livro

Os livros que se tornam clássicos de imediato, como foi o caso de *Formação da literatura brasileira*, publicado em 1959, às vezes pagam por isso, ficando sem o debate que lhes devia corresponder. Passados quarenta anos, a ideia central de Antonio Candido mal começou a ser discutida.

O livro vinha apoiado em superioridades palpáveis, que se impuseram em bloco e empurraram para a sombra os detalhes. A erudição segura, a atualização teórica, a pesquisa volumosa, a exposição equilibrada e elegante, o juízo de gosto bem argumentado, tudo isso estava numa escala inédita entre nós. Seja dito entre parênteses que a passagem do tempo não tornou menos desejáveis estas qualidades. Entretanto, há também os outros aspectos, mais difíceis de notar e igualmente valiosos.

A título de exemplo, vale a pena estudar as relações do crítico e historiador com seus predecessores. Nada mais educativo que ver em conjunto os capítulos de José Veríssimo sobre o Arcadismo, na *História da literatura brasileira*, e os de Antonio Candido, na *Formação*: o leitor notará que as observações do primeiro são retomadas uma a uma pelo segundo, formuladas com maior amplitude ou equilíbrio, combinadas a informações novas, corrigidas pelo ponto de vista atual, *mas sempre aproveitadas*.

A relação de continuidade, adensamento ou superação é constante, a ponto de se tornar uma força produtiva deliberada, uma técnica de trabalho. Lembra o que o próprio Antonio Candido notou a respeito de Machado de Assis, que teve a capacidade de utilizar e aprofundar a elaboração dos romancistas que o precederam, crescendo sobre os ombros de escritores que, ao menos em parte, eram bastante medíocres, mas cuja obra havia contribuído na transposição literária da experiência do país.

Sirva de ilustração a mudança na figura de Cláudio Manuel da Costa ao passar de um crítico ao outro. À maneira romântica, Veríssimo o considerava como um tímido precursor do sentimento brasileiro, sem a força — ainda — da cor local. Já Antonio Candido vai valorizá-lo como o poeta que, beneficiado pelo convencionalismo generalizante do padrão neoclássico, pôde estilizar com admirável universalidade o tema-chave das duas fidelidades do letrado brasileiro, tão apegado à rusticidade da vida local quanto à norma culta do Ocidente. A força particularizante no caso — a capacidade de configurar este conflito histórico — decorreu do universalismo da escola poética, ao contrário do que supunha a visão romântica, que aí só enxergava fraqueza e falta de peculiaridade. Assim, a valorização crítica do que é historicamente específico, ensinada pelo Romantismo, é conservada, ao passo que a condenação romântica do registro neoclássico é questionada.

O interesse da viravolta, com seu claro acréscimo em discernimento, que deixa para trás o pitoresquismo nacionalista sem abrir mão da particularidade da experiência local, dispensa comentários. Os machadianos estarão reconhecendo uma variante do famoso "sentimento íntimo" do tempo e do país, "diverso e melhor do que se fora apenas superficial". Para o que nos importa aqui, é uma instância entre muitas da produtividade ligada à verificação crítica da tradição, que aliás é outro nome para o valor intelectual do *processo formativo* estudado por Antonio Candido.

Como estou querendo sugerir a fecundidade dessa linha de trabalho, vamos tomar para contraste o procedimento universitário comum. Neste, os fatos da literatura local são apanhados sem maior disciplina histórica e revistos ou enquadrados pelos pontos de vista prestigiosos do momento, tomados à teoria crítica internacional e a seus pacotes conceituais. O chão social cotidiano e extrauniversitário da elaboração intelectual, pautado por suas contradições específicas, é substituído pelo sistema de categorias elaborado nos programas de pós-graduação, na maior parte norte-americanos, com brechas para franceses, alemães e ingleses. O universalismo infuso da Teoria Literária, que em parte nem decorre dela, mas da sua adoção acrítica nestas e noutras plagas, cancela a construção intelectual da experiência histórica em curso. Desapareçem, ou ficam em plano irrelevante, o juízo *crítico* propriamente dito e o processo efetivo de acumulação literária e social a que as obras responderam. Não custa insistir que estas minhas observações não são ditadas pelo chauvinismo, mas pela atenção às consequências acarretadas pelos diferentes recortes do objeto.

Pois bem, o conselho que se pode tirar da abordagem de Antonio Candido — que não foi concebida em vista desta polêmica — aponta para uma colocação diferente dos acentos. Digamos que a operação toda é comandada pelo juízo de gosto — que não se omite —, situado e inspirado na vida presente, mas justificado com argumentos estruturais, historicamente informados, em que ele se socializa. Os conceitos das gerações anteriores, tanto os que o tempo sustentou quanto os provincianos e fora de esquadro, fazem parte dessa informação histórica e são levados em conta, de sorte que a sua aferição crítica, à luz da experiência e das teorizações contemporâneas, tem a feição (e a força) de uma autossuperação que excede o indivíduo e se dá no âmbito da história. Em vez do enquadramento da experiência local pelas teorias internacionais, com o que ele implica de abdicação, unilateralidade, vida emudecida etc., assistimos à relativização de esquemas universalizantes, a qual por si só é um resultado crítico de primeira ordem. A independência no caso se deve ao discernimento formal e conceitual do crítico, mas também expressa algo de um momento nacional favorável, em que a experiência feita no país, bem como a pesquisa de sua consistência interna, pareciam contar como um prisma relevante sobre as coisas, um prisma que valia a pena objetivar e comunicar. O interesse pelo passado sob o signo da atualidade, quer dizer, sem passadismo, havia sido firmado fazia duas décadas por Mário de Andrade. Para o modernista, a tarefa nacional e a nossa função "para com a humanidade" consistiam em tradicionalizar o passado, "isto é, referi-lo ao presente".[1] O sentido antitradicional em que usa a palavra tradição indica as carências do país novo, denotando o ímpeto de criar juntamente a tradição e a liberdade em relação a ela.

Em seu momento inicial, digamos que a concepção rigorosa do objeto, com lógica interna e delimitação bem argumentada, opunha a *Formação* aos repertórios e panoramas algo informes que são tradicionais na historiografia literária. A novidade tinha a ver com o clima intelectual da Universidade de São Paulo dos anos 1940 e 50, quando houve em algumas áreas da Faculdade de Filosofia um esforço coletivo e memorável de exigência científica e de reflexão. Sem prejuízo da pesquisa, os trabalhos deviam ser comandados por *problemas*, a que deviam a relevância.

Como diz o título do livro, trata-se de historiar nos seus *momentos decisivos* a formação de uma literatura *nacional*. Este último adjetivo é bom para datar a matéria estudada, em que a literatura brasileira está em sentido *histórico*, e não geográfico e anacrônico. Por motivos que merecem análise, nós brasileiros gostamos de nos contrapor aos portugueses, mas não ao legado colonial.

Assim, temos o costume de considerar parte direta da nação tudo o que tenha ocorrido no território. Daí que, forçando um pouco, os índios pré-cabralinos, José de Anchieta, Cunhambebe, Zumbi, Gregório de Matos e o padre Vieira figurem como nossos concidadãos, numa pseudoproximidade que engana. Num livro recente, Fernando Novais aponta o anacronismo embutido em expressões como "Brasil Colônia" ou "período colonial da história do Brasil", às quais prefere "América Portuguesa". "Pois não podemos fazer a história desse período como se os protagonistas que a viveram soubessem que a Colônia iria se constituir, no século XIX, num Estado nacional", diz o autor.[2] Cada um a seu modo, Gregório e Vieira são grandes figuras do sistema colonial, ou, ainda, do ciclo colonial português. Será que ficam desconhecidos ou diminuídos por não terem participado de um dinamismo que cinquenta anos depois de sua morte mal começava a se esboçar?

Adivinhando a *Formação da literatura brasileira* pelo sumário, poderíamos pensar num estudo sobre os momentos arcádico e romântico no Brasil, com um capítulo de ligação sobre as Luzes. Estaria perdido o essencial da contribuição de Antonio Candido, que consistiu em ver aqueles momentos — esteticamente antagônicos — sob o signo unificador da independência nacional em processo, compondo um objeto com questões específicas. Em termos de estilo, nada mais oposto ao Arcadismo do que o Romantismo. Um é explicitamente universalista e convencional — basta lembrar os seus pastores —, enquanto o outro visa o máximo de individualização. Não obstante, impregnados de patriotismo ilustrado em dose variável, os dois movimentos se integraram à gravitação da independência nacional, à tarefa de criar um país que participasse da cultura comum do Ocidente e que guardasse fisionomia própria. A continuidade do movimento foi uma tese dos próprios românticos, que viam alguns árcades como predecessores, em especial os que haviam cantado o índio. Nesse sentido, trata-se de um processo com unidade real, inclusive do ponto de vista da autocompreensão de seus membros, que tinham em comum alguma coisa da atitude empenhada e construtiva da Ilustração.

Contudo, sublinhar essa unidade, no caso, é só o primeiro passo. O essencial é descrever a sua articulação interna, ou seja, a complementaridade funcional dos momentos e a regra de seu movimento, além do sistema de paradoxos e de ilusões que lhe corresponde. Noutras palavras, a formação da literatura brasileira é identificada como uma estrutura histórica em sentido próprio, aliás de grandes dimensões, com atributos e dinamismos específicos, a pesquisar e estudar dentro de sua lógica. Por exemplo, a identificação do caráter peculiarmente *interessado* ou *empenhado* dessa literatura — caráter implicado na natureza *patriótica* e *programática* do processo da formação nacional tardia — é uma descoberta de peso, cheia de alcance para a compreensão da vida intelectual brasileira, e provavelmente das outras comparáveis, saídas, como a nossa, de condições coloniais. Outra lei de movimento é a alternância dos impulsos universalistas e localistas, que tem como quadro inicial a sucessão cronológica dos padrões neoclássico e romântico, mas cuja razão de ser profunda é outra, ligada às necessidades de afirmação de uma literatura nacional, a que os dois aspectos são necessários, motivo pelo qual depois seguiram se alternando, já sem muito a ver com a matriz inicial da oposição. Essa feição estrutural-histórica do livro não foi notada, porque o autor não fez praça dela. Talvez o momento seja bom para lembrar que Antonio Candido é seguramente, e de longe, o mais estrutural entre os críticos brasileiros, se entendermos o termo em acepção exigente, para além dos cacoetes terminológicos. Para dar ideia da posição avançada do livro, note-se ainda que a combinação de estrutura e história — ou seja, a pesquisa da historicidade entranhada nas estruturas, bem como da disciplina estrutural dos andamentos históricos — estava no foco do debate teórico da época. A *Crítica da razão dialética*, de Sartre, publicada pouco depois, fazia dessa combinação a pedra de toque da compreensão do mundo pela esquerda.

Voltando à estrutura da *Formação da literatura brasileira*, vejamos algumas objeções que ela suscitou, as quais são outras tantas maneiras de tornar visível o seu perfil. Aos nacionalistas, convencidos de que o Brasil começou no dia do descobrimento ou antes, o livro parece pouco patriótico, pois entrega de mão beijada aos portugueses várias das grandes figuras que viveram nestas paragens, como o padre Vieira e Gregório de Matos. Já comentamos o anacronismo. O argumento reaparece com o poeta e crítico Haroldo de Campos, que considera o livro um "sequestro do barroco", sempre por não tratar de Gregório.[3] O recorte sequestrador seria expressão das preferências românticas de Antonio Candido e de sua antipatia por tudo o que tenha a ver com Góngora. Também aqui o anacronismo dispensa comentários. Não ocorreu a Haroldo que a ausência do grande baiano se pudesse ligar à natureza do tema tratado, ou, por outra, que a formação da literatura *nacional* seja um processo particular, com realidade e delimitação próprias, cujo âmbito não é o mesmo da história do território ou da língua, nem da literatura escrita "no Brasil", para lembrar a solução dada ao problema por Afrânio Coutinho. Os ciclos históricos existem ou não existem. Não custa acrescentar que a força de Góngora é um pressuposto explícito da *Formação*, onde forma um contraste definidor com a imagem de tipo neoclássico. O que por outro lado não impede o livro de comentar os monstrengos do barroco administrativo, tão funcionais nas circunstâncias da colonização.

Noutro passo, Haroldo de Campos supõe que o autor, porque estudou uma formação nacional, é nacionalista, obedecendo a "um ideal metafísico de entificação do nacional".[4] Por isso mesmo, seria prisioneiro das ilusões da *origem* e da *evolução linear*, que segundo a filosofia de Jacques Derrida acompanham a posição mencionada. Ora, a despeito da autoridade do filósofo, nada mais distante da realidade, pois Antonio Candido pertence à geração universitária que notoriamente criticou o nacionalismo e seus mitos, dando uma explicação materialista e sóbria da formação nacional, alheia à patriotada. Já quanto à tese de que ele cultive a metafísica da nacionalidade, só aplaudindo de pé o disparate. Para consolidá-la, Haroldo cata e força as expressões do texto, de modo a mudar a *Formação* numa *epopeia do Logos e do Ser em busca de seu novo habitáculo em terras americanas*.[5] Depois de fazer de Antonio Candido um misto brasileiro de Hegel e Heidegger — o que é um erro de pessoa dos mais extravagantes —, fica fácil apontá-lo como ideólogo do Brasil metafísico. No caso, se vejo bem, a boa crítica entraria pelo rumo contrário e desconstruiria as generalidades de Derrida — tão estéreis do ponto de vista do conhecimento — à luz de uma problemática efetiva.

Quanto à linearidade do esquema, o próprio da análise estrutural praticada no livro é justamente a exposição *articulada*, oposta à linha evolutiva simples. Assim, por exemplo, a busca romântica da diferenciação nacional aparece como frequentemente inócua, além de filiada às expectativas europeias de pitoresco. Ao passo que o universalismo arcádico aparece como capaz de configurar singularidades e perplexidades históricas de maneira superior. Onde a visão linear?

Outros consideram que a combinação de categorias de história literária e de história política — Arcadismo, Romantismo e Independência — significa desconhecimento da autonomia da esfera estética, ou, no caso, desconhecimento da periodização estilística (tese de Afrânio Coutinho), representando a recaída em posições ultrapassadas. Ora, a combinação dos âmbitos não decorre aqui de uma opção de método, da preferência por uma maneira ou outra de análise, mas da *descoberta* de uma estrutura e de um movimento reais, cujas articulações, sumamente interessantes, se devem estudar e não negar — a não ser, naturalmente, que se trate de demonstrar a sua inexistência, o que seria legítimo (e talvez difícil). Seja dito entre parênteses que a ligação refletida entre análise estética e análise histórico-social representou, e representa, um passo à frente substantivo, vistas as dificuldades teóricas levadas em conta e vencidas. Não vejo onde possa haver conformismo nesse empreendimento, comprometido com a crítica das formas artísticas e também das estruturas sociais.

Uma vez que Antonio Candido explicou, no prefácio, haver adotado em seu livro o ângulo dos primeiros românticos, era quase inevitável que alguém assinalasse o atraso ou a parcialidade de seu ponto de vista. Contudo, como notamos a propósito do Arcadismo, o autor analisou criticamente os preconceitos da perspectiva que, por outro lado, julgou interessante tomar. Digamos que ele, socialista e internacionalista, amigo da liberdade das artes, além de nascido cem anos mais tarde, encara com simpatia o empenho patriótico e formador daquela geração, cuja força e pertinência reconhece, sem lhe desconhecer as limitações. Por um lado, enquanto tarefa, considera que a etapa da formação está concluída e que seu prisma já não tem razão de ser: a literatura brasileira existe e a rarefação da vida colonial foi vencida. Não obstante, em outro âmbito, a formação do país independente e integrado não se completou, e é certo que algo do déficit se transmitiu e se transmite à esfera literária, onde a falta de organicidade, se foi superada em certo sentido, em outro continua viva. Esta posição distanciada, mas não por completo, que de fato existe no livro em relação ao movimento da formação, representa um modo real e apropriado de consciência histórica. Com estas observações entramos para o significado contemporâneo da ideia da *Formação*.

Voltando atrás, em que consiste então o processo formativo? Usando os termos do autor, trata-se da constituição progressiva de um sistema literário, composto de autores, obras e públicos interligados, idealmente na escala da própria nação, a qual também vai se constituindo no processo. O adensamento da referência mútua, em luta contra a rarefação e as segregações coloniais, era sentido como participação na tarefa de construção cultural da pátria. A dimensão *civilizatória* desse esforço integrador — que busca superar a nossa "inorganicidade", para falar como Caio Prado Jr. — é patente. A tarefa se completa quando, por um lado, o conjunto da vida nacional estiver incorporado, e quando, por outro, a cultura contemporânea estiver assimilada em formas e temas. Do ponto de vista literário, a repolarização *nacional* do imaginário tem o seu momento bom quando entram em espelhamento mútuo e verificador as relações próprias ao país, já adensadas, e um complexo relevante de ideias e formas modernas. O valor da desalienação cultural e histórica implicada em movimentos dessa ordem é claro.

Vemos aqui uma das dimensões fortes do processo formativo, que torna literário, ou seja, traz para dentro da imaginação, o conjunto das formas sociais que organizam o território. Uma vez interiorizadas pela literatura, estas passam a ser objeto passível de figuração crítica e de discussão. É esclarecedor a respeito o bloco que trata da ficção romântica, no segundo volume da *Formação da literatura brasileira*, onde Antonio Candido assinala a *vocação extensiva* de nosso romance. De certo modo, este cumpria o papel que hoje cabe aos estudos sociais, num movimento de ampliação que só se aquieta depois de recobrir o país no seu todo. A expansão, no sentido da abrangência, se completa com o fim do Romantismo, mais ou menos por volta de 1870, quando começa a exploração em profundidade empreendida por Machado de Assis. Como Antonio Candido também explicou, esse romancista soube aproveitar de maneira consistente os acertos de seus predecessores, ao mesmo tempo que lhes evitava as estreitezas, o que permitiu — sem exclusão de outros fatores — que criasse a primeira grande obra da literatura brasileira do século XIX e a primeira que de fato conta para a cultura moderna. Temos aqui um quase protótipo do movimento formativo, com as suas estações sem grande valor literário, que entretanto permitem uma acumulação que em seguida faculta a viravolta crítica e o surgimento de um grande escritor, capaz de transmutar a elaboração local e precária em valor contemporâneo. Nesses termos, Machado de Assis é um ponto de fuga e de chegada do movimento de formação da literatura brasileira. Ao possibilitar a sua obra, despida de provincianismo e debilidades, o processo mostrava estar concluído. — Salvo engano, seria este o esquema da formação da literatura brasileira segundo Antonio Candido.

Quando o livro saiu, alinhou-se entre várias obras de perspectiva paralela e comparável, que buscaram acompanhar a formação do país em outros níveis. No campo progressista, os congêneres mais importantes e conhecidos eram os livros de Caio Prado Jr., Sérgio Buarque de Holanda e Celso Furtado. A comparação entre estas obras ainda está engatinhando, à espera de trabalhos de síntese. Muito sumariamente quero sugerir alguns contrastes. Para Caio Prado Jr., a formação brasileira se completaria no momento em que fosse superada a nossa herança de inorganicidade social — o oposto da interligação com objetivos internos — trazida da Colônia. Este momento alto estaria, ou esteve, no futuro. Se passarmos a Sérgio Buarque de Holanda, encontraremos algo análogo. O país será moderno e estará formado quando superar a sua herança portuguesa, rural e autoritária, quando então teríamos um país democrático. Também aqui o ponto de chegada está mais adiante, na dependência das decisões do presente. Celso Furtado, por seu turno, dirá que a nação não se completa enquanto as alavancas do comando, principalmente as do comando econômico, não passarem para dentro do país. Ou seja, enquanto as decisões básicas que nos dizem respeito forem tomadas no estrangeiro, a nação continua incompleta. Como para os outros dois, a conclusão do processo encontra-se no futuro, que pareceu próximo à geração do autor, e agora parece remoto, como indica o título de um dos últimos livros dele mesmo: *Brasil: A construção interrompida* (1992).

Dei a vocês três exemplos em que o ponto de chegada da formação ainda está por ser alcançado, quando então haverá — ou haveria — uma virada decisiva para a vida nacional. O caminho para chegar lá é da ordem mais ou menos de uma revolução, ainda que não seja o mesmo para cada um dos autores. Ora, a formação da literatura nos termos de Antonio Candido difere bastante dessas construções, com as quais no entanto se aparenta. Primeira diferença, ela pôde se completar no passado, mais ou menos à volta de 1870, *antes da abolição da escravatura.* Digamos então que ela já está concluída no momento em que o Autor a expõe, ou, por outra, que ele não escreve com o propósito militante de levá-la a bom termo. Segunda diferença, ao se completar ela não marcou uma transformação fundamental do país. Ou ainda, foi possível que o sistema literário do país se formasse sem que a escravidão — a principal das heranças coloniais — estivesse abolida.

O quadro se presta a reflexões sobre as liberdades e vinculações complicadas da literatura, a qual pode atingir organicidade sem que ocorra o mesmo com a sociedade a que ela corresponde. Vemos no livro de Antonio Candido que a elite brasileira, na sua parte interessada em letras, pôde alcançar um grau considerável de organização mental, a ponto de produzir obras-primas, sem que isso signifique que a sociedade da qual esta mesma elite se beneficia chegue a um grau de civilidade apreciável. Nesse sentido, trata-se de uma descrição do progresso à brasileira, com acumulação muito considerável no plano da elite, e sem maior transformação das iniquidades coloniais. Com a distância no tempo, pode-se também dizer que essa visão do acontecido, apresentada por Antonio Candido, resultou mais sóbria e realista que a dos outros autores de que falamos. É como se nos dissesse que de fato ocorreu um processo formativo no Brasil e que houve esferas — no caso, a literária — que se completaram de modo muitas vezes até admirável, sem que por isso o conjunto esteja em vias de se integrar. O esforço de formação é menos *salvador* do que parecia, talvez porque a nação seja algo menos coeso do que a palavra faz imaginar.

Na altura em que Antonio Candido escrevia, nas décadas de 1940 e 50, a sociedade brasileira lutava para se completar no plano econômico e social. O impulso formativo recebia o influxo materialista da industrialização em curso e tinha como aspiração e eventual ponto de chegada o país industrial, que se integra socialmente através da reforma agrária, superando o atraso material e a posição subalterna no concerto das nações. A vocação empenhada da intelectualidade, explicada no livro de Antonio Candido, vivia um momento substancioso. O nacionalismo desenvolvimentista, que tinha como adversários inevitáveis o latifúndio e o imperialismo, imprimia ao projeto de formação nacional uma dimensão dramática, de ruptura, que por momentos se avizinhava da ruptura de classes e da revolução socialista. Pois bem, esse sentimento da relevância prática e histórica do processo de estruturação está presente na concepção de Antonio Candido, onde entretanto a peculiaridade do objeto — a formação da literatura brasileira — faz ver as coisas e o seu curso em linha menos polarizada e triunfalista, ou mais cética. Digamos que os autores progressistas que historiavam a nossa formação econômica e social mostravam um movimento represado, que não se completara, e que transformaria o país se viesse a se completar. Ao passo que o livro que soube perceber o percurso efetivo da literatura nacional constatava um movimento que se completou e nem por isso transformou o Brasil. O sistema literário integrado funcionaria como uma antecipação de integrações futuras? Não demonstrava também que as elites podiam ir longe, sem necessidade de se fazerem acompanhar pelo restante do país? Serão ritmos desiguais, que nalgum momento convergirão para formar um uníssono? São discrepâncias que fazem duvidar da hipótese e até da necessidade — segundo o prisma — da convergência? Quais os ensinamentos a tirar dessas *constelações de resultados*, que sintetizam a experiência nacional e armam equações decisivas para o mundo contemporâneo? Seja como for, sob o signo do desenvolvimentismo, os obstáculos encontrados pela industrialização e pela reforma agrária, pelo cinema e pelo teatro, pela alfabetização de adultos e pela reforma universitária pipocavam e remetiam uns aos outros, sugerindo a noção de uma única e vasta formação nacional em curso.

Chegando aos dias de hoje, parece razoável dizer que o projeto de completar a sociedade brasileira não se extinguiu, mas ficou suspenso num clima de impotência, ditado pelos constrangimentos da mundialização. A expectativa de que nossa sociedade possa se reproduzir de maneira consistente no movimento geral da modernização capitalista está relegada ao plano das fantasias pias, não sendo mais assumida por ninguém. Por boa-fé, ceticismo ou cinismo, os governantes não escondem que nas circunstâncias a integração social não vai ocorrer. Vocês dirão se me engano, mas tenho a impressão de que tampouco a esquerda está se comprometendo a sério com a hipótese de uma integração acelerada da sociedade brasileira. Nesse quadro novo, como fica a própria ideia de formação? Vou só alinhar algumas perspectivas sumárias, para sugerir questões e discussões possíveis.

Uma é de que ela, que é também um ideal, perdeu o sentido, desqualificada pelo rumo da história. A nação não vai se formar, as suas partes vão se desligar umas das outras, o setor "avançado" da sociedade brasileira já se integrou à dinâmica mais moderna da ordem internacional e deixará cair o resto. Enfim, à vista da nação que não vai se integrar, o próprio processo formativo terá sido uma miragem que a bem do realismo é melhor abandonar. Entre o que prometia e o que cumpriu a distância é grande.

Outra perspectiva possível: suponhamos que a economia deixou de empurrar em direção da integração nacional e da formação de um todo relativamente autorregulado e autossuficiente (aliás, ela está empurrando em direção oposta). Se a pressão for esta, a única instância que continua dizendo que isso aqui é um todo e que é preciso lhe dar um futuro é a unidade cultural que mal ou bem se formou historicamente, e que na literatura se completou. Nessa linha, a cultura formada, que alcançou uma certa organicidade, funciona como um antídoto para a tendência dissociadora da economia. Contudo vocês não deixem de notar o idealismo dessa posição defensiva. Toda pessoa com algum tino materialista sabe que a economia está no comando e que o âmbito cultural sobretudo acompanha. Entretanto, é preciso reconhecer que nossa unidade cultural mais ou menos realizada é um elemento de antibarbárie, na medida em que diz que aqui se formou um todo, e que esse todo existe e faz parte interior de todos nós que nos ocupamos do assunto, e também de muitos outros que não se ocupam dele. Outra hipótese ainda: despregado de um projeto econômico nacional, que deixou de existir em sentido forte, o desejo de formação fica esvaziado e sem dinâmica própria. Entretanto, nem por isso ele deixa de existir, sendo um elemento que pode ser utilizado no mercado das diferenças culturais e até do turismo. A formação nacional pode ter deixado de ser uma perspectiva de realização substantiva, centrada numa certa autonomia político-econômica, mas pode não ter deixado de existir como feição histórica e de ser talvez um trunfo comercial em toda linha, no âmbito da comercialização internacional da cultura. Enfim, ao desligar-se do processo de autorrealização social e econômica do país, que incluía tarefas de relevância máxima para a humanidade, tais como a superação histórica das desigualdades coloniais, a formação não deixa de ser mercadoria. E ela pode inclusive, no momento presente, estar tendo um grande futuro nesse plano.

Há também o ponto de vista propriamente estético, interessante e difícil de formular. Outro dia, um amigo ficcionista e crítico me explicava que o âmbito formativo para ele já não tinha sentido. Os seus modelos literários lhe vinham de toda parte: da França, dos Estados Unidos, da Argentina, a mesmo título que do Brasil. É natural que seja assim, e é bom que todos escolhamos as influências à nossa maneira individual e com liberdade, sem constrangimento coletivo. Não obstante, é verdade também que esse sentimento de si e das coisas faz supor uma ordem de liberdade e de cidadania do mundo, e sobretudo uma sociedade mundial, que não existem. Se em lugar das influências literárias, que de fato estão como que à escolha, pensarmos na linguagem que usamos, comprometida — sob pena de pasteurização — com o tecido social da experiência, veremos que a mobilidade globalizada do ficcionista pode ser ilusória. A nova ordem mundial produz as suas cisões próprias, que se articulam com as antigas e se depositam na linguagem. De modo mudado, esta continua *local*, e até segunda ordem qualifica as aspirações dos intelectuais que gostariam de escrever como se não fossem daqui — restando naturalmente descobrir o que seja, agora, ser daqui.

No momento, o sistema literário nacional parece um repositório de forças em desagregação. Não digo isso com saudosismo, mas em espírito realista. O sistema passa a funcionar, ou pode funcionar, como algo real e construtivo na medida em que é um dos espaços onde podemos sentir o que está se decompondo. A contemplação da perda de uma força civilizatória não deixa de ser civilizatória a seu modo. Durante muito tempo tendemos a ver a inorganicidade, e a hipótese de sua superação, como um destino particular do Brasil. Agora ela e o naufrágio da hipótese superadora aparecem como o destino da maior parte da humanidade contemporânea, não sendo, nesse sentido, uma experiência secundária.

8½ de Fellini

O MENINO PERDIDO E A INDÚSTRIA

É fácil gostar de *8½* e mais difícil dizer por quê. Presa à psicologia de Guido e da criação artística, a discussão tende a perder-se em banalidades sobre a persistência infeliz mas feliz do menino no quarentão. O alcance do filme é maior, transcende a psicologia. Fosse psicológico o seu eixo, não haveria prejuízo essencial em transformar o cineasta num músico ou escritor, pois a distância entre a experiência infantil e a realização artística ou pessoal permaneceria a mesma. Lembrado o filme, entretanto, sabemos que o prejuízo seria enorme. A profissão de Guido é o contexto indispensável de *8½*: em contato com a indústria do cinema, os problemas tradicionais do artista e intelectual tomam feição nova e piorada.

Acionado pela indústria, sem a qual não nasce, o cinema atinge grande parte da população nacional. Pelo dinheiro e pela fama que movimenta, é o sonho comum: todos querem registrar-se nele. É a primeira forma de arte a ter circulação forçada, análoga, em penetração, à expansão da economia moderna. Essa força, Fellini faz senti-la ao mostrar como tudo sorri, se arruma e curva quando passa Guido, o diretor: todos querem ser personagens suas. Ao alcance total corresponde, é claro, uma responsabilidade também total. Se querem todos mostrar-se, é preciso fazer justiça a todos. A concepção artística de Guido, entretanto, é burguesa; o seu anseio é de objetivar uma visão pessoal, idiossincrática, uma fixação infantil de que assim ficaria liberto. Este o problema psicológico explícito no filme. O alcance maior do tema, entretanto, implícito, *está na articulação de sua banalidade com a indústria, que lhe dá potência.* Fosse escritor, Guido poderia atrapalhar, com as suas fixações, a vida de três, quatro, cinco mulheres. Muito mais é impossível, para quem corteja com recursos pessoais. Mas Guido é diretor de cinema: tem as mulheres da nação a seu dispor, ao dispor de suas manias, e irá atormentá-las segundo a sua semelhança maior ou menor com os mitos infantis. Há descompasso entre as forças sociais desencadeadas e o particularismo que as rege. Diante da máquina social, do poder criado pelo desenvolvimento burguês, é a própria concepção e glorificação burguesa do indivíduo — partícula sagrada, valor máximo — que prova grotesca. Valer-se da indústria e atordoar o país para objetivar uma fixação infantil é possível, mas absurdo: se a personalidade triunfante é livre e caprichosa, é que todos lhe devem o salário de que vivem. Como bem demonstra a figura de Guido, crueldades e fraquezas de si pequenas são monumentalizadas pela posse privada da engrenagem social. O cinema põe em xeque a concepção individualista das artes: a busca da garantia subjetiva de autenticidade — o ator deve corresponder à visão prévia do diretor — prova ser tirania. A obra não é feita para o bem do mundo, mas é o mundo que existe para a subsistência da visão. Esta frase, que para os estetas do século XIX era metafórica e exprimia repulsa em face da comercialização filistina da vida, ganha sentido prático e real quando associada ao cinema e ao seu poder econômico. Aliada ao poder industrial, a delicada exigência de autenticidade subjetiva põe à mostra o seu lado prepotente, a fúria de impor aos outros a própria visão; fúria que é simbólica da violência diariamente realizada na vida competitiva. Uma idiossincrasia quer ser melhor que a outra. O cinema, pelas exigências práticas de sua linguagem, explicita o que fica implícito nas outras artes: há violência social no impulso que leva à elaboração de mitologias pessoais, mesmo nas filigranas de um poema hermético.

Acusa-se *8½* de ampliar desmesuradamente uma angústia pequena. Mostramos já que esta ampliação é tema do filme, e não seu defeito. O engano vem da identificação de Guido e Fellini, autorizada pelos colunistas de mexerico e pelo próprio diretor, talvez, mas não pelo filme. Se Fellini é Guido, os conflitos deste campeiam idênticos no peito daquele, que seria o bobo de suas próprias limitações, um pequeno-burguês nostálgico e fantasioso, incapaz de fazer coisa que preste. Para defender *8½* é preciso mostrar em Guido a personagem, explicitar a diferença entre o seu modo de ver e o nosso de vê-lo vendo. Quanto mais idiossincráticos os seus propósitos, maior o significado social de sua figura, que resta expor.

Guido saúda a atriz francesa dizendo que tem cara de *lumachina*, "caracol"; a semelhança é mesmo surpreendente. É de supor que o diálogo esteja ajustado às personagens, de modo a fazê-lo exato; basta imaginar a dificuldade, caso o texto precedesse os atores, de encontrar uma atriz com cara de escargot. Na realização do filme, o diretor parte dos atores que tem, e não das personagens imaginárias. O processo não será privativo de Fellini, mas tem importância especial para *8½*, cujo tema é o procedimento inverso: Guido parte de suas obsessões e procura nos atores a semelhança com elas; mas entre visão e ator há um hiato insuperável. Não se deve esquecer, entretanto, que as visões de Guido — as visões e experiências belíssimas, ricas e naturais, que seus atores só conseguem estragar — foram elas mesmas filmadas por Fellini. Há dois filmes: um bom, da vida real e imaginária de Guido, e um ruim, em que Guido procura recriar a sua experiência. Correspondem às duas maneiras de filmar que descrevemos. Para exemplificar, imaginemos Fellini com um arsenal de dez bruxas mais ou menos parecidas. Tomará uma delas e tentará captar, em detalhe, as possibilidades de bruxa da bruxa que tem; esta será a Saraghina extraordinária das visões de Guido. Para fazer o filme feito por sua personagem, entretanto, Fellini procederá de maneira diversa: manda que as outras nove imitem a primeira, já transformada, agora, em *vida real*, fora do alcance de Guido, que gostaria de reproduzi-la. A diferença no resultado é nítida. Filmadas segundo as suas naturezas individuais, as novas poderiam ser interessantes; forçadas a imitar a Saraghina *original*, tornam-se todas cópias baratas, *interpretam seus papéis*. As duas maneiras de filmar correspondem, respectivamente, a *8½* e à sua personagem; a de Guido sai batida. São também transposição técnica do antagonismo social que expusemos a princípio: o anseio burguês, de impor e assim salvar uma visão apenas pessoal, é contrário ao compromisso coletivo, *e por isso mesmo objetivo*, do cinema. Para Guido as imagens valem quando biograficamente saturadas; o seu critério é a memória, a sua tarefa, a recriação. Para *8½*, as imagens valem quando plenamente realizadas; o critério é a significação objetiva, a tarefa é a *revelação* de possibilidades do objeto.

O frescor inalcançável da visão imediata, miragem de Guido, é alcançado e fabricado por Fellini. Fabricado o infabricável, mediado o imediato, deslocam-se os problemas. Fica sem justificativa a obsessão de Guido, que identificava a pesquisa da beleza à objetivação de suas fixações infantis e de seus ecos adultos. Será presunção sustentar a sua identidade, uma vez demonstrado que se podem separar. O filme teria um tema que ele próprio declara ultrapassado, e estaria certo dizer, como disseram críticos de esquerda, que ele não interessa. Entretanto: *não basta saber que uma aberração é aberrante para tirá-la do mundo*; não basta, para dissolvê-la, saber que a posse privada da engrenagem social é um contrassenso; o casamento é contraditório, pretende fixar a espontaneidade? Não é por saber disso que as pessoas se amolam menos. Em efígie, a consciência racionalista já enterrou o mundo burguês, que entretanto persiste e lhe dita as regras de existência. *Esta reprise continuada e compulsória de mentiras gastas é o chão histórico, e atual, de 8½.* A persistência *meramente* prática de costumes e instituições, que racionalmente já são anacronismo, dá justeza à mistura de ridículo e desespero no filme, exige a investigação sustentada e mesmo maníaca das origens, das razões que dão sete fôlegos ao cadáver. A técnica de *8½* torna caduca a de Guido, mas a ordem vigente, à qual se aplica, repõe os problemas de Guido em circulação, *na qualidade, agora, de ultrapassados.*

As contradições da realidade social, mesmo se criticadas em teoria, impõem a existência contraditória: a cada impasse corresponde uma crispação na consciência individual, obrigada a fazer sua uma dificuldade que despreza. A concessão, entretanto, não dissolve o impasse social, que perdura e volta a cobrar submissão logo adiante.[1] Favorecido pela força do cinema, Guido não procura o mundo; o mundo é que o procura e desfila na sua frente, uma procissão oferecida de empresários, empregados, atrizes, amigos velhos, jornalistas, todos rapidamente consumidos e dispensados. A contradição entre o alcance coletivo e o horizonte personalista, em Guido, desgastará de maneira sempre análoga todas as relações pessoais. O mel se despreza na voracidade das moscas; espera por uma que não seja voraz, que entretanto não virá, pois se vier não será a esperada. Ao impasse social corresponde uma coleção de conflitos individuais, imagens suas, em cuja variedade transparece a constância da impossibilidade fundamental. É a própria realidade que está *fixada*. Esse contexto faz reconsiderar a fixação psicológica, a qual poderá não ser apenas mania contingente, sem sentido generalizável. Pode corresponder à estrutura do mundo real. Na obsessão que vê o mesmo em tudo pode haver loucura, mas também senso, senso de que a multiplicidade do mundo não é renovação, mas variação de uma dificuldade insuperada.

Na perspectiva biográfica, de Guido e da memória, este traço *maníaco* da realidade é ligado à primeira experiência pessoal do impasse, que seria matriz e causa de suas versões posteriores. Entretanto: sem prejuízo de ser indelével para a biografia individual, o detalhe da primeira experiência é contingente em face do impasse objetivo, que pesaria de uma ou de outra forma. Embora o antagonismo entre sexualidade e vida normativa, para Guido, seja mera repetição do conflito entre Saraghina e sua mãe, o conflito, por sua vez, é a confirmação do antagonismo, que tem alcance coletivo. Está-se vendo que a pesquisa da infância, tida por chave das dificuldades adultas, leva a substituir ao impasse objetivo uma sua manifestação contingente — esta a banalidade das preocupações de Guido. Mas vê-se também que nos seus achados vive em detalhe a contradição social — este o horizonte de *8½*. *Fixações pessoais são a cifra traumática da violência que sustenta uma ordem de convívio*. Não são simbólicas para Guido; são mesmo fixações, e devem ser remidas como tais: são tortura e promessa de prazer, recuperá-las em sua peculiaridade seria uma libertação. Na perspectiva do filme, entretanto, elas têm grande generalidade: a igreja de um lado e as perdidas do outro, a infância na província, na casa-grande, cheia de mulheres serviçais, e a vida na cidade grande, das mulheres independentes — esses contrastes compõem um padrão *típico*, de alcance ocidental.

Guido circula ativamente entre presente, memória e fantasia. As senhas de passagem são geralmente detalhes visuais, e a origem do movimento é o instante do adulto. A matriz dos significados, entretanto, está nas imagens da infância, cuja força e anterioridade lógica faz delas como que o lastro real da inquietação de Guido. Os dilemas do adulto aparecem como variação mais ou menos disfarçada de contradições antigas, de uma ambiguidade fundamental: a Saraghina é o mal mas é o bem; e a mãe e os padres são o bem mas são o mal. A bruxa, uma espécie de hipopótamo leonino, enxotado para as praias abandonadas da povoação, é feroz; mas é cúmplice, também, de todos os anseios, pois em sua ferocidade acuada preservou-se a vindicação sensual da felicidade que o povoado expulsou e reprimiu. Se a Saraghina existe, tudo é permitido. É assombrosa de poder libertário a cena em que o monstro humilhado se transfigura pela dança e pelo aplauso dos meninos, transformando-se em leoa e finalmente em felicidade turbulenta. Mas o que é bom dura pouco: os padres chegam logo e arrastam o menino para o outro campo, da religião, da família, da escola. A mãe de Guido, uma santa senhora, é limpinha, magra e virtuosa. Implora ao filho que se comporte. Vista em close, entretanto, tem o olho rancoroso. Enquanto enxuga as lágrimas sentidas da pálpebra esquerda, o seu olho direito espia, duro e acusador. Em seguida o sentimento e o lenço passam para a face direita, trocam de lado com a virtude ultrajada. As imagens do bem são contraditórias mesmo visualmente; a decência é a face hipócrita mas transparente da autoridade: assim na composição simétrica de sentimento e tirania sobre um rosto, na silhueta frágil da figurinha materna, desmentida pela dureza dos detalhes fisionômicos, no gesto ungido dos padres, que vistos de perto têm cara de mulher.

O antagonismo entre Luisa, esposa de Guido, e Carla, a sua amante, reproduz o conflito da infância. A duplicação faz o esquema e o interesse psicológico do enredo. No brio civilizado e ressentido de Luisa ecoam os brados de *vergogna* dos padres e da mãe, como no gesto rocambolesco e pequeno-burguês de Carla, obsequiosamente desfrutável, ecoa minguada a liberdade prometida pela Saraghina. A correspondência entre os pares é bem explícita: durante um beijo sonhado, Guido transforma a mãe na sua mulher, e no quarto de hotel transforma Carla em Saraghina, ao pintar-lhe as sobrancelhas e pedindo que faça uma *faccia da porca*. O real é o presente, a infância é imaginária; mas a nitidez está na infância, de que o real, presente, é reflexo intrincado.

O presente visual é poroso, centelha para memória e fantasia; deixa transparecer a matriz irresolvida, e por isso constante, da infância. A matriz clarifica, ordena a confusão da experiência, é capaz de sustentar a identidade pessoal através da voragem das solicitações. A unidade da pessoa está baseada, portanto, na permanência de impasses, na *fraqueza*. Há prazer na recorrência, autoconstatação; a vida ganha, assim, sentido, embora injustificável, pois ligado meramente à repetição. Daí a felicidade ambígua que acompanha os inúmeros déjà-vus; muda o mundo mas não mudo eu, que sou sempre o mesmo procrastinador; o que me confirma me piora, o que me salva me dissolve, é hostil. Essa é a experiência que anima ou desanima a pesquisa de Guido e a torna tão contraditória.[2]

Tudo o que os olhos veem pode ser sinal do que viram e querem modelar na imaginação. Os joelhos da lavadeira, nas termas, levam às pernas da Saraghina dançando; Carla no quarto, versão de Saraghina, traz a imagem da mãe; a senha infantil, *asa nisi masa*, evoca a hora do banho e o dormitório da infância. As imagens fazem eco: no harém, Guido abana as mãos cruzadas à volta do pescoço como fazia a menina Claudia antes de dormir, para conjurar espíritos; e Claudia será o nome da grande vedete; Guido é carregado em toalhas por suas servas imaginárias, como na infância, quando era embrulhado em fraldas para sair do banho; a mulher imperiosa, que sobe e desce as escadarias do hotel, tem o sorriso da estátua da Virgem que Guido vira ao sair do confessionário, quando criança. Por força das repetições e variações, as imagens passam a reverberar. Exigem e suscitam uma atitude peculiar, de atenção visual, empenhada em vislumbrar o que viu no que vê; um tipo de atenção sensorial, disponível, habitualmente reservado à música, pouco afim de decisões morais.

Não importa firmar posição diante de Luisa ou Carla; importa redescobrir nelas a infância, o que é uma posição também. A postura estritamente visual não toma partido; constata e associa. Através dela Guido furta-se aos conflitos em que se meteu; busca em tudo a memória e a felicidade, e basta. Recria assim o privilégio da meninice, quando corria a ver a Saraghina sem saber ou se ocupar do pecado. A pureza do mundo infantil, entretanto, que é a fascinação de Guido, não está na ausência de contradição — a mãe e a rumbeira se excluíam desde sempre —, mas na ignorância dela. Embora a contradição existisse no plano objetivo, pois existiam a praia e a escola, não fora ainda interiorizada, em forma de consciência e compromisso. O adulto não vê Carla sem pressentir o desgosto de Luisa, e não vê Luisa sem sentir, em sua leveza um pouco antisséptica, a exclusão de Carla. A plenitude das imagens da infância corresponde à plenitude com que o menino esteve *na praia como no casarão*, antes de saber que um custava o outro. A comparativa palidez das imagens da vida adulta, por outro lado, corresponde ao senso, presente a cada passo, do oposto negado e perdido. A identidade entre as pesquisas autobiográfica e estética tem o seu fundamento aqui: se as imagens da criança são as mais fortes, é a pesquisa delas que irá produzir a obra melhor. Guido não busca, pois, um mundo em que esteja superado o seu conflito; basta-se com procurar uma fase de sua vida, ou uma postura, em que não seja atingido pela contradição, que entretanto deve ser nítida e vigorosa, e deve lambiscá--lo sempre. Busca a repetição inofensiva, mas não a superação. A possibilidade infantil de alinhar com os *dois* lados da contradição, de não optar entre os queridos, é a sua inveja. É o que tenta recuperar pela redução do mundo à dimensão visual: reduzido, o mundo volta a ser pleno; menos é mais, pois imagens não se negam ativamente, mesmo se contraditórias podem coexistir. A destruição está no nível dos feitos vivos, da lógica das situações.

Guido prefere ver apenas. Ora, a isenção em meio de contradições é coisa de eremita ou é privilégio. Em princípio, o mundo poderia deixar de lado quem não se ocupa dele. Guido, entretanto, se abstém a partir de uma posição de força, de cineasta. O mundo vem a sua procura em lugar de abandoná-lo. Há privilégio, mesmo que o privilégio fino de não respeitar, ao menos visualmente, privilégios sociais ou normas repressivas. A postura contemplativa — os olhos buscam seu prazer onde ele esteja — pressupõe uma república satisfatória, que não existe. Prova é que ao corpo não se permite a poligamia ativa e farta permitida aos olhos, cujo democratismo natural, cuja capacidade imediata de interesse e simpatia não derrubam, por sua vez, as diferenças sociais. Os olhos são progressistas enquanto o corpo obedece ainda a uma legislação retrógrada. A postura de Guido é ambígua; vacila entre crítica e complacência, pois, se nasceu de uma retirada, no retiro passa mais ou menos bem e gosta do espetáculo de que se retirou. A evasão nada resolve, mas assinala um impasse e um anseio que são reais. É resistência simbólica, embora tortuosa e humorística; uma consciência misturada, ciente de que seus conflitos insuperáveis não são insuperáveis, além de não contarem muito.

A busca da imagem justa é central ao filme, é preciso interpretá-la. É tema através das obsessões visuais de Guido e pressuposto técnico do enredo, já que se deve criar a ilusão de uma experiência imediata e rica, inacessível à reprodução artística. *8½* é de uma beleza visual assombrosa. As imagens que apresenta, perseguidas por Guido, irradiam felicidade e melancolia de mistura — a sua riqueza é a presença mais imediata para quem vê, mas é, também, a mais intangível ao conceito, pois não se liga diretamente à trama e ao diálogo, embora seja o seu contexto essencial. *A imagem feliz é uma utopia cifrada.* Guido e *8½*, cada um a seu modo, convergem na busca daquela: *fazer que as pessoas apareçam segundo a sua natureza*; dar-lhes razão até que floresçam desinibidas. As imagens tocadas de poesia são empostadas, as figuras parecem ser *propositalmente* o que são. Essa é a chave de seu alento. Em suas visões, Guido como que bolina as figuras, para suscitá-las a desabrochar. Lembramos a cena de Carla no terraço de balneário. Quando nota a esposa ao pé de Guido, a amante suburbana se amplia em intuições de cosmopolitismo, encena um esplendoroso ritual de discrição; família apesar das peles excessivas, atemorizada pela situação, mas envaidecida também, um pouco alucinada pelo balneário grã-fino e sobretudo achando sublime o sacrifício de ser uma senhora sozinha no parque, esconde-se bem visível a um canto. A cena prossegue na fantasia de Guido, que atrás de seus óculos escuros visualiza Carla cantando, generosa, esticada e comovida como uma girafa que uivasse à lua, infeliz mas feliz porque amada a distância, solitária e fustigada como um violinista de opereta. A visão realiza o que a realidade suscita. Pela empostação acentuada, o que seria temor irrefletido é transformado em estratégia consciente. Encenando a si mesma, Carla não é mais o seu próprio limite vulgar; a sua vulgaridade é uma estilização graciosa que ela houve por bem escolher. O romantismo de radionovela, exaltado mas prudente, de Margarida Gauthier dentro dos limites do praticável torna-se ironia em meio às dificuldades dominadas. A euforia da imagem, sua desenvoltura utópica, vem da facilidade ostensiva no interior dos envolvimentos sociais.

A imaginação de Guido põe Carla a salvo das contradições reais e das limitações do bom senso, é um palco em que ela não responde pelo que faz. Nesse contexto, o sentimentalismo imbecil da imagem — de que adianta a cantoria modesta e maravilhosa, quando em frente está a esposa, bufando? — passa por uma transformação surpreendente: no mundo irreal, onde não se torna abjeta pela humilhação a que corresponde, a vontade de agradar traduz apenas vontade de ser e de fazer feliz. Liberados de sua consequência prática pela fantasia, os dois lados da contradição se tornam positivos, não pedem a mútua exclusão. Carla sente-se sublime e escusa simultaneamente, o que *em imagem* é duas vezes bom: uma porque é justo satisfazer e satisfazer-se, e outra porque é divertido burlar instituições hostis. Numa como noutra agitam-se veleidades válidas. Na realidade, entretanto, que é da esposa, e das leis, e forçosa, dá-se o inverso: porque satisfaz os caprichos seus e de Guido, Carla será mais puta do que sublime; e também na discrição haveria menos cumplicidade feliz que receio e ferida. Luisa, a esposa, fulmina Carla, a amante. Os anseios contraditórios, que eram felizes um a um, compõem a pessoa machucada quando se enfeixam na sua consequência prática. Dar a Carla o que é de Carla, ainda que ela não o possa sustentar — reside nisso a beleza da imagem —, é não dar a Luisa o que é dela; e vice-versa. Não é possível dar razão às duas, salvo em imagem, pois alimentam-se da mútua negação. Já se vê que a felicidade está nas visões isoladas, boas por si, e no enredo, na dimensão das consequências e da responsabilidade, está o desastre.

Guido tem um fraco pela fraqueza. Vê nela o desejo que não será remido, que só não é força por força das circunstâncias. O amor do instante é o temor da sua continuação. A imagem abriga possibilidades que o enredo desconhece, e resiste a ser enquadrada nele; está para ele, que dispõe dela, como a veleidade pessoal para a marcha da sociedade: é uma célula subversiva, cuja riqueza, sem préstimo para a trama, respira lamento e protesto contra a simplicidade compulsória do que lhe sucederá. Poderia ser o ponto de partida de um entrecho novo, de um mundo que fizesse justiça ao que o entrecho velho descartava. Construída contra o enredo hostil, a imagem feliz é o germe imaginário de outra ordem de coisas. A perfeição reflui sobre a existência e incita à esperança; na atmosfera fantástica do filme, a felicidade poderia alastrar como uma coceira. Daí a força espantosa dessas imagens. Guido, entretanto, não quer revolucionar o mundo, nem imaginariamente. Quer curar certas dores, mas não para sempre nem por completo, pois perderia o prazer da cura. Daí a melancolia patife que acompanha as suas revoluçõezinhas visuais; não são coisa séria. E há outra tristeza, também, esta irremissível e pesada: Guido quer felizes as suas personagens, mas aqui e agora, *sem que se transformem*, pois transformadas não seriam mais as que quer bem. Não quer revolução, quer redenção. Quer que as personagens sejam mas não sejam como são: felizes, estariam livres de sua contradição, e não seriam quem são agora; sendo como são, não seriam felizes. O percurso é contraditório: para dar felicidade é preciso suspender a contradição que infelicita, o que suspende, entanto, a individualidade por amor da qual fora suspensa a contradição. Na perspectiva de Guido, a imagem feliz não é verdadeira, e a imagem verdadeira é infeliz.

Em termos de lógica dramática: não é Luisa inteira quem escorraça Carla, nem seria o contrário. Para combater, as rivais deveriam especializar-se uma em ser amante e a outra em ser esposa, com prejuízo do mais que pudessem dar. O impasse institucional pesa sobre a imagem, as figuras não podem coexistir com plenitude se respeitam o seu contexto social. Retidas pela contemplação, entretanto, transbordam. Transbordando, sugerem novos enredos ou destinos mais ricos. Mas Guido acolhe as sugestões só pela metade; para o diretor personalista, o papel da fantasia é ambíguo: deve recuperar a integridade que a vida prejudica, *mas não importa se além ou se aquém do conflito*. O anseio de plenitude é menor que a fobia pela tristeza da imperfeição visual. O critério não está nas exigências do mundo, mas na serenidade do cineasta. Há duas vias, portanto, na composição da imagem feliz: uma, triunfal, em que a personagem supera o que a limita, chegando à inteireza; na outra, humilhante para o objeto, a veleidade pessoal é *ajustada* à situação real de modo a não diferir dela, anulada portanto. Nos dois casos, antagônicos, resulta harmonia para a contemplação. No retiro visual, a benevolência mais generosa e a crueldade não se excluem.

A felicidade e o acerto das imagens provêm de sua irrealidade. Negam, sublimam, superam conflitos reais, deixam entrever a liberdade no corpo mesmo de quem está preso. A realidade *infeliz* é a sua referência, fora da qual não têm sentido. Não têm autonomia. Para desespero de Guido não compõem uma história, embora sejam parte da história de um diretor que por meio delas não consegue compor uma história. O melhor exemplo é Claudia. Ao criticar o roteiro de Guido, o literato magriço afirma que ela é o mais bolorento dos clichês bolorentos que perfazem o filme futuro; e tem razão. Entretanto, ela é das imagens belíssimas do filme presente. Como explicar? Tomada por si só, de fato, ela seria uma fada boba. Mas o seu contexto é a fantasia de Guido, levemente combalido e canastrão, recuperando o fígado nas termas. Vista através de nervos cansados, a sua imagem branca de enfermeira das almas e do corpo é medicinal. O copo d'água, vindo de suas mãos, é como a fonte da vida nova. Seu passo é leve e constante como a doçura estática de seu sorriso. *Ah, constância sem esforço*. O corpo é cheio mas os pés são suaves, descalços sobre a relva. *Oh, peso que não fere.* Claudia avança como quem bebe a brisa, as mãos um pouco atrasadas deixam supor que irá voar. *Ah, sonho, não voe já.* Precisa ser vista duas vezes: como a garça alvinitente e chocha, *ragazza* crescida entre objetos de *antica belleza*, pureza e solução no filme de Guido, e como a contraimagem silenciosa e lenitiva da desordem, das olheiras, do ruído. É a presença de Guido que dá vida ao chavão. Claudia não pode contracenar, não tem continuidade no mundo imaginário; a sua substância é o instante de Guido. Ela é como um poema seu. Mas poemas não compõem um romance.

Tomar o partido da incoerência, da imagem contra o enredo, do instante contra a sua consequência, é tomar o lado da irresponsabilidade; mas é o lado, também, das veleidades inibidas ou espezinhadas pela coerência que esteja no poder. Essa ambiguidade é o limite de Guido, seu fracasso como diretor, seu interesse como personagem. Não há realismo em sua atitude, pois a coerência irá prevalecer; mas há sentido em sua derrota. Resulta uma atmosfera elegíaca, de lamentação das felicidades possíveis, das possibilidades que a situação deixa mas não deixa medrar. Paradoxalmente, a impotência de Guido transmite, pela irritação que nos causa, o senso preciso de que a ordenação da vida está obsoleta; consciência e meios materiais, parece tudo à mão para modificá-la.

A imagem feliz, construída para curativo pessoal, nasce de uma operação simples: transforma em opção o que é destino, em disfarce o que é cicatriz, e faz que desapareça, assim, a marca da coerção social. Anula a diferença entre o propósito e a existência. Cria um mundo feliz e fraterno, cuja finalidade é fazer bem a Guido, não incomodá-lo. É como uma república socialista de que ele fosse o rei. As imagens de paz são imagens de violência, pois cancelam o próximo para pacificá-lo. A fantasia da dança reconciliada entre a esposa e a amante é um exemplo; dá prazer a Guido, mas é possível somente porque Luisa foi esvaziada. A generosidade de Guido é generosa com ele mesmo e brutal com as personagens. A disparidade entre carinho e impertinência culmina quando Guido transforma a mulher numa linda criadinha azafamada, que prepara o seu banho e escova o chão de seu harém. As conciliações todas são mandadas, obra da onipotência imaginária de Guido; não solucionam nada, não passam pelo interior das personagens e de seus conflitos. Não é à toa que a grande pacificação final se faz numa ciranda. Os pais e o filho, os padres e a rumbeira, a mulher e a amante, os atores e seu diretor, todos dão as mãos numa dança fraterna, sem que, entanto, se resolvesse, entre eles, uma só diferença. A imagem da farândola pacificada tem três lados: para Guido ela é feliz, pois suspende as suas contradições mais doídas e permite uma conciliação, *ilusória*, pelo transbordamento sentimental; para as personagens é um ultraje, pois o próprio de cada qual é posto de lado, a bem da paz de Guido; para o espectador é comovente e irritante, pois, embora atenda a uma dor real, não leva para além dela — pela ilusão que cria fecha um círculo de reincidência. Guido passa pelo que passa sem aprender, no final está no mesmo ponto em que começou. Quer, por força, tomar contradições como se fossem harmonia, reter o mundo tal e qual; para nada perder nada supera, para não mentir a si mesmo, ou mesmo a Carla e Luisa, mente aos três.

Guido anda em círculo. O horizonte de *8½* e do espectador, entretanto, não é o seu, é maior. Daí não ser trágico o conflito, que tem mais de inércia que de necessidade. A inércia de Guido, contudo, desperta uma reação muito forte, aparentemente desproporcional. Também Carla é casada, também Luisa tem um flerte. Não obstante, a situação das duas é incomparável à de

Guido, cuja complacência nos atinge e escandaliza como coisa decisiva. Por que razão? Habitualmente, encontrar uma solução privada e secreta para impasses coletivos, por isso mesmo inevitáveis, é sinal de saber viver. Salvo quando a solução pessoal pode ter alcance público, suspendendo o impasse que tornava necessários o engenho e o segredo individuais. Deixar de publicá-la passa então a conformismo, e mais, passa a ridículo, pois produz uma prudência já desnecessária.

Embora seja palpável à experiência, o anacronismo nos impasses de Guido é difícil de localizar. Por que não serão válidas as obsessões de um homem, os seus compromissos entre a mulher e a amante? Qual o contexto que lhes tira o peso? *Guido não é simplesmente um homem; é um cineasta.* O cinema, com a atmosfera que o envolve, introduz uma constelação prática para a qual os conflitos burgueses são letra morta. Por forte que seja o senso disso, isso não é fácil de comprovar, pois trata-se do horizonte efetivo, mas nunca explicitado, de *8½ e de nossa cultura.* Os indícios do mundo novo mal e mal se entreveem, embora sempre o bastante para tornar pungente e obsoleta a permanência do mundo velho.

Não nos interessa, aqui, o argumento abstrato contra a sociedade individualista; procuramos as imagens e situações cuja mera presença, no filme, bastou para tingir de caducos os empenhos de Guido. Em seu passeio pelas termas, o cineasta vê uma sucessão vertiginosa de faces extraordinárias, imperiosas e originais. A sequência não se deve apenas à perspicácia de seu olhar treinado, que sabe ver, mas ao exibicionismo que a sua profissão suscita. Daí a vida se acelerar e empostar à sua volta. Vislumbrada por todos na atenção do diretor, a câmera de cinema representa um estágio novo da técnica, faz pressentir modalidades novas de convívio. Mobiliza impulsos como aquele que faz um torcedor saltar, para que os telespectadores da cidade tomem conhecimento de sua cara. Não que ele se ache bonito, mas quer ser visto. A câmera de cinema tem um poder curioso, que é preciso interpretar: desperta orgulho nas pessoas, de serem quem são.[3] Diante do olho impessoal, ao mesmo tempo que universal pelo alcance, mostram-se trejeitos e intimidades que normalmente se escondem com cuidado. O que é vergonha ou handicap visto por poucos ganha dignidade de patrimônio nacional quando o público são todos. O que é flanco exposto numa perspectiva particularista e antagônica é peculiaridade pessoal, ousadia, traço curioso no acervo humano tão logo o ponto de vista seja coletivo. É como se as pessoas dissessem: "vejam que verruga mais interessante essa minha", ou "espiem como é feio o meu pé", ou "olhem só como sou gordo ou magricelo". Já se vê que o cinema atiça, em escala total, a liberação que Guido empreende com requinte, como prova de talento pessoal e em favor de quem lhe é caro. O alcance da técnica escapa a Guido, que dispensa como benevolência suas virtualidades que são da cultura. Está nisso a convergência como a divergência entre *8½* e Guido.

Há gestos que só se fazem quando sozinho — as criancices de Guido, no banheiro e no corredor — ou diante da câmera, que mostrará o gesto a todos. Neste paradoxo está cifrado o alento utópico do cinema. O filme, por sua imparcialidade mecânica e pela circulação social que tem, cria ou ajuda a criar uma universalidade que não é teórica apenas, mas é prática; pode haver publicidade total de tudo. Representa num estágio técnico em que os segredos e, portanto, o antagonismo organizado só artificiosamente se mantêm. Libera o indivíduo de sua posição particular na sociedade, de seu convívio restrito e restritivo, para dar-lhe como esfera o conjunto da vida social. Não se trata apenas de uma ampliação. É o próprio eixo do convívio que se desloca. A referência coletiva suscita as faculdades que o conflito imediatista abafa. O olho cinematográfico é um confessionário especial: quem ouve não é um padre autoritário, mas é a nação em seus momentos de curiosidade e lazer; tudo o que diverte e não atrapalha merece absolvição, isto é, licença. Diante do olho universal da ciência, diante do universalizador concreto que são os mass media, as peculiaridades pessoais deixam de ser fraqueza secreta e sinal de inumanidade — o que sempre foram no interior do contexto competitivo — como as contradições sociais deixam de ser fato natural e insuperável. O cinema, a psicanálise, a sociologia, o convívio cerrado na cidade grande, essas perspectivas tornam insustentável a ficção burguesa da natureza humana, da sociedade composta de bichos proprietários, competitivos e monogâmicos. *Nessas circunstâncias, que são as do filme, a persistência da ordem tradicional de vida é particularmente penosa*. Leva à generalização da má-fé e ao nascimento de novas formas dela.

Luisa, vendo Carla no parque, diz a Guido: "O que mais me enfurece é pensar que aquela vaca sabe tudo de nós". Em seguida explode, em voz baixa porque é civilizada: "Puta!". Logo depois desculpa-se de estar fazendo a burguesa. A sua fúria é complexa: "saber tudo", no caso, será saber coisas extraordinárias? De modo algum. A violência de Luisa mais finge do que defende uma intimidade preciosa, em boa parte é indignação pela inexistência do que pretende resguardar. Na ferocidade dolorosa com que afirma a sua diferença está implícito o reconhecimento da igualdade. Luisa sabe da variedade dos desejos e não reconhece mais autoridade às proibições tradicionais; intelectualmente não tem por que se revoltar. A crítica teórica, entretanto, não afasta a contradição prática. A coexistência prolongada das duas, por sua vez, queima os nervos. Luisa diz a Guido que ele "mente como respira", o que vale também para ela e para todos os que vivem a situação — se for incluído entre as mentiras mentir a si mesmo. Nasce um tipo novo de fisionomia, correspondente específico desta constelação: a fisionomia do intelectual, do homem cônscio e cioso de suas contradições. Tanto quanto sei, foi posta na tela por Fellini e Antonioni pela primeira vez. O rosto é desgastado, mas não pelo esforço físico, de modo que guarda traços juvenis, que não são felizes; é livre e expressivo por instantes, embora em geral pareça preso, não pela estupidez, mas pela consciência logo maníaca de suas próprias contradições; há fraqueza, mas não apodrecimento, pois o esforço de buscar a verdade, de viver a vida mais ou menos certa, é constante. Dirigida contra Guido, mas também contra si mesma, a mistura tensa de desprezo, piedade e fúria forma um ríctus espantoso à volta da boca de Luisa. O seu rosto doído, consciente e destrutivo é um emblema, tão verdadeiro para o filme quanto o sorriso de Guido, generoso, complacente e depressivo. O mundo tem as caras que pode ter.

Guido vê, mas não ouve, escondido atrás de seus óculos escuros. Alheio à conversação e aos problemas que aparecem nela, compõe o seu mundo feliz. Os outros ouvem, mas não veem: metidos em suas questões, não admitem que haja mundo fora delas. Esse é o contexto que dá riqueza e verdade ao esquematismo das grandes cenas finais. A ciranda da felicidade, em que se recuperam a fraternidade universal e a pureza das figuras brancas, seria sentimentalismo se fosse *real*, se fosse apresentada como solução. Sendo irreal, entretanto, apenas visão, é justo que seja triunfal, pois concilia contradições dolorosas. Sendo triunfal e sem realidade, tinge-se de melancolia e é de uma beleza tocada pelo improvável. A sua mentira é a sua verdade, euforia e garganta cerrada: a apoteose torna-se sinal de sua própria ausência.

Notas

AS IDEIAS FORA DO LUGAR [PP. 27-44]

1. A. R. de Torres Bandeira, "A liberdade do trabalho e a concorrência, seu efeito, são prejudiciais à classe operária?" (*O Futuro*, Rio de Janeiro, n. IX, 15 jan. 1863). Machado era colaborador constante nessa revista.
2. *A polêmica Alencar-Nabuco*. Org. e intr. de Afrânio Coutinho. Rio de Janeiro: Tempo Brasileiro, 1965, p. 106.
3. Depoimento de uma firma comercial, M. Wright & Cia., com respeito à crise financeira dos anos 1950. Citado por Joaquim Nabuco em *Um estadista do Império* (São Paulo: Companhia Editora Nacional, 1936, v. 1, p. 188 [5. ed. Rio de Janeiro: Topbooks, 2000]) e retomado por Sérgio Buarque de Holanda em *Raízes do Brasil* (Rio de Janeiro: José Olympio, 1956, p. 96 [26. ed. São Paulo: Companhia das Letras, 2007]).
4. Emília Viotti da Costa, "Introdução ao estudo da emancipação política", em Carlos Guilherme Mota (org.), *Brasil em perspectiva*. São Paulo: Difusão Europeia do Livro, 1968 [21. ed. Rio de Janeiro: Bertrand Brasil, 2001].
5. Sérgio Buarque de Holanda, op. cit., p. 15.
6. Emília Viotti da Costa, op. cit.
7. Fernando Henrique Cardoso, *Capitalismo e escravidão*. São Paulo: Difusão Europeia do Livro, 1962, pp. 189--91 e 198 [5. ed. rev. Rio de Janeiro: Civilização Brasileira, 2003].

8. Conforme observa Luiz Felipe de Alencastro em sua tese de doutorado, *O trato dos viventes: Tráfico de escravos e "Pax Lusitana" no Atlântico Sul, séculos XVI--XIX* (Nanterre, Universidade de Paris, 1985-6), a verdadeira questão nacional de nosso século XIX foi a defesa do tráfico negreiro contra a pressão inglesa. Uma questão que não podia ser menos propícia ao entusiasmo intelectual. Cf. Luiz Felipe de Alencastro, *O trato dos viventes: Formação do Brasil no Atlântico Sul, séculos XVI e XVII*. (São Paulo: Companhia das Letras, 2000).

9. Para uma exposição mais completa do assunto: Maria Sylvia de Carvalho Franco, *Homens livres na ordem escravocrata* (São Paulo: Instituto de Estudos Brasileiros, 1969 [4. ed. São Paulo: Editora Unesp, 1997]).

10. Sobre os efeitos ideológicos do latifúndio, ver Sérgio Buarque de Holanda, "A herança rural", capítulo III de *Raízes do Brasil*, op. cit.

11. Como observa Machado de Assis, em 1879, "o influxo externo é que determina a direção do movimento; não há por ora no nosso ambiente a força necessária à invenção de doutrinas novas". Cf. "A nova geração", em *Obra completa* (Rio de Janeiro: Aguilar, 1959, v. III, pp. 826-7).

12. G. Lukács, "Marx und das Problem des Ideologischen Verfalls", em *Werke*. Neuwied: Luchterhand. v. 4: *Probleme des Realismus*.

13. Explorada em outra linha, a mesma observação encontra-se em Sérgio Buarque: "Podemos construir obras excelentes, enriquecer nossa humanidade de aspectos novos e imprevistos, elevar à perfeição o tipo de civilização que representamos: o certo é que todo o fruto de nosso trabalho e de nossa preguiça parece participar de um sistema de evolução próprio de outro clima e de outra paisagem" (op. cit., p. 15).

14. Ver o "Prospecto" de *O Espelho*, Revista Semanal de Literatura, Modas, Indústrias e Artes (Rio de Janeiro, Typographia de F. de Paula Brito, n. 1, p. 1, 1859); "Introdução" da *Revista Fluminense*, Semanário Noticioso, Literário, Científico, Recreativo etc. etc. (Rio de Janeiro, ano 1, n. 1, pp. 1-2, nov. 1868); *A Marmota*

na Corte (Rio de Janeiro, Typographia de F. de Paula Brito, n. 1, p. 1, 7 set. 1840); *Revista Ilustrada*, publicada por Ângelo Agostini (Rio de Janeiro, n. 1, 1 jan. 1876); "Apresentação" de *O Bezouro*, Folha Humorística e Satírica (Rio de Janeiro, 1º ano, n. 1, 6 abr. 1878); "Cavaco", *O Cabrião* (São Paulo, Typ. Imperial, n. 1, p. 2, 1866).

15. Nestor Goulart Reis Filho, *Arquitetura residencial brasileira no século XIX*, manuscrito, pp. 14-5.
16. Ibid., p. 8.
17. Emília Viotti da Costa, op. cit., p. 104.
18. Jean-Michel Massa, *A juventude de Machado de Assis, 1839-1870: Ensaio de biografia intelectual*. Rio de Janeiro: Civilização Brasileira, 1971, pp. 265, 435 e 568 [2. ed. rev. São Paulo: Editora Unesp, 2009].
19. Sílvio Romero, *Ensaios de crítica parlamentar*. Rio de Janeiro: Moreira, Maximino & Cia., 1883, p. 15.
20. Para as razões desta inércia, ver Celso Furtado, *Formação econômica do Brasil* (São Paulo: Companhia Editora Nacional, 1971 [Ed. comemorativa 50 anos. São Paulo: Companhia das Letras, 2009]).
21. Para uma construção rigorosa de nosso problema ideológico, em linha um pouco diversa desta, ver Paula Beiguelman, *Formação política do Brasil* (São Paulo: Pioneira, 1967. v. 1: Teoria e ação no pensamento abolicionista), em que há várias citações que parecem sair de um romance russo. Veja-se a seguinte, de Pereira Barreto: "De um lado estão os abolicionistas, estribados sobre o sentimentalismo retórico e armados da metafísica revolucionária, correndo após tipos abstratos para realizá-los em fórmulas sociais; de outro estão os lavradores, mudos e humilhados, na atitude de quem se reconhece culpado ou medita uma vingança impossível". P. Barreto é defensor de uma agricultura científica — é um progressista do café — e neste sentido acha que a abolição deve ser efeito automático do progresso agrícola. Além de que os negros são uma raça inferior, e é uma desgraça depender deles (op. cit., p. 159).
22. Antonio Candido lança algumas ideias neste sentido.

Procura distinguir uma linhagem "malandra" em nossa literatura. Veja-se a sua "Dialética da malandragem", na *Revista do Instituto de Estudos Brasileiros* (São Paulo, n. 8, 1970 [Republicada em *O discurso e a cidade*. 4. ed. Rio de Janeiro: Ouro sobre Azul, 2010]). Também os parágrafos sobre a Antropofagia, na "Digressão sentimental sobre Oswald de Andrade", em *Vários escritos* (São Paulo: Duas Cidades, 1970, pp. 84 ss. [4. ed. Rio de Janeiro: Duas Cidades/Ouro sobre Azul, 2004]).

A IMPORTAÇÃO DO ROMANCE E SUAS CONTRADIÇÕES EM ALENCAR [PP. 45-80]

1. Leia-se a este respeito o sugestivo estudo de Marlyse Meyer, "O que é, ou quem foi Sinclair das Ilhas?", *Revista do Instituto de Estudos Brasileiros* (São Paulo, n. 14, 1973).
2. Teobaldo, um americano enfático de "The Madonna of the Future" (1873): "Somos os deserdados da arte! Estamos condenados à superficialidade, excluídos do círculo encantado! O solo da percepção americana é um sedimento escasso, estéril, artificial! Sim, estamos destinados à imperfeição. Para atingir a excelência, o americano tem que aprender dez vezes mais que o europeu. Falta-nos o sentido mais apurado. Não temos gosto, tato ou força. E como haveríamos de ter? Nosso clima rude e mal-encarado, nosso passado silencioso, nosso presente ensurdecedor, a pressão constante das circunstâncias desprovidas de graça — tudo é tão sem estímulo, alimento e inspiração para o artista quanto é sem amargura o meu coração ao dizê-lo! Nós, pobres aspirantes, deveremos viver em perpétuo exílio", em *The Complete Tales of Henry James* (Londres: Rupert Hart-Davis, 1962, v. III, pp. 14-5). De volta à América, em visita a Boston, James anota: "Tenho 37 anos, fiz a minha escolha, e sabe Deus que não tenho tempo a perder. A minha escolha é o velho mundo — minha escolha, minha necessidade, minha vida. [...] Meu trabalho

está lá — *je n'ai que faire* neste vasto novo mundo. Não é possível fazer as duas coisas — é preciso escolher. [...] O peso é necessariamente maior para um americano — pois ele *precisa* lidar, mais ou menos, e ainda que só por implicação, com a Europa; enquanto europeu algum é obrigado a lidar sequer minimamente com a América. Ninguém vai achá-lo menos completo por causa disso. (Falo naturalmente de pessoas que fazem o meu tipo de trabalho; não de economistas ou do pessoal das ciências sociais.) O pintor de costumes que não se ocupe da América não é incompleto, por enquanto. Mas daqui a cem anos — talvez cinquenta — ele certamente o será", em F. O. Matthiessen e K. B. Murdock (Orgs.), *The Notebooks of Henry James* (Nova York: Galaxy Book, 1961, entrada de 25 nov. 1881, pp. 23-4).

3. José de Alencar, *Como e por que sou romancista*, *Obra completa* (OC). Rio de Janeiro: Aguilar, 1959. v. 1.
4. Ibid., p. 138.
5. Antonio Candido, "Aparecimento da ficção", em *Formação da literatura brasileira* (São Paulo: Martins, 1969, v. II).
6. Cf. Afrânio Coutinho, *A polêmica Alencar-Nabuco* (Rio de Janeiro: Tempo Brasileiro, 1965), especialmente as objeções de Nabuco a *Diva*.
7. Ver, na citada *Formação da literatura brasileira*, os capítulos que tratam de romance. O seu conjunto compõe uma teoria da formação deste gênero no Brasil e pode ser lido como uma introdução a Machado de Assis. Embora não faça parte da fase "formativa" de que trata o livro e esteja mencionado só umas poucas vezes, Machado é uma das suas figuras centrais, o seu ponto de fuga: a tradição é considerada, ao menos em parte, com vistas ao aproveitamento que Machado lhe dará. Para os trechos citados, ver pp. 140-2.
8. José de Alencar, *Senhora*, OC, v. 1, pp. 958, 966, 969 e 1065-6.
9. *Senhora*, p. 952.
10. *Obra completa*, v. 1, p. 699.
11. A situação é comparável à de Caetano Veloso cantando

em inglês. Acusado pelos "nacionalistas", responde que não foi ele quem trouxe os americanos ao Brasil. Sempre quis cantar nesta língua, que ouvia no rádio desde pequeno. E é claro que cantando inglês com pronúncia nortista registra um momento substancial de nossa história e imaginação.

12. Comentando os hábitos de consumo no Brasil de fins de século, Warren Dean observa que o comércio importador transformava em artigos de luxo os produtos que a industrialização tornara correntes na Europa e nos Estados Unidos. Cf. *A industrialização de São Paulo* (São Paulo: Difel, 1971, p. 13).

13. "Comparada a outras formas de representação, a multiplicidade de Balzac é a que mais se aproxima da realidade objetiva. Contudo, quanto mais se aproxima desta, mais se afasta da maneira habitual, cotidiana ou média de espelhá-la diretamente. De fato, o método balzaquiano abole os limites estreitos, costumeiros, rotineiros desta reprodução imediata. Contraria assim as facilidades habituais na maneira de considerar a realidade, e por isso mesmo é sentido por muitos como sendo 'exagerado', 'sobrecarregado' etc. [...] Aliás o seu engenho não se limita às formulações brilhantes e picantes; antes manifesta-se na revelação bem marcada do essencial, na tensão extrema dos elementos contrários que o compõem." G. Lukács, *Balzac und der Französische Realismus*, em *Werke* (Berlim; Neuwied: Luchterhand, 1965, v. VI, p. 483).

14. J.-P. Sartre, "Qu'est-ce que la Littérature?", em *Situations, II* (Paris: Gallimard, 1948, pp. 176 ss.). Para um condensado cômico dos tiques balzaquianos, ver a incomparável imitação que deles faz Proust em *Pastiches et mélanges*. O aspecto desfrutável e sedativo das generalizações de Balzac é mencionado por Walter Benjamin, no estudo sobre o *Flâneur*, em *Charles Baudelaire: Ein Lyriker im Zeitalter des Hochkapitalismus* (Frankfurt: Suhrkamp, 1969, pp. 39-40).

15. Expressão de Althusser, mas com outra filosofia.

16. Para exemplo leiam-se as páginas de Lukács sobre o

papel do Romantismo no romance realista. Sendo uma ideologia espontânea do inconformismo anticapitalista do século XIX, a visão romântica era matéria de romance por assim dizer obrigatória; ideologia de personagens e clima literário, que o enredo destroça. Cf. G. Lukács, "Balzac als Kritiker Stendhals" [1935], em Werke, op. cit.

17. "É somente com o século XVIII e na 'sociedade burguesa' que as diferentes formas do relacionamento social se deparam ao indivíduo como sendo simples instrumentos para a consecução de suas finalidades privadas e como necessidade externa." K. Marx, "Einleitung", em *Grundrisse der Kritik der politischen Oekonomie* (Frankfurt: Europaeische Verlagsanstalt, s.d., p. 6). Cf. também G. Lukács, *Die Theorie des Romans* (Neuwied: Luchterhand, 1962) e *Geschichte und Klassenbewusstsein*, em *Werke* (Berlim; Neuwied: Luchterhand, 1965, v. II, cap. 4); Lucien Goldmann, *Pour une Sociologie du roman* (Paris: Gallimard, 1964).

18. *Senhora*, pp. 1026 e 1028-9.
19. Ibid., p. 1038.
20. Para a construção do contraste entre narrativa pré-capitalista e romance — feita sobre o fundo da transição do artesanato à produção industrial, transição que não é a brasileira —, veja-se o admirável ensaio de Walter Benjamin sobre o narrador, em *Schriften* (Frankfurt: Suhrkamp, 1955, v. II). Idealmente e arriscando, digamos que o "causo" submete à experiência de seus ouvintes, e à tradição em que estes se entroncam, a simplicidade inesgotável de uma anedota. Experiência e tradição compostas elas também de anedotas, às quais a mais recente, mal foi contada, já está se incorporando. Uma história, destacada com habilidade sobre o fundo vário do repertório que compõe a sabedoria comum, eis a poesia deste gênero de que está banido o conhecimento conceitual, o conhecimento que não tenha caução vivida ou tradução noutra anedota. O contrário do que se passa com o romance, cujas aventuras são atravessadas e explicadas pelos mecanismos gerais mas contraintuitivos da sociedade burgue-

sa: a poesia deste está na conjunção "moderna" e artisticamente difícil de experiência viva, naturalmente afim do esforço mimético, e do conhecimento abstrato e crítico, referido sobretudo à predominância social do valor de troca e às mil variantes da contradição entre igualdade formal e desigualdade real. A dureza e a consequência lógica estão entre as suas marcas de qualidade. Digamos portanto que, no romance, o incidente é atravessado de generalização, mas sua generalidade é referida a um tipo particular de sociedade, ou melhor, a uma etapa histórica da mesma, cifrada no conflito central. Já no causo, o incidente é puro de explicação, e no entanto vai inscrever-se — a despeito de seu total localismo — no tesouro a-histórico e genérico das motivações e dos destinos de nossa espécie, vista segundo a ideia da diversidade dos homens e dos povos, e não da transitoriedade dos regimes sociais. O causo contribui para uma casuística das situações humanas e das tradições regionais: serve para desasnar e divertir, fortifica e ajuda a viver a quem o saiba ouvir. Enquanto o romance, que pelo contrário só desilude, tem compromisso com a verdade sobre a vida numa formação social determinada, e faz parte de um movimento de crítica mesmo quando não o queira. Forma histórica entre todas — à qual se incorpora livremente o conhecimento dito científico, em especial de história, psicologia e economia, além da intenção do retrato de época e de denúncia —, o romance pôde barrar até certo ponto, entre nós, a figuração literária do país. Eis o paradoxo. Enquanto o causo, incomparavelmente menos diferenciado e banhado no caudal quase eterno e inespecífico da narrativa oral, combina a concepção a-histórica — os enleios da vida — e o apreço desimpedido pela reprodução da circunstância, que lhe permite um realismo que entre nós o Realismo de tradição literária não só não alcançava, como dificultava. No entanto, é claro que Alencar não é um contador de causos, já porque escreve. Por uma destas falsidades felizes da literatura romântica, ele combina a veia popular autêntica ao Romantismo moderno e *restaurativo* da evocação, cujo ritmo respirado e largo constrói

a simbiose de meditação e espontaneidade — a ligação
profunda e natural com natureza e comunidade, fingida
na postura "visionária" — que é a poesia da escola e o
sentimento do mundo que ela opõe à sociedade burguesa.
Em estado puro, este segundo movimento da imaginação
encontra-se em *Iracema*, onde jamais o mundo evocado se
deixa estar na distância indiferente da objetividade. Frase
a frase, ou pouco menos, a imagem está sempre passando,
aproximando-se, desaparecendo ao longe, compensando
outra anterior, no espaço, no tempo, na afeição — mobilidade
"inspirada" que desfaz a esclerose da objetividade
pura e restitui o elemento interessado e palpitante em memória
e percepção. Neste sentido vejam-se também *O
guarani* e a bela descrição inicial de *O tronco do ipê*.
Guardadas as proporções, é o ritmo da grande meditação
romântica, em que à custa de silêncio e intensidade mental
a complexidade do mundo é apreendida e retida, para recompor-se
— em minutos de plenitude e clareza exaltadas
— segundo a ordem fluente, não mutilada, da imaginação.
Note-se porém nestas visões, por afirmativas que
sejam, nos poetas ingleses ou em Hölderlin, por exemplo,
que é sempre irreal o mundo que compõem — o mundo
instável e fremente da visualização governada pelo sentido
interior —, cuja plenitude "devolve" aos homens o
sentimento da natureza e da vida que a sociedade moderna
lhes teria tomado. Aí uma diferença importante: a natureza
alencarina tem muito disso, é efetivamente repassada
de nostalgia, mas por instantes lhe acontece de ser a
paisagem brasileira e mais nada. Onde os românticos,
polemizando contra o seu tempo, imaginariamente repristinavam
percepção e natureza, Alencar contribui para
a glória de seu país, cantando-lhe a paisagem e ensinando
os patrícios a vê-la. O sortilégio romântico serve-lhe de
fato para valorizar a sua terra, e não para redescobri-la
contra os contemporâneos menos sensíveis. Assim, a
exaltação romântica da natureza veio a perder entre nós a
sua força negativa e acabou fixando o padrão de nosso
patriotismo em matéria de paisagem. O prestígio duma
escola literária moderna consagrava a terra, que outros

consideravam rude, e a descoberta de nossa terra consagrava a verdade da escola literária (A. Candido, op. cit., v. II, p. 9). Com grande satisfação e senso de progresso, as nossas elites punham-se em dia com o sentimento que manda desesperar da civilização. É o que se chama ser um jovem país. Daí a superposição tão esquisita em *Iracema*, de poesia da distância, que doura de romantismo os nomes índios e os acidentes geográficos, e de intenção propriamente informativa e propagandística — superposição que dá margem a uma zona de indiferença entre literatura e ufanismo, ou nostalgia e cartão-postal, combinação recuperada em veia humorística, e só então verdadeira, na poesia inicial dos modernistas. Em versão ignóbil, pois destituída de ingenuidade, a confusão de paraíso e país empírico — a "mentirada gentil" de que falava Mário de Andrade — hoje alimenta a propaganda oficial. — Seja como for, o sopro da meditação romântica chegou também até o romance realista, embora diluído pela prosa extensa e contrariado pelo assunto mundano. Em lugar da natureza e do vilarejo, a totalidade desenvolvida do mundo social: para oferecer o equivalente da plenitude contemplativa do poeta, o romancista obriga-se a fundir em sua prosa a necessária massa de conhecimentos factuais, a sua elaboração analítica e crítica, e finalmente o movimento desimpedido da reflexão — síntese que contraria em tudo a tendência do século, em que os três quesitos brigavam entre si, como continuam brigando. Ainda uma vez o exemplo será Balzac. A sua postura visionária, ensaiada e nem sempre convincente, apresenta-se como a faculdade "genial" de abarcar numa só mirada do espírito a França do capital; de auscultar-lhe o movimento complexo a partir de qualquer detalhe sugestivo, de fantasiar livremente a seu respeito, sem prejuízo de sempre dizer verdades raras, finais, originais etc. A natureza do assunto, contudo, atrapalha: a intimidade reflexiva com o mundo burguês só a custo sustenta um clima de meditação — transações não são paisagens nem destinos —, donde a ocasional impressão de que o titanismo visionário de Balzac é também um descomunal impulso fofoqueiro. Alencar, que procura a mesma atmosfera, tem bons resultados quando é *retrospectivo*: deixando suspenso o conflito de primeiro plano (em que não é feliz), volta atrás para traçar, das origens, a história de um de seus elementos, o que faz com olho seguro, interessante e econômico, e também poético. Vejam-se, além da história prévia de Aurélia, a de Seixas e o cap. 10, parte I, de *O tronco do ipê*. Breve e informativo por definição, o retrospecto limita a reflexão ideológica da personagem ou do narrador — que prejudica o romance urbano e problemático — e as aventuras descabeladas — que prejudicam os livros mais aventurosos. É realista por definição: a sua regra é o encadeamento claro e sugestivo dos atos, com vistas à situação que estivera na origem do flashback. Resulta uma figuração mais tranquila, interessada na descrição, e não na crítica, das forças que irão pesar. É uma solução em que brilham o talento mimético, a cultura brasileira e a visão de conjunto de Alencar, ao mesmo tempo que se minimizam os efeitos desencontrados de nossa vida ideológica. Recurso ocasional em *Senhora*, este andamento é central em *Til* e *O tronco do ipê*, os romances alencarinos da fazenda. São livros de intriga abstrusa, ligada a uma noção subliterária do destino e da expiação das culpas, noção que no entanto vem aligeirar-lhes a prosa, à maneira do que vimos para o flashback. Em lugar da complexidade analítica dos problemas, a força do destino. Nos dois casos trata-se de ricos fazendeiros, que deverão pagar em detalhe os esquecidos malfeitos da juventude. No entanto, quando sobe à cena e se abate sobre os mortais, o peso de sua culpa coincide em larga medida — e vantajosamente — com o peso do passado, com o encadeamento e a purgação dos antagonismos objetivos do mundo da fazenda: filhos ilegítimos, escravos enlouquecidos de pavor, propriedades subtraídas, capangas e assassinatos, incêndios, superstição, levantes na senzala etc. Leiam-se, em *Til*, os capítulos em volta do incêndio (parte IV, caps. I-IX), para ter ideia da força e amplitude deste movimento. É aliás na unidade de fôlego de sequências longas e variadas, como esta a que nos referimos, que se atesta a força romântica, "subjetiva", do narrador. É aí também, na presteza com que lhe acodem as palavras e as imagens — presteza de que nem sempre o bestialógico está ausente —, que a dicção de Alencar converge com a fala comum, pré-literária. O andamento novelesco, por sua vez, decompõe-se em episódios breves, compatíveis com a narrativa de tradição popular. A mim, em matéria do que poderia ter sido, parece que são estes dois os seus melhores livros.

21. *Senhora*, p. 1203.
22. *Obra completa*, v. I, p. 650.
23. Ibid., pp. 608 e 652.
24. Expressão e problema são sugestões de Alexandre Eulalio, que vê a dicção de Alencar como um rearranjo da prosa jurídico-política dos grêmios estudantis paulistanos, a qual não deixaria nunca de vincar a sua prosa de ficção.
25. Em nota anexa a *Senhora*, p. 1213.
26. *Senhora*, p. 955.
27. Ibid., p. 959
28. Ibid., p. 968.
29. Ibid., p. 1054.
30. *Diva*, p. 527.
31. *A pata da gazela*, p. 609.
32. Gilberto Freyre registra o problema, com finura quanto à sua permanência, com cegueira de classe quanto às suas dificuldades, e sobretudo sem o menor distanciamento — a despeito dos quase cem anos que se passaram: "De modo que precisamos estar atentos a essa contradição de Alencar: o seu modernismo antipatriarcal — nuns pontos inclusive o desejo de 'certa emancipação da mulher' — e o seu tradicionalismo noutros pontos: inclusive no gosto pela figura castiçamente brasileira da sinhazinha de casa-grande patriarcal". "É como se Alencar, através dessa Alice ao mesmo tempo tradicionalista e modernista, familista e individualista, tivesse se antecipado à tentativa de renovação da cultura brasileira sobre base ao mesmo tempo modernista e tradicionalista que foi, em nossos dias, o Movimento Regionalista do Reci-

fe, ao lado do mais grandioso Modernismo de São Paulo, do qual também uma ala se esforçou pela combinação daqueles contrários." G. Freyre, *José de Alencar*. Rio de Janeiro: Ministério da Educação e Saúde, 1951, pp. 15 e 27-8. (Os Cadernos de Cultura.)

33. Com intenção contrária, Paul Bourget faz a mesma observação: "Lendo os seus livros, sente-se uma estima singular por este nobre espírito, que, dado embora às audácias da análise e às curiosidades perigosas, soube guardar o culto do cavalheiresco, da mulher e do amor". Cf. *Pages de critique et de doctrine* (Paris: Plon, 1912), p. 113. Impressionado talvez com a Comuna de Paris, Dumas Filho é mais direto: "Foi-se o tempo de ser espirituoso, ameno, libertino, sarcástico, cético e fantasioso; não é hora para isso. Deus, a natureza, o trabalho, o casamento, o amor, a criança, são coisas sérias". Prefácio de *La Femme de Claude*, citado em H. S. Gershman e K. B. Whitworth Jr. (Orgs.), *Anthologie des préfaces de romans français du xix siècle* (Paris: Julliard, 1964, p. 325).

34. A distinção entre conformismo e conciliação em Alencar me foi feita por Clara Alvim.

35. Antonio Candido, "Crítica e sociologia", em *Literatura e sociedade*. São Paulo: Companhia Editora Nacional, 1965, pp. 6-7.

36. *Senhora*, p. 954.

37. Ibid., pp. 1028 e 1044.

38. Ibid., p. 955.

A POESIA ENVENENADA DE *DOM CASMURRO*
[PP. 81-114]

1. Alfredo Pujol, *Machado de Assis*. São Paulo: Typographia Levi, 1917, p. 240.

2. Helen Caldwell, *The Brazilian Othello of Machado de Assis*. Berkeley: University of California Press, 1960.

3. John Gledson, *The Deceptive Realism of Machado de Assis*. Liverpool: Francis Cairns, 1984.

4. James fala inúmeras vezes de sua preferência pela com-

binação da anedota interessante com um ângulo de observação limitado, cuja componente pessoal pode mas não precisa estar explícita. Ver, por exemplo, os prefácios a *The Golden Bowl* e a *The Ambassadors*, em *The Art of the Novel* (Nova York: Charles Scribner, 1937).
5. John Gledson, op. cit., capítulo introdutório.
6. Antonio Candido, "Uma literatura empenhada", em *Formação da literatura brasileira*. São Paulo: Martins, 1969, v. I.
7. "Em resumo: os críticos estavam interessados em buscar a verdade sobre Capitu, ou a impossibilidade de se ter a verdade sobre Capitu, quando a única verdade a ser buscada é a de Dom Casmuro." Silviano Santiago, "Retórica da verossimilhança", em *Uma literatura nos trópicos*. São Paulo: Perspectiva, 1978, p. 32. Silviano detecta os recursos intelectuais do ex-seminarista e do advogado na técnica narrativa do Casmurro, bem como o caráter brasileiro dessa combinação.
8. *Dom Casmurro*, cap. LXXV.
9. "[...] alguns proprietários avarentos e barbarizados do nosso interior não compreendiam o modo de dirigir os homens livres, nem queriam executar fielmente as obrigações estipuladas." A. C. Tavares Bastos, *Os males do presente e as esperanças do futuro* (1861), São Paulo: C. E. Nacional, 1976. p. 86. Devo a citação a Walquiria G. Domingues Leão Rego, "Um liberal tardio", tese de doutoramento em Ciência Política, USP, 1989, p. 88.
10. *Dom Casmurro*, cap. III.
11. Ibid., cap. V.
12. Ibid., cap. XXIV.
13. Ibid., cap. V.
14. Ibid., cap. IV.
15. Ibid., cap. LXI.
16. Joaquim Nabuco, *O abolicionismo* (1883). Petrópolis: Vozes, 1977, p. 68.
17. *Dom Casmurro*, cap. V. Ver também *As aventuras do bom soldado Schweyk* (1920), do escritor tcheco Jaroslaw Hašek. O herói do livro sobrevive à Primeira Guerra Mundial graças à sua grandiosa falta de amor-

-próprio. A personagem foi retomada depois numa peça teatral de Bertolt Brecht.
18. *Dom Casmurro*, cap. XVIII.
19. Ibid., cap. XXX.
20. Ibid., cap. XLI.
21. Ibid., cap. XXIX.
22. Ibid., cap. XVIII.
23. Ibid., cap. VII.
24. Ibid., cap. CXLII.
25. Ibid., cap. XLI.
26. Mário de Andrade, "Amor e medo", em *Aspectos da literatura brasileira* (1935). São Paulo: Martins, s. d.
27. Machado de Assis, *Memórias póstumas de Brás Cubas* (1880), cap. IX.
28. Uma ilustração sugestiva desses desajustes encontra-se na ironia com que O *Kaleidoscopio* (30 de junho de 1860) encarava a pregação social de Tavares Bastos. "Seu ideal na política é o *self-government*, como o entendem e praticam os ingleses. Porém para chegar-se a isto, há de se dar alma à família, para da família brotar o município que será a matriz das províncias, cuja união e prosperidade serão a fonte de grandeza e felicidade da pátria. Este é o índice de seu sistema governamental. Mas ah, meu caro Bastos! Pensa que em dez ou doze anos se escrevem os capítulos dessa obra? Nem em vinte, nem em trinta. Olhe: são precisos, pelo menos, cinco séculos: um, para convencer o pai de família que a sua mulher é mulher, e que são seus os filhos de sua mulher; outro, para a tal história do município; o terceiro, para demonstrar aos pernambucanos que os baianos também descendem de Adão e Eva; o quarto para os *self-governments* descobrirem onde é o Brasil; o quinto, finalmente, para se desmanchar tudo e voltar tudo ao antigo estado." Citado em Sérgio Adorno, *Os aprendizes do poder* (Rio de Janeiro: Paz e Terra, 1988, pp. 192-3).
29. *Dom Casmurro*, cap. CV.
30. Ibid., cap. CVIII.
31. Ibid., cap. XLVIII.
32. Ibid., cap. CXLIV.

33. Ibid., cap. II.
34. Ibid., caps. CXXXII e I.
35. Ibid., caps. I e CXXXII.

CULTURA E POLÍTICA, 1964-1969: ALGUNS ESQUEMAS
[PP. 115-54]

1. *Animália*, de Gianfrancesco Guarnieri.
2. À esquerda, foi a corrente de Brizola, não marxista e de pouca teoria, composta de nacionalistas radicais, que tentou se preparar para o golpe militar iminente. Em consequência, os brizolistas buscaram cristalizar a luta de classes no interior das Forças Armadas (houve rebelião de sargentos e marinheiros) e organizaram civis nos famosos Grupos de Onze. Controlavam também uma grande estação de rádio. Brizola — deputado federal, antigo governador do Rio Grande do Sul, líder da mobilização popular que em 1961 garantiu, contra os militares, a sucessão legal a Goulart (seu cunhado), um político tradicional portanto — teve a clareza e iniciativa que faltaram ao grosso do campo marxista, o qual pelo contrário errava fragorosamente e entrava em crise. Esta superioridade prática do nacionalismo radical sobre o marxismo estabelecido não está estudada. Infelizmente não tenho elementos para descrevê-la melhor.
3. Para um apanhado histórico das origens da crise de 1964, ver R. M. Marini, "Contradições no Brasil contemporâneo" (*Teoria e Prática*, São Paulo, n. 3, 1968). Para as limitações da burguesia nacional e para a estrutura do poder populista, ver respectivamente os trabalhos de F. H. Cardoso e F. C. Weffort, *Les Temps Modernes*, Paris, out. 1967.
4. Nos casos em que o elemento "antiquado" é recentíssimo e internacional — os hábitos neofósseis da sociedade dita de consumo —, o tropicalismo coincide simplesmente com formas do pop.
5. Para uma exposição ampla destas noções, ver Gunder Frank, *Capitalism and Underdevelopement in Latin*

America: Historical Studies of Chile and Brazil (Nova York: Monthly Review, 1967).
6. Ideia e vocabulário são emprestados aqui ao estudo de Walter Benjamin sobre o drama barroco alemão, em que se teoriza a respeito da alegoria.
7. Alguns representantes desta linha são, para a música, Gilberto Gil e Caetano Veloso; para o teatro, José Celso Martinez Corrêa, com *O Rei da Vela* e *Roda-viva*; no cinema há elementos de tropicalismo em *Macunaíma*, de Joaquim Pedro, *Os herdeiros*, de Carlos Diegues, *Brasil ano 2000*, de Walter Lima Jr., *Terra em transe* e *O dragão da maldade contra o santo guerreiro*, de Glauber Rocha.
8. Sérgio Ferro Pereira, "Arquitetura nova". *Teoria e Prática*, São Paulo, n. 1, 1967.
9. Augusto Boal, Prefácio a *Arena conta Tiradentes*. A peça é de Gianfrancesco Guarnieri e Augusto Boal. Para uma discussão detalhada desta teoria, ver Anatol Rosenfeld, "Heróis e coringas" (*Teoria e Prática*, São Paulo, n. 2, 1967).
10. Este argumento é desenvolvido por Adorno, em seu ensaio sobre os critérios da música nova, quando confronta Schönberg e Webern, em *Klangfiguren* [Figuras sonoras] (Frankfurt: Suhrkamp, 1959).
11. Numa entrevista traduzida em *Partisans*, n. 46 (Paris: Maspero), José Celso explica: "Enfim, é uma relação de luta, uma luta entre os atores e o público. [...] A peça o agride intelectualmente, formalmente, sexualmente, politicamente. Quer dizer que ela qualifica o espectador de cretino, reprimido e reacionário. E nós mesmos também entramos neste banho" (p. 75). "Se tomamos este público em seu conjunto, a única possibilidade de submetê-lo a uma ação política eficaz reside na destruição de seus mecanismos de defesa, de todas as suas justificações maniqueístas e historicistas (incluso quando elas se apoiam em Gramsci, Lukács e outros). Trata-se de pô-lo em seu lugar, de reduzi-lo a zero. O público representa uma ala mais ou menos privilegiada deste país, a ala que se beneficia, ainda que mediocremente, de toda a falta de história e de toda a estagnação deste gigante adormecido que é o Brasil.

O teatro tem necessidade hoje de desmistificar, de colocar este público em seu estado original, frente a frente com a sua grande miséria, a miséria do pequeno privilégio obtido em troca de tantas concessões, tantos oportunismos, tantas castrações, tantos recalques, em troca de toda a miséria de um povo. O que importa é deixar este público em estado de nudez total, sem defesa, e incitá-lo à iniciativa, à criação de um caminho novo, inédito, fora de todos os oportunismos estabelecidos (que sejam ou não batizados de marxistas). A eficácia política que se pode esperar do teatro no que diz respeito a este setor (pequena burguesia) só pode estar na capacidade de ajudar as pessoas a compreender a necessidade da iniciativa individual, a iniciativa que levará cada qual a jogar a sua própria pedra contra o absurdo brasileiro" (p. 70). "Em relação a este público, que não vai se manifestar enquanto classe, a eficácia política de uma peça mede-se menos pela justeza de um critério sociológico dado que pelo seu nível de agressividade. Entre nós, nada se faz com liberdade, e a culpa no caso não é só da censura" (p. 72).

12. *Pessach, a travessia*, romance de Carlos Heitor Cony (1967); *Quarup*, romance de Antonio Callado (1967); *Terra em transe*, filme de Glauber Rocha (1967); *O desafio*, filme de Paulo Cesar Saraceni (1965). É interessante notar que o enredo da conversão resulta mais político e artisticamente limpo se o seu centro não é o intelectual, mas o soldado e o camponês, como em *Os fuzis*, de Ruy Guerra (1964), *Deus e o diabo na terra do sol* (1964), de Glauber Rocha, ou *Vidas secas* (1963), de Nelson Pereira dos Santos. Nestes casos, a desproporção fantasmal das crises morais fica objetivada ou desaparece, impedindo a trama de emaranhar-se no inessencial.

13. *O Pasquim* não foi fechado. Fica o erro sem corrigir, em homenagem aos numerosos falsos alarmes que atormentavam o cotidiano da época.

14. Título de um livro de poemas de Carlos Drummond de Andrade.

A CARROÇA, O BONDE E O POETA MODERNISTA
[PP. 164-81]

1. A comparação entre os laconismos objetivantes de Oswald e Brecht foi lembrada por Haroldo de Campos. Cf. "Uma poética da radicalidade", em Oswald de Andrade, *Poesias reunidas* (Rio de Janeiro: Civilização Brasileira, 1974, p. 21).
2. Paulo Prado, "Poesia pau-brasil", em Oswald de Andrade, *Poesias reunidas*, op. cit., p. 67.
3. "[...] não se ignora o papel que a arte primitiva, o folclore, a etnografia, tiveram na definição das estéticas modernas, muito atentas aos elementos arcaicos e populares comprimidos pelo academismo. Ora, no Brasil as culturas primitivas se misturam à vida cotidiana ou são reminiscências ainda vivas de um passado recente. As terríveis ousadias de um Picasso, um Brancusi, um Max Jacob, um Tristan Tzara, eram, no fundo, mais coerentes com a nossa herança cultural do que com a deles." Antonio Candido, "Literatura e cultura de 1900 a 1945", em *Literatura e sociedade*. São Paulo: Companhia Editora Nacional, 1965, pp. 144-5.
4. Oswald de Andrade, *Poesias reunidas*, op. cit., p. 120.
5. Id., "Manifesto da poesia pau-brasil", em *Do pau-brasil à antropofagia e às utopias*. Rio de Janeiro: Civilização Brasileira, 1978, p. 5.
6. "escala", *Poesias reunidas*, op. cit., p. 148.
7. Para o parentesco entre a prosa de Kafka, as garatujas de Klee e a música de Webern, ver Theodor W. Adorno, "Anton von Webern", em *Klangfiguren* (Frankfurt: Suhrkamp, 1959, pp. 178-9).
8. Outra face desse objetivismo está na assombrosa "capacidade de fotografar a estupidez" que Mário reconhecia em Oswald. Cf. Mário de Andrade, "Osvaldo de Andrade" (1924), em Maria Rosseti Batista, Telê Porto Ancona Lopez e Yone Soares de Lima (orgs.), *Brasil: 1º tempo modernista* (São Paulo: IEB, 1972, pp. 222-3).
9. "pronominais", *Poesias reunidas*, op. cit., p. 125.
10. "Pau-brasil é rótulo condescendente e vago significando

pra nós iluminadamente a precisão da nacionalidade." Mário de Andrade, "Oswald de Andrade: Pau-Brasil", em *Brasil: 1º tempo modernista*, op. cit., p. 231.

11. "Sejamos agora de novo, no cumprimento de uma missão étnica e protetora, jacobinamente brasileiros." Paulo Prado, op. cit., p. 69.

12. Carlos Eduardo Berriel, *Dimensões de Macunaíma: Filosofia, gênero e época*. Campinas: Unicamp, 1987, pp. 28-35. Dissertação (Mestrado). Adaptei um pouco o argumento a meus propósitos. — Ao analisar a política de valorização do café, posta em prática pela elite dirigente do período, Celso Furtado assinala a sua "excepcional audácia", além da inviabilidade a longo prazo. Ver *Formação econômica do Brasil* (Rio de Janeiro: Fundo de Cultura, 1959, p. 213).

13. Oswald de Andrade, "O caminho percorrido", em *Ponta de lança* (Rio de Janeiro: Civilização Brasileira, 1972, p. 95).

14. "aperitivo", *Poesias reunidas*, op. cit., p. 126.

15. Para a impressão "burguesa" que causariam os modernistas de São Paulo ao resto do Brasil, ver a crônica de Drummond sobre Mário nas *Confissões de Minas*: Carlos Drummond de Andrade, "Suas cartas", em *Poesia e prosa* (Rio de Janeiro: Aguilar, 1979, p. 930). Sobre a mistura de Modernismo paulista, vanguarda europeia e alta burguesia, ver as numerosas observações de Alexandre Eulálio, "A aventura brasileira de Blaise Cendrars", no livro de mesmo título (São Paulo: Quíron, 1978).

16. "noturno", *Poesias reunidas*, op. cit., p. 98.

17. "prosperidade", *Poesias reunidas*, op. cit., p. 98.

18. "pronominais", *Poesias reunidas*, op. cit., p. 125.

19. "bonde", *Poesias reunidas*, op. cit., p. 106.

20. As alianças de classe operadas na literatura modernista eram novas, e valeria a pena comparar a esse respeito os diferentes escritores. Estudando os elementos formadores do timbre próprio de Manuel Bandeira, Davi Arrigucci Jr. chama a atenção para a importância dos quartos e bairros pobres habitados pelo poeta, transformados em

espaços imaginários onde a doença, a solidão, a poesia simbolista europeia e a perda de situação social se fundem ao modo de viver da camada popular carioca. Davi Arrigucci Jr., "O humilde cotidiano de Manuel Bandeira", em *Enigma e comentário* (São Paulo: Companhia das Letras, 1987).
21. *Poesias reunidas*, op. cit., p. 148.
22. A propósito das relações entre a forma humana e o fundo na pintura *nacionalista* de Tarsila, Gilda de Mello e Souza escreve: "A simplificação imposta aos elementos secundários, para que se acomodassem à estilização do conjunto, não alterava essencialmente a natureza das frutas, do passarinho, do barco; mas o mesmo recurso aplicado ao moleque tirava a dignidade da figura, fazendo o todo resultar decorativo como cartaz publicitário". Ver, da autora, "Vanguarda e nacionalismo na década de vinte", em *Exercícios de leitura* (São Paulo: Duas Cidades, 1980, pp. 268-9).
23. "Manifesto da poesia pau-brasil", op. cit., p. 9.
24. "É muito sabido já que um grupo de moços brasileiros pretendeu tirar o Brasil da pasmaceira artística em que vivia, colocando a consciência nacional no presente do universo." Mário de Andrade, "Osvaldo de Andrade", op. cit., p. 223.

VERDADE TROPICAL: UM PERCURSO DE NOSSO TEMPO
[PP. 206-60]

1. Caetano Veloso, *Verdade tropical*. São Paulo: Companhia das Letras, 1997.
2. Ibid., p. 19.
3. Ibid., p. 430.
4. Para os anos 1920, José Miguel Wisnik, "Getúlio da Paixão Cearense", em Enio Squeff e José Miguel Wisnik, *Música* (São Paulo: Brasiliense, 1982); Davi Arrigucci Jr., "Presença ausente", em *Humildade, paixão e morte: A poesia de Manuel Bandeira* (São Paulo: Companhia das Letras, 1990;) Humberto Werneck, *Santo sujo: A vida*

de Jayme Ovalle (São Paulo: Cosac Naify, 2008). Para a bossa nova, Ruy Castro, *Chega de saudade* (São Paulo: Companhia das Letras, 1990); Lorenzo Mammi, "João Gilberto e a bossa nova" (*Novos Estudos Cebrap*, n. 34, nov. 1992); Caetano Veloso, "Elvis e Marilyn", em *Verdade tropical*, op. cit.; Walter Garcia, *Bim bom: A contradição sem conflito de João Gilberto* (São Paulo: Paz e Terra, 1999). Para 1964, Roberto Schwarz, "Cultura e política 1964-1969", em *O pai de família* (Rio de Janeiro: Paz e Terra, 1978).

5. Caetano Veloso, op. cit., p. 19.
6. Ibid., p. 23.
7. Ibid., p. 24.
8. Ibid., pp. 23-4.
9. Caetano refere-se a Juracy Magalhães, o ministro da ditadura, segundo o qual "o que é bom para os Estados Unidos é bom para o Brasil". Ibid., p. 52.
10. Ibid., p. 57.
11. Ibid., p. 29.
12. Ibid., pp. 31-2.
13. Ibid., p. 58.
14. Ibid., pp. 63-4.
15. Ibid., p. 28.
16. Ibid., p. 263.
17. Ibid., p. 15.
18. Ibid., p. 63.
19. Ibid., p. 156.
20. Ibid., p. 183.
21. Ibid., p. 101.
22. Ibid., p. 254.
23. Ibid., pp. 254-5.
24. Ibid., p. 255.
25. Ibid., p. 254.
26. Ibid., pp. 35-6.
27. Ibid., p. 502.
28. Ibid., pp. 35-6.
29. Ibid., pp. 52-3.
30. Ibid., p. 277.
31. Ibid., p. 177.

32. Para uma ótima análise da figura de Paulo Martins, ver Ismail Xavier, "O intelectual fora do centro", em *Alegorias do subdesenvolvimento* (São Paulo: Brasiliense, 1993).
33. Caetano Veloso, op. cit., pp. 104-5.
34. Ibid., p. 116.
35. Carlos Drummond de Andrade, "O operário no mar", em *Sentimento do mundo*. São Paulo: Companhia das Letras, 2012.
36. Nicholas Brown, *Utopian Generations*. Princeton: Princeton University Press, 2005, pp. 176-7.
37. Caetano Veloso, op. cit., p. 116.
38. Ibid., p. 446. "No nosso próprio campo, fazíamos as duas coisas: empurrávamos o horizonte do comportamento para cada vez mais longe, experimentando formas e difundindo invenções, ao mesmo tempo que ambicionávamos a elevação do nosso nível de competitividade profissional — e mercadológica — aos padrões dos americanos e dos ingleses."
39. Ibid., p. 418 e também 385-6.
40. Ibid., pp. 306-7.
41. "Nós não estávamos de todo inconscientes de que, paralelamente ao fato de que colecionávamos imagens violentas nas letras de nossas canções, sons desagradáveis e ruídos nos nossos arranjos, e atitudes agressivas em relação à vida cultural brasileira nas nossas aparições e declarações públicas, desenvolvia-se o embrião da guerrilha urbana, com a qual sentíamos, de longe, uma espécie de identificação poética." Ibid., pp. 50-1.
42. Ibid., p. 401.
43. Ibid., p. 349.
44. Ibid., p. 17.
45. Ibid., pp. 306-7.
46. Ibid., p. 282.
47. Ibid., p. 281.
48. "As questões de mercado, muitas vezes as únicas decisivas, não pareciam igualmente nobres para entrar nas discussões acaloradas." Ibid., pp. 177-8.
49. Ibid., p. 107.
50. Ibid., p. 52.

51. Ibid., p. 114. "Nós [Gil e Caetano] nos encontrávamos na música [...]: saudávamos o surgimento do CPC e da UNE — embora o que fazíamos fosse radicalmente diferente do que se propunha ali — e amávamos a entrada dos temas sociais nas letras de música, sobretudo o que fazia Vinicius de Moraes com Carlos Lyra." Ibid., p. 288.
52. Ibid., p. 115.
53. Ibid., p. 87.
54. Ibid., p. 115.
55. Ibid., p. 116.
56. Ibid., p. 105.
57. Ibid., p. 105.
58. Ver a respeito a boa documentação reunida em *Arte em Revista*, n. 1 (São Paulo: Kairós, 1981).
59. Caetano Veloso, op. cit., pp. 317-9.
60. Ibid., p. 308.
61. Ibid., p. 301.
62. Ibid., p. 319.
63. Ibid., pp. 141-4.
64. Ibid., p. 292.
65. Ibid., p. 126.
66. Ibid., p. 136.
67. Ibid., p. 184.
68. Ibid., p. 105.
69. Ibid., pp. 166-7.
70. Ibid., p. 19.
71. Ibid., pp. 342-3.
72. Oswald de Andrade, "Manifesto antropófago" [1928], em *Do Pau-Brasil à antropofagia e às utopias* (Rio de Janeiro: Civilização Brasileira, 1970, p. 18).
73. Caetano Veloso, "Diferentemente dos americanos do Norte", em *O mundo não é chato* (São Paulo: Companhia das Letras, 2005, pp. 49-50). Trata-se de uma conferência de 1993, um pouco anterior, portanto, a *Verdade tropical*.
74. Ibid., p. 52.
75. Caetano Veloso, *Verdade tropical*, p. 414.
76. Ibid., p. 419.
77. Ibid., p. 465.
78. Ibid., p. 466.

79. Ibid., p. 467.
80. Ibid., p. 13.
81. Ibid., p. 15.
82. Ibid., p. 15.

ACUMULAÇÃO LITERÁRIA E NAÇÃO PERIFÉRICA
[PP. 261-81]

1. Para uma análise mais pormenorizada, ver Roberto Schwarz, "O paternalismo e a sua racionalização nos primeiros romances de Machado de Assis", em *Ao vencedor as batatas* (São Paulo: Duas Cidades, 1977; 5. ed., São Paulo: Duas Cidades; Ed. 34, 2000).
2. Machado de Assis, *Iaiá Garcia*, em *Obras completas* (Rio de Janeiro: Aguilar, 1959, v. I, p. 315).
3. Ibid., p. 406.
4. Ibid., p. 402.
5. Id., *Memórias póstumas de Brás Cubas*, OC, p. 109.
6. Alfredo Bosi refere-se ao "tom pseudoconformista, na verdade escarninho, com que [o narrador] discorre sobre a normalidade burguesa". Cf. "A máscara e a fenda", em A. Bosi et al., *Machado de Assis* (São Paulo: Ática, 1982, p. 457).
7. "O folhetinista é originário da França, onde nasceu, e onde vive a seu gosto, como em cama no inverno. De lá espalhou-se pelo mundo, ou pelo menos por onde maiores proporções tomava o grande veículo do espírito moderno; falo do jornal. [...] o folhetim nasceu do jornal, o folhetinista por consequência do jornalista. Esta íntima afinidade é que desenha as saliências fisionômicas na moderna criação. O folhetinista é a fusão admirável do útil e do fútil, o parto curioso e singular do sério, consorciado com o frívolo. Estes dois elementos, arredados como polos, heterogêneos como água e fogo, casam-se perfeitamente na organização do novo animal." Machado de Assis, "O folhetinista" (1859), OC, v. III, p. 968. O tema está exposto de maneira ampla e documentada em Marlyse Meyer, "Voláteis e versáteis, de variedades e folhetins se fez a crô-

nica", xerox, 1987 (incluído em *Folhetim: uma história* [São Paulo: Companhia das Letras, 1996]).
8. A crônica de jornal como lugar de encontro entre modernização e tradição foi estudada por Davi Arrigucci Jr. "Fragmentos sobre a crônica", em *Enigma e comentário* (São Paulo: Companhia das Letras, 1987).
9. Roberto Schwarz, "A importação do romance e suas contradições em Alencar", em *Ao vencedor as batatas*, op. cit.
10. Joaquim Manuel de Macedo, *O moço loiro*. S.l.: Ediouro, s.d., p. 33.
11. Ver a respeito as numerosas observações de Vilma Arêas em *Na tapera de Santa Cruz* (São Paulo: Martins Fontes, 1987).
12. Antonio Candido, "Dialética da malandragem", em *O discurso e a cidade* (São Paulo: Duas Cidades, 1993, pp. 47-54).
13. Manuel Antônio de Almeida, *Memórias de um sargento de milícias*. Rio de Janeiro: Instituto Nacional do Livro, 1962, pp. 7-8.
14. Antonio Candido, op. cit., p. 53.
15. A propósito de um conto de Machado, "O diplomático", Vinicius Dantas estudou as continuidades e diferenças entre a prosa machadiana da maturidade e a comicidade popularesca dos anos 1830 e 1840, cultivada na imprensa. "O narrador cronista e o narrador contista", trabalho de aproveitamento, Unicamp, 1984.
16. "Se não cursaste a retórica/ Do fino professor Satã/ Joga fora este livro! Não entenderás nada/ E me acreditarias histérico." Charles Baudelaire, "Epígrafe para um livro condenado". Os versos são dirigidos ao "Leitor pacato e bucólico,/ Sóbrio e ingênuo homem de bem".

UM SEMINÁRIO DE MARX
[PP. 282-306]

1. Paulo E. Arantes, *Um departamento francês de ultramar*. São Paulo: Paz e Terra, 1994, cap. 5.
2. Augusto de Campos, Décio Pignatari, Haroldo de Cam-

pos, "Plano piloto para poesia concreta" (1958), em *Teoria da poesia concreta*. São Paulo: Ed. Invenção, 1965, p. 156.
3. Leia-se a respeito a reconstituição interessante de Daniel Pécaut, *Os intelectuais e a política no Brasil* (São Paulo: Ática, 1990).
4. Antonio Candido, "Entrevista", em *Brigada ligeira e outros estudos*. São Paulo: Unesp, 1992, pp. 233-5.
5. "Contra Althusser". *Teoria e Prática*, São Paulo, n. 3, abr. 1968; retomado em J. A. Giannotti, *Exercícios de filosofia* (São Paulo: Brasiliense, 1975).
6. Para uma análise crítica do percurso, ver José Luís Fiori, "Os moedeiros falsos" (*Folha de S.Paulo*, 3 jul. 1994. Mais!, pp. 6-7).

OS SETE FÔLEGOS DE UM LIVRO
[PP. 307-23]

1. Mário de Andrade, "Assim falou o papa do futurismo" (1925), em Telê Ancona Lopez (org.), *Entrevistas e depoimentos*. São Paulo: T. A. Queiroz, 1983, pp. 18-9.
2. Fernando A. Novais, "Condições da privacidade na Colônia", em Laura de Mello e Souza (org.). *História da vida privada no Brasil*: Cotidiano e vida privada na América portuguesa. São Paulo: Companhia das Letras, 1997, p. 17. v. 1.
3. Haroldo de Campos, *O sequestro do Barroco na formação da literatura brasileira: O caso Gregório de Mattos*. Salvador: Fundação Casa de Jorge Amado, 1989.
4. Ibid., p. 12.
5. Ibid., pp. 12-5.

8½ DE FELLINI: O MENINO PERDIDO E A INDÚSTRIA
[PP. 324-43]

1. Em seu ensaio sobre *As afinidades eletivas*, Walter Benjamin comenta a resistência de Goethe ao casamento: "Ao perceber quanto é tremenda a exigência das forças

do mito, conciliáveis somente pela constância do sacrifício, Goethe se rebelou". Walter Benjamin, *Schriften*. Frankfurt: Suhrkamp, 1955, p. 99.
2. "Ele sente que ao viver impede o seu próprio caminho. Mas nesse impedimento, por outro lado, encontra a prova de que vive." Franz Kafka, "Ele", em *Descrição de uma luta*.
3. "A industrialização capitalista do cinema barra o direito que tem o homem contemporâneo de se ver reproduzido." Walter Benjamin, "A obra de arte ao tempo de sua reprodução técnica".

LEIA MAIS PENGUIN-COMPANHIA
CLÁSSICOS

Machado de Assis
Memórias póstumas de Brás Cubas

Prefácio de
HÉLIO DE SEIXAS GUIMARÃES
Estabelecimento de texto e notas de
MARTA DE SENNA E MARCELO DIEGO

Em 1881, Machado de Assis lançou aquele que seria um divisor de águas não só em sua obra, mas na literatura brasileira. Ao mesmo tempo que marca a fase mais madura do autor, *Memórias póstumas de Brás Cubas* é considerado a transição do romantismo para o realismo.

Num primeiro momento, a prosa fragmentária e livre da obra, misturando elegância e abuso, refinamento e humor negro, causou estranheza, inclusive entre a crítica. Com o tempo, no entanto, o defunto autor que dedica seu livro ao verme que primeiro roeu as frias carnes de seu cadáver tornou-se um dos personagens mais populares da nossa literatura. Sua história, uma celebração do nada que foi sua vida, foi transformada em filmes, peças e hqs, e teve incontáveis edições no Brasil e no mundo, conquistando admiradores que vão de Susan Sontag a Woody Allen.

Esta edição reproduz o prólogo do próprio autor à terceira edição do livro, em que ele responde às dúvidas dos primeiros leitores.

WWW.PENGUINCOMPANHIA.COM.BR

LEIA MAIS PENGUIN-COMPANHIA
CLÁSSICOS

Machado de Assis

Papéis avulsos

Introdução de
JOHN GLEDSON
Notas de
HÉLIO GUIMARÃES

Papéis avulsos, primeiro livro de contos publicado por Joaquim Maria Machado de Assis após a revolução ocasionada por *Memórias póstumas de Brás Cubas*, é integralmente composto por momentos antológicos da ficção curta brasileira. O sumário do volume é por si só impressionante. De "O alienista" a "O espelho", cujo enredo psicológico tem fascinado sucessivas gerações de leitores e escritores, doze clássicos do conto nacional concentram alguns dos melhores personagens e situações do gênio irônico do autor de *Dom Casmurro*.

O livro, com erudita introdução de John Gledson e notas de Hélio Guimarães, oferece a sequência original de publicação dos contos, como indicada por Machado na primeira edição, de 1882. Segundo Gledson, embora a unidade das histórias não seja à primeira vista evidente, com peças tão dissimilares como "A chinela turca" e "A sereníssima república", a estrutura de *Papéis avulsos* permite entrever uma totalidade sutilmente baseada na lógica interna da composição dos enredos, bem como no contexto histórico compartilhado: o Rio de Janeiro escravista e quase bucólico de meados do século XIX, observado por um de seus cronistas mais ferinos e perspicazes.

WWW.PENGUINCOMPANHIA.COM.BR

LEIA MAIS PENGUIN-COMPANHIA
CLÁSSICOS

José de Alencar

Senhora

Introdução de
ANTONIO DIMAS

Publicado em 1875, dois anos antes da morte do autor, *Senhora* é um dos principais romances urbanos de José de Alencar, e uma de suas críticas sociais mais contundentes. Narrativa dividida em quatro partes, conta a história do casamento entre Aurélia, moça pobre e órfã que acaba se tornando herdeira de grande fortuna, e Fernando Seixas, frequentador dos altos círculos da corte, mas incapaz de manter financeiramente sua vida luxuosa.

Com sua narrativa concentrada na vida ociosa das classes abastadas e sua existência parasitária em torno da corte imperial, Senhora retrata um momento de transformação da sociedade brasileira, em que os valores patriarcais são cada vez mais deixados de lado em detrimento do poderio financeiro da burguesia ascendente e seu poder de influência na vida cotidiana, o que o torna ao mesmo tempo uma obra de arte representativa de um momento definidor da literatura brasileira e um documento precioso de uma transformação social que se mostraria irreversível.

WWW.PENGUINCOMPANHIA.COM.BR

Esta obra foi composta por Alexandre Pimenta em Sabon
e impressa em ofsete pela Geográfica sobre papel Pólen Natural
da Suzano S.A. para a Editora Schwarcz em outubro de 2023

A marca FSC® é a garantia de que a madeira utilizada na fabricação do papel deste livro provém de florestas que foram gerenciadas de maneira ambientalmente correta, socialmente justa e economicamente viável, além de outras fontes de origem controlada.